明末清初
西洋汉语词典三种

第❷册：葡汉词典

姚小平 著

北京大学出版社
PEKING UNIVERSITY PRESS

A

Portuguese	Pinyin	Chinese	Italian
Aba deuestidura	chiü tí	裙子	estremo della veste
Abafar			affogar sí di caldo
Abafar – s. Cobrir			coprirsi p[er]star caldo
Abafamento			afogam.to di caldo
Abainhar ouestidura	fun pien	縫邊	cusir la uesta
Abaixar	fan tí	放低	bassarsi
Abaixar a cabeça	tí teu	低頭	abassar la testa
Abaixar a cabeça cosentindo		低	ci sì è co[n]sig[n]o
Abaixo	sia.	下	abasso
Abaixo dalgua cousa		挺動	sotto d'alcu[n]a cos[a]
Abalar a outro	yau tum		mouer' alcun o [?]
Abalarse – s. darse preça	tum liau	動了	darse pressa è mosso
Abalado		相撞	combattere
Abaluao	siam ciol	打扇子	
Abanar	ta sié	扇子	Ventaglio
Abano	sai zí	打扇	
Abanador	ta sién	打鷹的	serue co[l] uentaglio
Abanar moscas	con zá yn	起倉鷹	caçar o[s] uentagli
Abalroar – mugesco, mi[?]yer sua eu	sta ciè	孤	fatte musse
Abanzelo		喜	chanicato [?] pocco forte
Abarcar	san	攬	
Abarcar – s. tomar tudo	pau	抱	pigliar tutto

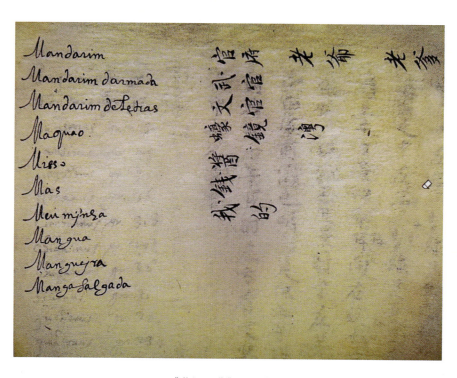

《葡汉词典》附录末页

目　录

A（pp.32a—48b） ·· 3

B（pp.50a—54a） ·· 61

C（pp.55a—66b） ·· 76

D（pp.72a—85a） ·· 114

E（pp.87a—99a） ·· 150

F（pp.99b—105a） ··· 187

G（pp.105b—107b） ··· 204

I/J（pp.108a—114a） ·· 212

M（pp.115a—121b） ··· 230

N（pp.122a—123a） ··· 250

O（pp.123b—125b） ··· 254

P（pp.126a—135a） ··· 260

Q（pp.135b—136a） ··· 284

R（pp.137a—141a） ··· 287

S（pp.142a—146b） ··· 299

T（pp.147a—152a） ··· 312

V（pp.153a—156a） ··· 325

X（p.156a） ··· 334

Z（p.156a） ··· 334

补遗（pp.157a—169a） ·· 335

葡汉词典
(*Dicionário Português-Chinês*)

> 无名氏《葡汉词典》手稿,编写于十六世纪晚期,今藏罗马耶稣会档案馆(编号Jap Sin I, 198)。葡语词目约六千条,大部分有汉语对应词及拉丁注音。

葡语词	注音	汉语词

（32a）

A

葡语词	注音	汉语词
Aba de uestidura（np.衣襟、下摆）	*chiu' zi* ①	裙子②
Abafar（vt.使窒息、掐死）		
Abafar – cobrir（vt.遮蔽 – 覆盖）③		
Abafamento（n.窒息、气闷）		
Abainhar uestidura（vp.缂边）	*fun pien*	縫邉④ 逢殺⑤
Abaixar（vt.使之下降）	*fan ti*	放低
Abaixar a cabesa（vp.低下头）	*ti teu*	低頭
Abaixar a cabesa consentindo（vp.低下头表示赞同）		
Abaixo（ad.在下面）	*schia*	下
Abaixo d'algua cousa（adp.在某物之下）		
Abalar a outro（vp.摇动某物）	*yau tum*	摇動
Abalarse（vr.动摇），darse preça（vp.摇晃）	*tum liau*	動了
Abalado（a.摇摇晃晃的、不结实的）		
Abalruar（vt.撞击）⑥	*siam cio'*	相撞
Abanar（vt.扇扇子）	*ta scie'*	打扇
Abano（n.扇子）	*scie' zi*	扇子

---

① 此处的"'"，以及《葡汉词典》上所标的同一符号，都不表示送气。原著者在写注音时，因为图快，常会省去鼻韵尾n或m，代之以字母右上角或直或曲的一画。这里转换为印刷符号，只能求诸像似。

② "裙"（裠），误写为"衤"旁。凡"礻"旁多误作"衤"。

③ 两个葡语词之间原有一道短横，对译也予保留。

④ "邉"，"邉"（边）的异体，旧时视为讹字。《中文大辞典》辵部"邉"，引《正字通》："邉，俗伪作'邉'。"

⑤ "殺"即"煞"，"逢殺"即"縫煞"，缝住之义。

⑥ 今拼abalroar（撞船、碰撞）。

Abanador（n.扇扇子的人）	*ta scie' ti*	打扇的
Abanar moscas（vp.扇赶苍蝇）	*can za' yn*	趕倉鷹①
Abaroleser – mugesco②（vi.发霉 – 长苔藓），musco fazer（vp.生苔藓）	*scia' cu*	上菰③
Abariguado（a.与人姘居的）④	*yeu cie*	有妾
Abarguar（vt.包揽）⑤	*lan*	攋⑥
Abarcar（vt.搂抱）– tomar tudo（vp.整个揽住）	*pau*	抱

（32b）

Abastar（vt.供给）	*fu ci*	扶持。維持。⑦
Abastada cousa（np.富有）⑧	*ta' quei*	冨貴⑨ 極冨 冨足
Abastança（n.富裕、丰足）		
Abasta（ad.足够）	*chiu liau, pa liau*	足矣。勾了 - 罷了⑩

---

① "倉鷹"，当写为"蒼蠅"。
② 即mucesco（发霉、变质），拉丁语动词。
③ 指发霉、长毛。"菰"即"菇"，菌类。
④ 今有反身动词abarregarse（姘居）。
⑤ 今拼abarcar（搂抱、包揽）。
⑥ 《广韵》曷韵："攋（盧達切），撥攋，手披也。"按：此处的"攋"为白字，系"攬"（揽）之误。
⑦ 句点只见于本页开头的几条，看来是把词或句分断。之后用逗号、破折号或空格，作用也一样。
⑧ cousa，今拼coisa（＝英语thing"东西、物、事"），本词典上经常与形容词组合，以对译汉语的形容词兼名词，如这里的"富贵"。cousa一词往往并无实义，功用在于将形容词或分词名物化（abastada cousa = rich thing）。
⑨ "冨"，古同"富"，这里是误认作"當"，以致注音错为*ta'*（*tan*）。
⑩ 注音为"足了，罢了"。"勾"，俗通"够"，见《宋元以来俗字谱》123页。

Abastarda staffa（np.短马镫）①	ton tau tin	短踏錠②
Abasta [……]③		
Abastante cousa（np.某物充足）		足
Abater（vt.凌辱）	chi yen ta	欺。壓他。④
		陵人。欺凌⑤
Abatido（a.被凌辱的）	pi yen	被壓
Abater – minguoar（vt.降低 – 减少）	cien chia	賤價 減⑥
Abegan – uillicus（n.农夫）⑦	çiuon fu	村夫
Abegua – uillica（n.农妇）⑧	çiuo' po	村婆
Abelha（n.蜜蜂）	mie fun	蜜蚌⑨
Abelha mestra（n.蜂王）	mie fun ciu	蜜蜂王⑩
Abelhan（n.雄蜂）⑪	fun nu	蜂蚖⑫
Abelharse（vr.如蜜蜂般忙碌）		
– festino（vi.赶紧）⑬		
Abemsoar（vt.祝福）⑭		

---

① abastarda，疑即abatatada（扁平的、短而宽的）；staffa，葡语无此拼法，但可对比意大利语staffa（马镫），右侧页缘写有一个意语词，与此完全相同。

② "錠"，他处多写为"鐙"，可参看词条Estribo（马镫）。《闽南方言大词典》159页，有词条"马踏趼"，"趼"（tî）即"鐙"。

③ 方括号内的省略号，表示字迹模糊，难以辨认。

④ "壓"（压），可能因字形与"厭"（厌）相近而误标为yen。但注音也可能不误，闽南话里"压"字一读[iam⁵]。（见《汉语方言发音字典》（http://zh.voicedic.com/），下简称《发音字典》"）

⑤ 此行各词之间原有圈点隔断："欺。壓他。陵人。欺凌"。

⑥ "减"字后手补写，无注音。

⑦ abegan，今拼abegão（农人、雄蜂），因其多义，而附以拉丁语名词uillicus（农夫）。

⑧ abegua，今拼abegoa（abegão的阴性形式）；uillica（农妇），拉丁语名词。

⑨ "蚌"（蚌）为"蜂"之误。"蚌"字又作"蜂"，因此更易与"蜂"相混。

⑩ 此处和下一条，以及"黄蜂"，"蜂"字写为蜂、蜂、蜂，右下均少一横。此外，"王"（主）字看起来像"主"，注音于是错标为ciu。

⑪ 今拼abelhão（雄蜂）。

⑫ "蚖"（蚖），疑为自造字，即"奴"。

⑬ festino（匆匆、赶紧），拉丁语动词。

⑭ 今拼abençoar，尤指宗教意义的赐福。其后还写有一两个词，墨色过淡，难以辨识。

Abertura（n.裂口）　　　　　　　　　　lie　　　　　　　　裂①
Abertura de carta②（np.拆信）　　　　cai　　　　　　　　開③
Aberta cousa（np.打开的东西）④　　　yen　　　　　　　　掩
Abertamente（ad.公开地）
A vespora（pp.黄昏时分）　　　　　　sie　　　　　　　　夕
A bespa（n.黄蜂）⑤　　　　　　　　　qua' fun　　　　　　黄蜂
Abil（a.聪明的）⑥　　　　　　　　　　zu' min　　　　　　聪明　乖⑦
Abelidade（n.能力）⑧　　　　　　　　zai　　　　　　　　才
Abelitar（vt.使有能力、赋予资格）
Abismo（n.地狱）　　　　　　　　　　ti yo　　　　　　　　地狱
Abito de frade（np.僧侣的法衣）⑨　　tau y　　　　　　　道衣　法服
Abituar（vt.使人习惯于）　　　　　　　chiau cuo'　　　　　教慣
Abituarse（vr.习惯于）　　　　　　　　yau cuo'　　　　　　要慣
Abituado（a.已经习惯的）　　　　　　 cuo' liau　　　　　　慣了

　　　　　　　　　　　　　　　　　　　　　　　　　　　　（33a）
Abitar（vt./vi.居住）　　　　　　　　　ciu　　　　　　　　住　居　在⑩
Abitador（a.住家的 n.居民）　　　　　gin ciu　　　　　　人住
Abitassão（n.住所）　　　　　　　　　chia　　　　　　　　家　房子
　　　　　　　　　　　　　　　　　　　　　　　　　　　　屋宇⑪

A Boafee（pp.怀有善意）
Abobada（n.拱顶）

---

① "裂"字写了两个：𠛼、裂，都像是西士所写。先笔写的"列"，发现有误之后，又在下面添写了"衣"。
② 字面义：信件的[被]拆开。
③ "開"写为 𨳞。
④ 此条及下一条，当对应于"開"，而"掩"字似乎是作为反义词列出的。
⑤ bespa，今拼vespa（黄蜂）。
⑥ 今拼hábil（聪明、能干）。
⑦ "乖"写作 𰰀，似为西士添加。可比较《敦煌俗字典》136页所录之形：𰰀。
⑧ 今拼habilidade（能力）。以下abelitar、abituar、abitar等词，今拼首字母也都是h，兹不逐处说明。
⑨ abito，今拼hábito（服装、法衣）。
⑩ 后二字为西士补写，无注音。
⑪ 后二字也为西士所补，无注音。

Abobadar（vt.建造拱顶）

Abobora（n.南瓜）①   cu lu   瓟瓠②

A bocachea（pp.一口[吞下]）   tuon   一吞

A bocados（pp.一口一口）   吞

Abocanhar, morsico（vt.咬、吞食，咬、咀嚼）③   yau   咬

Abominar（vt.厌恶）   pa lin – chi schie'   怕聆 - 棄嫌④

Abominavel cousa（np.令人讨厌的东西）

A bom tenpo（pp.好时候）   hau sci cie   好時節

Aboncado（a.可靠的）   lau cu   牢固　堅實

Abonar（vt.担保）   pau   保

Abonado – diues（a.富有的–有钱的）⑤   fu quei   富貴

Abonarse（vr.自夸）   ci cin fu quej   自稱富貴

A bonanca（pp.平静、风平浪静）

Abomdar（vi.大量拥有、富有）

Abomdosa cousa（pp.富足）

Abomdanca（n.丰富）   schiu to   許多　豊⑥

Aboreser（vt.厌烦、憎恶）⑦   schien   嫌

Aborecida cousa（np.令人厌恶的东西）

Abordo（n.岸、入港）   邉⑧

Aborda（vt./vi.靠岸、停泊）⑨

---

① 本条右侧所写的意大利语名词cocozza (=cocuzza)，也指南瓜，与汉语所释有出入。

② "瓠"（瓟），《集韵》模韵："瓠，瓟瓠，瓟而圆者。"字又作"爐"，《广韵》模韵："瓠（户吴切），瓟瓠，瓟也。又音護（护）。"按："瓠"即"蘆"（芦），"瓢蘆"即"瓢葫芦"。注音cu lu则为"葫芦"，参看词条Cabaça（葫芦）。

③ morsico（不断地咬、咀嚼），拉丁语动词。

④ "嫌"写为嫌，他处多类此。可比较《敦煌俗字典》185页、447页所录字形：嫌、嬚。

⑤ diues，即dives（有钱），拉丁语形容词。

⑥ "豊"（丰）为西士补写，未注音。

⑦ 今拼aborrecer（嫌弃、厌恶）。

⑧ "邉"（边），指岸边。右侧写有意大利语词组a una parte（一边、一方面）。

⑨ abordar（靠岸、停泊），脱尾字母。

Abotoar（vt.扣纽子）		抑紐①-紐倒
Abracar（vt.搂抱、拥抱）	sia' la', sia' pau	相攋-相抱
Abraço（n.拥抱）	pau – schia	抱一下②
Abraçar（vt.烧焦）	sciau	燒
Abrasarse comjra (vp.怒火中烧)		
Abrasado（a.炽热的）	ge chi	熱氣
Abramger（vt.达到）③	tau	到
Abrandar（vt.减缓、减轻）	chiau scie', zo giua', ciu' giua'	教善-做軟-春軟
Abrandarse（vr.和缓）	guei scien	為善 積善 脩善④
Abrauiar – minuir（vt.减轻–缓和）	chie' sie	減些

（33b）

Abreuiada cousa（np.减缩、简化）	sin sie	省些
Abrir（vt.打开）	cai	開
Abrirse（vr.张开）	lie cai	裂開 擘破 剖開⑤
Abrir o sello da carta（vp.拆开信件的封蜡）	chi hau teu	棄號頭⑥
Abrir a boca（vp.张开嘴）⑦	cai cheu	開口
Abrir a mão（vp.放弃）	ie pa	也罷
Abril（n.四月）		
Abriguar（vt.遮挡、防护）	ti tam	抵當
Abriguarda cousa（np.避开、安然无恙）		
Abriguar do uento（vp.避风、躲避风暴）		
Abriguado（a.避风的、隐蔽的）		

---

① "抑"（抑），即"扣"。
② 第二字缺注音，可能是把"一"误当成了破折号。
③ 今拼abranger（达到、及至）。
④ 后二词为西士补写，无注音。
⑤ 犹掰开，为西士补写，无注音。
⑥ "棄"（弃），疑为"啟"（启）之误。
⑦ 转指打哈欠。

Abrochar（vt.勾住、束紧；套牛轭）

Abrotarasaruoece（？）

Abusan（？）

ACABAR（vt./vi.结束）①   cuoa' liau   完了②

Acabada cousa（np.完毕、告成）

Acabar com roguos（vp.经寻求而得到、觅到手）   chieu ta   求得　觅得

A cada paço（pp.每每、经常）   cia' cia'   常常

Acafelar（vt.抹泥灰）   za   搭

Acafelador（n.泥水匠）   cuei za ti   會搭的③

Acalmar o uento（vp.风已止）   fun çin   風静　風晴

Acamar [……]（vp./vi.使躺下、倾倒）

Acanhar（vt./vi.变窄、紧缩）

Acarão – prope（ad.当面 – 近旁）④   chin   近

Acaretar（vt.载运）   zoi – tiau, tai – to   載 - 挑 - 擡⑤ - 駝

Acaretador（n.载运者）   tiau ta' ti   挑担的⑥

Acaso（ad.偶尔）   iu iu   偶遇⑦　適逢

Acatar（vt.尊敬）   chin, ciuo'   敬 - 尊

Acatamento（n.尊敬）

Acautelarse（vr.提防）   zi si   仔細

Achar mal（vp.遭遇不幸）   zau na'   遭難

Acola（ad.在那里、往那里）   na li – na pie'   那裏 - 那邊

Acolher（vt.接待）   cie   接

Acolherse（vr.躲藏）   tiau   逃⑧

---

① 此词的所有字母均大写，盖以ac-起首，区别于上列以ab-起首的词目。

② 右侧有一行补写的字：acabado o anno（年末）歲晚 十二月 臘月。

③ 右侧写有意大利语名词intonicator，即今intonacatore（泥水匠）。

④ prope（附近），拉丁语副词。

⑤ "抬"的繁体。

⑥ "担"字简写，不作"擔"。

⑦ "偶"字注音有疑，可能误认作"隅"。

⑧ 右侧写有意大利语动词fugire（逃跑）。

Acometer（vt.攻击）	*cio cen*	出戦① 出征
		（34a）
Acompanhar（vt.陪伴）	*chin sui – sia' poi*	跟随②-相倍③ 随従④
Acompanhar de fora paa casa（vp.从外面接到家里）	*yn cie*	迎接
Acompanhar de casa paa fora（vp.从家里送到外面）	*sum*	送
Acompanhador com armas（np.携兵器的随从）	*chia pin*	家兵
Aconteser（vi.发生）		
Acontesimento（n.事件）		
Aconteser por sorte（vp.偶然发生）		
Acomselhar（vt./vi.劝说、建议）⑤	*chiau tau – chiue' – chiau suo'*	教道-勧-教唆⑥
A comtento（pp.令人满意）		
Acomselhador（n.劝说者）	*chiue' ta ti*	勧他的
Acordarse – lembrarse（vr.记起－记得）	*chi cio*	記着
Acordar do sono（vp.从睡梦中醒来）	*sin*	醒
Acordar ao que dorme（vp.把睡着的人唤醒）	*chiau sin*	叫醒⑦
Acordar（vi.协调）– en coselho（pp.经协商）	*gni tin*	議定

---

① "戦"（𢧐），"戦"（战）的异体字。全书凡"戦"字，写法均类此。比较《宋元以来俗字谱》132页所录之形：𢧐。

② "随"字简写，不作"随"。

③ "倍"犹"陪"。

④ "従"（従），"從"（从）的异体字。《干禄字书》："従、従、從，上中通，下正。"

⑤ 今拼aconselhar，字母n与m经常相混。

⑥ "唆"，注音误为suo'（suon），因其字右旁同于"酸"。

⑦ "叫"，"叫"的异体字。

Acorer – socorer（vt.援助 – 救援） *yau* 摇①
Acosar（vt.追逐 vi.逃跑）
Acatamento（n.尊崇）
Acovar – ayuntar（vt.挖坑、掩埋 – 聚拢） *la' mai* 揶埋②
Acatamento de fidalgo（np.尊崇贵族）
Acotouelar（vt.碰撞、推开） *ciam* 撞
Acousear（vt.脚踢；粗暴对待）③
Asoutar④（vt.鞭笞）
Acarar（vi.歇息）⑤
ACRARAR（vt.解释）⑥ *chiai scie* 解释⑦
Acrarada cousa（np.清楚明白的事情） *qua' – tin cin – min po* 光 - 澄清 - 明白
Acresentar（vt.增加） *zo ta sie, zo cia' sie, scin* 做大些 - 做长些 - 陞
Acreditar（vt./vi.信任、相信）
Acreditado（a.有信誉的） *yeu sin* 有信
Acodir（vi.驰援）⑧ *chieu* 救
Acunhar（vt.铸钱）– fazer moeda（vp.造币）⑨ *ci cien* 鑄錢⑩

---

① 字写为 撧，疑为"援"之误。
② "揶"（揶），似为自造字。今写作"揽"或"拢"，表示遮盖、堆拢（见《闽南方言大词典》325页，"揽"字条）。可比较另一例"揶埋"（155b），"揶"便读作*lun*（拢）。
③ 今拼acoicear（脚踢）。
④ 即açotar（鞭笞），今拼açoitar，见鞭打的"打"及其关联词语（35a）。
⑤ acarar = acarrar（歇凉、休息）。也可能是acarear（面对）的异拼。
⑥ 今拼aclarar（解释）。
⑦ "觧"，"解"的异体字。据于淑健（2012：365），"觧"为"羘"（zāng）的"讹俗体"，又写作"羚"；"羘"字的本义为母羊，而典籍中所遇的"敦羘"，则是指太岁在午、万物兴盛之年。本词典中的"觧"字与此无关。近代通俗小说中"觧"字频现，见《宋元以来俗字典》128页。
⑧ 今拼acudir（前往援救）。
⑨ acunhar又有"打楔子"之义，故附以动词短语fazer moeda。
⑩ "鑄"字半繁半简，不作"鑄"。

Acupar（vt.操劳）①   pa cu' fu   把工夫
Acupada cousa（np.忙于事务） po te schie', yeu ssi co'   不得閒 - 有事幹 - 不暇②

Acupação（n.职业） con ssi   幹事
Acortar（vt.弄短）③   zu ton sie   做短些

（34b）

Acusar（vt.控告） cau cia'   告狀④
Acusar falçamente（vp.诬告） uu cau   誣告
Acusador（n.原告） yuon cau   原告
Acusação（n.起诉书） si cia'   詞狀
Acusação falça（np.诬告） u cau   誣告
Acustumar a outro（vp.使之适应于外界）⑤   chiau cuo'   教慣
Acustumarse（vr.适应于） yau cuo'   要慣
Acutilar（vt.砍伤） zan scia'   斬傷
Acutilarse（vr.相互砍杀） sia' scia   相殺
AÇACALAR（vt.磨利、磨刀剑） mo   磨
Açacalador（n.磨刀剑者） mo tau cia'   磨刀匠
Açafrão（n.番红花）
Açamar（vt.给牲畜带口套） cua gnieu ciui lu'   掛牛嘴笼⑥
Açeitar（vt.接受） scieu   收
Açeitar a promesa（vp.接受许愿） ngai ciu' gin   爱衆人⑦
Açeita cousa（np.接受、收纳）
Açerto（n.命中、运气） can   鋼⑧

---

① 今拼ocupar（操劳，占用时间）。
② "不暇"，后手补写，无注音。
③ 今作encurtar（把衣裳改短，截短）。
④ "狀"（状）字简写，不作"狀"。
⑤ "教慣""要慣"二词，前面已出现过，这里对应于另一动词；acustumar, 今拼acostumar。
⑥ 此例"笼"（笼）字简写，但他处多繁写为"籠"。"掛"，即"挂"，《干禄字书》："掛、挂，上俗下正。"
⑦ "爱"字简写，不作"愛"。
⑧ 疑为"剛"之误，指刚巧。

Açertar（vt.发现、找到）
Açelgua – bieta（n.甜菜）①
Açenar（vt./vi.招手、点头示意）　　ciau　　　　　招
Açeno（n.招手、点头等示意动作）
Açento（n.重音、音调）
Açender（vt.点燃、放火 vi.燃烧）　　tien cuo　　　點火
Açemderse（vr.燃着）　　　　　　　cio cuo sciau　着火燒
Açepilhar（vt.刨光）　　　　　　　mo　　　　　　磨
Açepelhador（n.刨工）
Açerca（ad.周围、附近）　　　　　　schi　　　　　係②
Açertar no aruore（vp.击中一棵树）　ciu'　　　　　中③
Açertar o uindoro（vp.猜中未来之事）④　sien ci tau　　先知道
Açerto – casos（n.运气 – 机遇）　　　schin iu　　　幸遇　奇逢⑤
Açertarse（vr.恰好发生、适逢）
Açeladar（?）
AÇIDENTE de doenca（np.偶然病变、癫痫发作）
Açidente（n.意外事故、横祸）　　　　mu' ssi　　　　朦死

（35a）

Acima（ad.在上面）　　　　　　　　scia' teu　　　　上頭
Açinte（n.恶意 ad.蓄意）　　　　　　cu y, zi tau　　　固意⑥ - 知道
Acipreste（n.主祭）
Açiranar – cribro（vt.筛、过筛）⑦　　cu ssi　　　　　固篩⑧
AÇO（n.钢）　　　　　　　　　　　can　　　　　　鋼

---

① açelgua，今拼acelga（甜菜）；bieta，拉丁语名词，当拼为beta（甜菜）。
② 似可与短语acerca de（关于、涉及）对应。
③ 正中目标的"中"（中），右上角带调符，表示读去声。
④ uindoro，今拼vindoiro（将来的、就要发生的）。
⑤ 后手补写，未注音。
⑥ 当为"故意"。
⑦ açiranar，疑漏写字母d，即今açirandar（筛、过筛）；cribro（筛、过筛、筛选），拉丁语动词。
⑧ "固"疑为"过"之误，即"过筛"，动词。

Açor（n.苍鹰）	*yn*	鹰
Açotada cousa（np.受鞭、鞭刑）	*pi ta*	被打　遭责
Açotador（n.施鞭刑者）	*schin cia' ti*	行扙的①
Açotado com uaras（ap.被用棍子打、受杖笞）	*cia'*	扙
Açotar（vt.鞭打）	*ta*	打
Açotes（n.[数次]鞭打）②	*schia*	下
Açoge – macellum（n.肉市）③	*sin ciu gnieu su zoi*	宰豬牛所在 屠塲④
Açular cãns（vp.嗾狗）	*chiau cou*⑤	呌狗　呼犬
Açucar（n.糖）	*ta'*	糖
Açusemtada cousa（np.污浊的东西）	*ngo cio*	㤺濁⑥
Açucarar（vt.蘸糖）	*schia tan*	下糖
Açucarada cousa（np.蘸糖的东西）	*ta' tu' ssi*	糖東西
Açucare rosada（np.玫瑰糖）		
Açucare candil（np.冰糖）	*pin ta'*	氷糖⑦
Açucare refinado（np.精白糖）	*chie tan*	潔糖
Açusemtar – polluo（vt.污损）⑧	*ta u cio*	打㤺濁
ACHA de lenha（np.柴火）		

---

① "扙"，原写如此，非木字旁的"杖"。

② 系名词 açoite（鞭子、鞭打）的复数形式，此处指鞭打或杖击的次数，与"下"对应。

③ 两个词意思基本相同：açoge，今拼 açougue（屠宰场、肉店）；macellum（肉类市场），拉丁语名词。

④ "所在"，相当于官话通称"地方"。本词典中经常用于对译 lugar（地方、场所）。《闽南方言大词典》106、1006页，有"所在"[sɔ tsai⁶]一词。又，"宰"字错识为"辛 *sin*"；"屠塲"，后笔所补，无注音。

⑤ "狗"字的注音，他处为 *cheu* 或 *chou*。

⑥ "㤺"（㴘），"污"（污）的异体字。《龙龛手镜》水部："㤺、㴘，二俗，乌故反，正作'污'。"《篇海》水部："㤺，乌故切，正作'污'。"

⑦ "氷"，"冰"的异体字。《干禄字书》："氷、冰，上通下正。"

⑧ polluo（玷污、凌辱），拉丁语动词。

Achar（vt.找到、拾获）	sin cio	尋着① - 揀倒②
Achar（vt.觉得、认为）– em maa parte（pp.我觉得）	quien	見③
Acharse prezente（vp.位于、处于、在场）	zoi na li cio	在那裏看④
Achador（n.发现者、拾获者）		
Achagua（n.控诉）	chi chiau	計較
Achaguoso（a.易病的、多病的）	yeu sie pin	有些病
Acharse mal（vp.身体不适、感觉很糟）	zau ciau – zau hua po hau	遭難⑤ - 造化不好
Acheguado（a.靠近的 n.近亲、亲信）	cin	親
Acheguar a outro（vp.贴近别人）⑥		
Acheguarse（vr.靠近）	la' tau – chin	挪倒⑦ - 近倒
Adão pro home（？）⑧		
Adagua（n.匕首）⑨	piau, ton tau	鏢 - 短釰⑩
Adargua（n.皮盾）	pai	牌
Adaill – guia（n.首领 – 引导）	yn lu	引路

（35b）

ADEgua（n.库房）⑪	fan zi	房子
Adegua de uinho（np.葡萄酒房）	ciu fan	酒房

---

① 词典全篇未见"找"字，凡寻找义多说"寻"。
② 犹拾得。"倒"当写为"到"。
③ 指"以我所见""依我之见"一类用法。
④ "看"与"着"形近，以致注音误为cio（着）。此句似指某处"有什么、存在"。
⑤ "遭"（遭），上部缺一横，他处多类此。"難"字的注音有误，误读为"艱"音。
⑥ acheguar，今拼achegar（接近、靠近）。
⑦ "挪"（挪），似为自造字，即"攬"（揽）；"倒"，当写为"到"。手能揽及，便是挨近的意思。
⑧ 第一个词拼法有疑；pro home，指朝向某人。
⑨ 今拼adaga（匕首、短剑）。
⑩ "釰"，古同"剑"；注音为"短刀"。
⑪ 前三个字母为大写。

Adegua de azeite（np.橄榄油房）	*yeu fan*	油房
Adelguacar（vt.使之细或薄）	*siau siau – zo po*	削小 - 做薄 脩小①
Adelguasada cousa（np.细薄的东西）	*siau si liau – zo po liau*	削細了 做薄了 脩薄些
Adem – guenada（n.野鸭）②	*ya zi, scioi ya*	鴨子 - 水鴨
Aderemçia（n.依附、庇护）③	*chia' te cio*	講得着
Aderençia terra（n.黏性 – 黏土）④		
Adestrar ensinar（vt.训练 – 教导）⑤	*chiau*	教
Adestrada cousa（np.训练、教化）		
Adestrar guiar（vt.指导 – 引导）		
Adiuinhar（vt.猜测；占卜）	*cu*	估
Adiuinha（n.①谜 ②会算命的女人）	*cuei cu, cuei ce'*	會估 - 會占
Adiuinho（n.占卜者）⑥	*po ti*	卜的
ADIANTE（ad.在前、向前）	*cie'*	前
Adiantada cousa（np.前面的东西）	*cien teu*	前頭
Adiantarse（vr.前进）– hir por diante（vp.往前走）	*cin cie' chiu*	進前去 向前 趕前⑦
Ademinestrar（vt.管理）	*cia' cuo'*	撑管⑧
Ademinestrador（n.管理者）	*teu gin*	頭人
Ademinestrada faza（np.掌管货物）	*cuo' cuo*	管貨
Amiração（n.钦佩；惊奇）⑨		
ADOBIS（n.砖坯）		

---

① "脩小"，以及下一条的"脩薄些"，均系后手补写，未注音。
② guenada 一词查无着落，但可比较法语名词 canard（鸭子）。
③ 今拼 aderência（依附、赞同、庇护）。
④ 两个葡文名词似应分断。
⑤ 两个葡文动词似应分断。
⑥ 指男性的卜卦者，算命先生。
⑦ "趕"（趲），音"攒"，指快行、赶路、催迫。《集韵》缓韵："趲（趲），逼使走也。"
⑧ "撑"，当为"掌"。"管"写为 管，其上部为"艹"而非"竹"，他处多类此。《宋元以来俗字谱》竹部录有 管 字。
⑨ 当拼为 admiração，并无汉语释义。

葡文	注音	汉字
Adosar（vt.放糖）– fazer dous（vp.使变甜）	zo ca'	做甜①
Adosada cousa（np.糖渍的食品）		
Adorar（vt.崇敬）	fun chin	奉敬
Adoração（n.崇敬）		
Adornar（vt.妆饰）	za'	粧
Adoeser（vi.生病 vt.使患病）	pin tau	病到②
Adoecimento（n.疾病）	pin cie'	病症③
Adormeser a outro（vp.哄人睡、使入睡）		
Adormesese（vr.睡觉）	sciuj	睡
Adormentar aoutro（vp.使某人入睡）	luo' ta sciuj	弄他睡
Adormentada cousa（np.睡着；麻木）		

（36a）

葡文	注音	汉字
Adormisimento（n.睡眠状态；麻木）		
Adro da igreja（np.教堂的院子）		
AVERSANA（n.对手）	yuo' chia, ciuo' teu	冤家 - 对头④
Auersaria（n.敌对）		
Adeuercidade（n.背时）	zo cua po hau	造化不好
Adobar manejiares（vp.下作料）⑤	schia zau leau	下糟料
Adobus de manyares（np.菜肴的作料）	zau leau	糟料
Adobada cousa（np.可调味的东西）		
Adubus especiaria（np.用来调味的香料）	yeu zau leau	有糟料
Adufa（n.护窗板）	min zan	明窓
Adulterar（vt.勾引 vi.通奸）		
Adultero（n.奸夫）		

---

① 注音为"做甘"，有可能是读的白字，误将"甜"字的右半当作声旁。
② 可能是"病倒"之误。但称"病到"（疾病临到）也能成立。
③ "症"字简写，不作"瘲"。
④ "对"字简写，不作"對"。注音作 ciuo'（寸），误以为"对"字的右半是声旁。
⑤ adobar，当拼 adubar（放作料、调味）；manejiares，拼法有疑，与下一条的 manyares 许是同一个词，可比较葡语方言词 manja（食物）。

AFADiguar（vt.使人疲累）	*pa sin cu*	把辛苦
Afadiguada cousa（np.劳累、累人的事情）	*sin cu*	辛苦
Afaguar（vt.爱抚、亲昵）		
Afago（n.爱抚、亲昵）		
Afamar a outros（vp.使某人出名）		
Afamada cousa（np.好名声）	*yeu min scin*	有名声①
Afamar（vt.使饿）– matar a fome（vp.充饥）②		
Afam trabalho（n.操劳）③	*sin cu*	辛苦
Afastar（vt.移开 vi.离开）	*na cai*	拿開
Afastada cousa（np.离开；离职）	*li cai liau*	離開了
Afauel cousa（np.和善；知礼）		
Afazer – custumar（vt.使习惯于）		
AFEAR（vt.丑化）	*zo ceu – zo quai*	做醜 - 做壞④
Afeada cousa（np.变丑的东西）	*ceu liau*	醜了
Afeiçoar（vt.铸成、塑造）		
Afeito（a.习惯了的 n.爱慕）		
Afeiçoarse（vr.爱慕、倾心于）		
Afeiçoado（a.倾心于某某的）	*yau ta hau*	要他好
Afeiçoadamente（ad.充满情意地）		
Afeição（n.友谊、爱慕）		
Afeitar – orno（vt.妆饰 – 装饰）⑤	*ta fen, za' – pan*	打粉 - 粧辦⑥

---

① "声"字均为简写，不作"聲"。

② afamar，今拼 afaimar（使饥饿）。

③ afam，词义不明。

④ "壞"，"坏"的繁体字。《宋元以来俗字谱》土部录有一例"坏"。本词典中尚不见这一简笔字。

⑤ orno（装饰），拉丁语动词。

⑥ "粧辦"，即妆扮。

（36b）

Afeitada cousa（np.打扮停当）	za' pan liau	粧辦了　粧扮　粧飾
Afeitar o rosto（vp.化妆脸部）	za' pan	粧办①
Afeito do rosto（np.抹脸的化妆品）– fucus（n.胭脂）③	in to fen	胭脂粉②　胭粉
Afeminar（vt.使有女人气）		
Afeminado（a.女人味的）	fu gin schin	婦人形　婦人像
Aferar（vt.把紧、抓住 vi.抛锚）④	na chin	拿緊
Aferada cousa（np.勾牢、稳稳锚住）		
Aferulhar（vt.①上闩 ②囚禁）		
Aferrorrase（vr.发怒）– darse preço（vp.困窘）		
Afermosentar（vt.打扮、妆饰、美化）	cin piau ci	整標致　丰恣⑤　恣色
AFIAR ferro（vp.磨铁器）	mo li	磨利
Afiada cousa（np.磨得锋利的东西）	li	利
Afidalguada cousa（np.贵族派头）		
Afilhado（n.教子；宠儿）		
Afilador（n.削尖的工具）		
Afinar ouro（vp.提炼金子）	cie' chin	煎金⑥
Afinar prata（vp.提炼银子）	cie' yn	煎銀
Afincadamente（ad.顽强地）		
Afirmar（vt.巩固、加强 vi.确认、断定）		

---

① 此例"办"字简写，与前两例"辦"不同。
② "胆"，"胭"的异体字；"脂"，误认作"脱 to"。后一词"胭粉"为西士补写，未注音。
③ fucus（紫红色颜料、胭脂），拉丁语名词。
④ 今拼 aferrar（用钩子勾住、抓住、抛锚）。
⑤ 后手添写的词，无注音。其中"丰"字简笔，不作"豐"。"恣"为"姿"之误。
⑥ "煎"，即"煎"。《篇海》火部"煎、煎"二字并列。

Afirmada cousa（np.确定的事情）
Afirmação（n.断定；证据；誓言）
Afigurar（vt.想象、假设 vi.觉得、认为）
Afigurarse（vr.相似）　　　　　　sia' si　　　　相似　相如 相類①

Afigurada cousa（np.相似之物、类似之点）
Afoguar（vt.使窒息、把某人憋死 vi.闷死、淹死）　cin ssi ta, ye' ssi　　浸死他 - 淹死 溺死②
Afoguadamente（ad.令人窒息地）
Afoguar – emcubrir（vt.笼罩，遮盖）
Afora（ad.①在外面、往外 ②此外、另外 prep.除……之外）　pin guai　　另外③ 各另
Aformentar（vt.使发酵、激动）
Aforrar（vt.释放、积攒）
Aforar, tomar per foro（vt.出租、准许，vp.租赁）
Aforamento（n.出租、租赁）
Aforador（n.出租者、租赁者）
Afoutarse（vr.鼓起勇气）– audeo（vi.敢于）④
Afouto – audax（a.勇敢的 – 无畏的）⑤　tan ta – po pa　　膽大 - 不怕

（37a）

Afoutesa（n.勇敢、无畏）
Aframar（vt.火烧、点燃）　　　　sciau　　　　烧
Aframado（a.燃烧的）
Aframarse（vr.燃烧）

---

① "相如、相類（类）"，系后手补写，无注音。
② "溺死"，后手补写，无注音。
③ 注音似为"擯外"，即除此之外。"各另"为补笔，无注音。
④ audeo（敢于），拉丁语动词。
⑤ audax（勇敢、无畏的），拉丁语形容词。

Afracar（vi.衰弱）　　　　　　　　　　cie' cie' soi　　　　渐渐衰
Afreimar（vi.生气、烦恼）①
Afreiguir（vt.使人兴奋、激励）　　　pa ta ciau zau　　　把他憔懆
Afreigido（a.兴奋的、激动的）　　　ciau zau　　　　　　憔懆
Afreição（n.兴奋、激动）
Afrouxar（vt.使柔软、放松 vi.松弛、松懈）
Afrouxado（a.柔软的、松弛的）
Afromtar（vt.羞辱、侮辱）　　　　　siu gio ta　　　　　羞辱他　耻他②

Afrontado（a.遭侮辱的）
Afronta（n.侮辱、谩骂）
Afrontar（vt.面对、对抗）
Afrontado（a.面对的、对抗的）
Afrontar – requerer（vt.面临 – 请求）
Afugentar（vt.使逃跑、放跑）– fugo（vt./vi.逃离、逃跑）③
Afugentada cousa（n.逃跑行为、开小差）
Afundar（vt.使深入、弄沉 vi.沉没）　ta cin　　　　　　打沉
Afundada cousa（np.沉没的东西）　　cin liau　　　　　沉了
Afomar（vt.烟熏、使黑暗 vi.冒烟、变暗）⑤　　　　　　 yen　　　　　　　 煙④
Afomada cousa（np.烟熏的东西）　　yen liau　　　　　煙了
Afurto（a.藏匿起来的）　　　　　　　zan　　　　　　　藏
AGABAR（vt.称赞、夸奖）⑥　　　　　pau cia'　　　　　褒奬
Aguabarse（vr.自吹、自我标榜）　　　ci cin　　　　　　自稱

---

① 即 afleimar（生气、恼怒）。
② "恥"，"耻" 的异体字。
③ fug(i)o（逃离、逃跑），拉丁语动词。
④ "烟" 的异体字。《干禄字书》："烟、煙，并正。"
⑤ 今拼 afumar（熏制、冒烟）。
⑥ 即 gabar（夸奖、奉承）。

Aguabador（n.颂扬者、马屁精）
Aguastar（vt.激怒）　　　　　　　ge ta nu, fa nu　　　惹他怒 - 発怒①

Aguastado（a.发怒的）
Aguastadiço（a.易怒的）　　　　　cia' cia' yau nu　　　常常要怒
Aguastamento（n.恼怒）
Aguasalhar（vt.款待、留宿）　　　cuo' tai　　　　　　 管待
Aguastarse（vr.动怒、生气）　　　nu　　　　　　　　　怒
A gineta（n.[马术]短镫）　　　　 ton tau tin　　　　　短踏鐙
Aguoa（n.水）　　　　　　　　　 scioj　　　　　　　　水

（37b）

Agua de fras（np.瓶装香水）　　　sen② schia' scioj　　甁香水
Agua de poso（np.井水）　　　　　çin scioj　　　　　　井水
Aguoa de fonte（np.泉水）　　　　yuo' scioj　　　　　 泉水③
Aguoa de rio（np.河水）　　　　　ho scioj　　　　　　 河水
Aguoa da chujua（np.雨水）　　　 yu scioj　　　　　　 雨水
Aguoa salguada（np.盐水）　　　　yen scioj　　　　　　塩水④
Aguoa salobra（np.咸水）
Aguoa cozida（np.煮过的水）　　　chiu quo scioj　　　　煑过水⑤
Aguoa das maos（np.浸手的洗礼水）
Aguoa dos peis（np.浸足的洗礼水）
Aguoa rosada（np.玫瑰水）
Aguoa benta（np.圣水）
Aguoa istilada（np.蒸馏水）
Aguoa clara（np.清水）　　　　　 cin scioj　　　　　　 清水
Aguoada fazer（vp.储水）　　　　 tau scioj　　　　　　 挑水

---

① "発"，"發"（发）的异体字。
② 原写有 gua，即"瓦"音，发觉错标后删除。
③ 可参看条目 Bica（出水口），"泉"字注音同此。
④ "塩"，"鹽"（盐）的异体字。旧时以"鹽"为正字，"塩"为俗体。
⑤ "过"字简写，不作"過"。《中文大辞典》辵部，引《宋元以来俗字谱》："過，通俗小说作'过'。"

Aguoar（vt.浇灌） 灌水

Aguoar o uinho（vp.往葡萄酒里掺水） za' scioj 渗水①

Aguora（ad.①现在、目前 ②刚刚、刚才） giu chin 如今　此時②

Aguora antes（adp.刚才） chio zai 却讒③　方讒

Aguosto（n.八月）

Aguentar（vt./vi.忍受、维持）

Aguorar（vt.预言、预测 vi.有不吉之兆）⑤ ciau teu 兆頭　先兆④

Agouro（n.预兆、凶兆）

Aguoreiro（a.预言的） schiau te ciau teu ti 曉得兆頭的 已知先兆

Agra cousa（np.酸味的东西） suo' 酸　囁⑥

Agradar（vt.使人高兴 vi.取悦于） cuo' schi 歡喜　喜悅⑦

Agradeçer（vt.感谢 vi.感激） sie 謝

Agradeçida cousa（np.感恩之事） po va' nghe' 不忘恩

Agradeçimento（n.感激、谢恩）

Agrauar（vt.使恶化、加剧、侮辱） luo' zo 乱做⑧　胡爲⑨

Agrauarse（vr.受欺负） pi ta chi fu 被他欺負 遭他凌辱

Agrauada cousa（np.遭辱之事）

Agrauo（n.侮辱、冤屈）

Agrauadamente（ad.冤屈得很）

---

① "渗"，字当作"掺"。
② 补写的"此時"，更贴近葡语词的第二个义项。
③ "讒"（谗），写为半繁半简的 諓、譏，均为"纔"（才）之误。
④ "先兆"，以及下一条的"已知先兆"，均为后手补写，无注音。
⑤ 今拼 agoirar（预言、有凶兆）。
⑥ "囁"（嗫），无注音，词义不明。
⑦ "歡喜"是口语词，有注音；"喜悅"为后手添加的书面语词，未注音。
⑧ "乱"（亂）字简写，不作"亂"。
⑨ 后手补写的书面语词，无注音。

Agrauar – apelar（vi.上诉）	tiau	刁 奸①

（38a）

Agusar（vt.磨尖、使锋利）	mo li	磨利
Agudo（a.机敏的）	yeu chi so	有計策② 有計較 有机謀③
Agudesa（n.锐利、敏锐）		
Agudesa de uista（np.目光之锐利）		
Agudesa de ferro（np.铁器之尖利）		
Agudamente（ad.剧烈地）	tau cheu	加④ 添 增
Agulha（n.针）	cin	針
Agulheiro（n.针盒）	cin tu'	針筒
Agulha de mariar（np.航海指针、指南针）	lo chin	羅經 指南⑤
Aguia（n.鹰）	fun gua'	鳳凰 鵉鳳
Aguião（n.北方、北风），uento norte（np.北风）	po fun	北風
Aguilhar（vt.用刺、棍等驱赶）		
Aguilhão（n.铁刺、铁棍）		
Aguilhada cousa（np.带刺的东西）		
Aguilhador（n.用刺、棍等驱赶者）		
Ayo（n.家庭教师）⑥	sien sen	先生
Aya（n.保姆）⑦	giu mu	乳母
Ay（ad.那里）⑧	cie li	這裏

---

① 可比较词条 Apelar（上告，43b）、Demandão（告状的，75b），也把上告者视为刁民。"奸"为后补字，奸民犹刁民。
② "策"写为 策，误读为"束"，以致注音作 so。
③ "机"，原字简写，不作"機"。
④ 注音对应的汉字为"刀口"，因错把"加"（加）分成两个字，又把左半误认作"刀"。
⑤ "指南"，西士所补，"指"写为 指。
⑥ 今拼 aio（男性家庭教师）。
⑦ 此词今又指家庭女教师。
⑧ 今拼 ai（那里、那时、那方面）。

Ay de my（adp.我好可怜）①	quei ngo	虧我　難為我
Ainda（ad.仍然、此外）	quam	還
Ainda aguora（adp.刚刚、刚才）	giu chin	如今
Ainda que（conj.尽管、如果）	sui gen	雖然
Airosso（a.优雅的、潇洒的）		
Airarssa（？）		
Airado（a.烦躁的、发狂的）	fa nu	發怒
Ajudar（vt./vi.帮忙、帮助）	sia'zu – fu ci	相助-扶持
Aiudador（n.帮手）	sia'zo ti	相助的
Ayudar a cargua（vp.帮人做事）②		
Ayuntar（vt.聚拢、攒积）	la' mai	挪埋③
Ayuntarse（vr.积攒）		
Ayuntada cousa（np.攒起的东西）		挪倒④
Ajuda cristel（？）⑤		
Ajuntamento（n.聚合、人群）		
Ajuramentar（vt.听取誓言、主持宣誓）	chiau ta sci teu	教他誓願⑥

（38b）

Ajurametarse（vr.宣誓、立誓）	sci min	誓盟
AL（pron./n.他人、它事）		
Alabarda（n.戟）		鉞斧
Alabardeiro（n.持戟者）		拿鉞斧的
Alabastro（n.雪花石膏、雪白）		
Alaguar a outro（vp.淹没某某）– mergo	yen	淹　浸

---

① 今拼 ai de mim（我真倒霉）。
② ayudar，即 ajudar（帮助），y 与 j，甚至与 i，经常混写。
③ "挪"（挪），疑为自造字，即"拢"。"拢埋"，指堆拢。参看词条 Acovar–ayuntar（挖坑、掩埋-聚拢，34a）。
④ "挪"即"拢"，这里指集拢、聚拢，可参看上注。"拢"，闽南话今读 laŋ³，指掌管钱物，其音其义与此处所写的"挪"字相合（见《闽南方言大词典》454页"拢"字条）。
⑤ cristel（灌肠剂）一词，另见 64a。
⑥ "願"字误注为"頭 teu"音。

（vt.使沉没、浸入）①

Alaguar（vt.摧毁、挥霍），guestar muyto（vp.大量消耗）

Alaguoa（n.小湖）	cu	湖 江 河
Alamique（n.蒸馏器）		錫甑②
Alambre（n.琥珀）		
Alanterna（n.提灯）③	ten lun	灯籠④
Alampada（n.灯）⑤	tiau ten	吊灯
Alapadarse, escunderse（vr.隐蔽，隐藏）		
Alarydo – fremitos（n.喊叫声 – 响动声）	han	噉⑥ 叫 嗑⑦ 喝

Alarido fazer（vp.喊叫）

Alardo（n.检阅）	tien pin	點兵 統兵⑧
Alarguar – alomguar（vt.加宽、拓宽 – 放长、延伸）	cuoa'	寬

Alarguada cousa（np.加宽的东西）

Alarguar – afroxar（vt.宽解 – 放松）	fa' cuoa'	放寬
Alar（vt.升起、扯起）	cie scia' chiu	扯上去
Alastrar nao（vt.装压舱物）	sui za' ti	堕艙底⑨
Alaude – testudo（n.诗琴 – 七弦琴）⑩		
ALBARDA（n.马鞍）	ma chia	馬架
Albardar（vt.备马鞍）	cua ma chia	掛馬架
Alcaide（n.要塞司令）		

---

① mergo（使浸入、淹没），拉丁语动词。
② 制作烧酒或提炼花露用的蒸器。
③ 即 lanterna（提灯）。
④ 这里和下一条的"灯"字，均为简写，不作"燈"。
⑤ 即 lampada（灯）。
⑥ 即"喊 han"，凡喊叫义多写为"噉"。
⑦ 通"喝"，谓大声说或笑。
⑧ 系后手补写，无注音。
⑨ "堕"字简写，不作"墮"，而据注音似为"墜"字；也可能是误读为"随"音。
⑩ testudo（七弦琴），拉丁语名词。

Alcansar（vt.赶上、获得）	can tau, chiu te	趕倒① - 求得
Alcansar per forsa（vp.以武力取得）	cen yn	戰贏② 戰勝
Alcanse dos imiguos（np.敌人可及的范围）		
Alcanfor（n.樟脑）	cia' zi	樟子
Acapara（n.刺山柑）③		
Alcatifa（n.地毯）		氈條 毡毯④
Alcasus（n.甘草）⑤	ca' zau	甘草
Alcarrada（n.耳环）⑥		耳環
Alçarse os uetidos（vp.起义）		反叛

（39a）

Alçar（vt.抬起、举起、竖立）	na chi	拿起
Alcorcouado（a.驼背的）		朓背的⑦ - 龜背
Alcorcoba（n.驼背）		龜背⑧
Alcouitero（n.拉皮条的男人）		
Alcouetera（n.拉皮条的女人）		嫖子
Alcoueitar（vt./vi.拉皮条、当皮条客）		忘八 - 烏龜
Alcunha（n.外号、诨名）	sin	姓
Aldraua（n.门闩、门环）	me' cuo'	門閂⑨
Aldrauar（vt.闩上门）	cuo' mien	閂門
Aldea（n.村庄）	schia' çiuo'	鄉村

---

① "倒"，当写为"到"。
② "贏"，原写如此，当作"贏"。
③ 当拼为 alcapar(r)a（刺山柑），一种调料。
④ 两例"毡"字一繁一简，原写不同。
⑤ 今拼 alcaçuz（甘草）。
⑥ 另见词目 Arecadas（45a），疑为同一词。
⑦ "朓"（tiǎo），本指阴历月末西方所见的月亮，又转指充盈，或因此而可指凸起如驼背。但也可能属误写，想写的是"驼"字。
⑧ 这一"龜"（龟）字写为龜。
⑨ "閂"，注音似误为"関"（关）。二字音近，意思也相通。《康熙字典》："閂，门横关也。"

Aldeão（n.村夫）	çiuo' fu	村夫　野老①
Aldea molher（np.村妇）	ciuo' po	村婆
Aldeamente（a.乡下的）	çiuon	村　鄉
Alicrim（n.迷迭香）②		
Aleguar（vt.援引、借口、声称）		
Alegria（n.快乐、喜事）	cuon schi	歡喜
Alegrar a outro（vp.使某人高兴）	pa cuo' schi ta	把歡喜他
Alegrarse（vr.高兴、快乐）	cuon schi	歡喜
Aleiyar（vt.致残 vi.残废）③	chie chio	跒脚④
Aleiyada cousa（np.畸形的事物）		尣⑤
Aleiyado de uista（np.视力残损）		
Aleiyado da mãos（np.手部残疾）		疷子
Alembrar a outro（vp.使想起、记住某人）⑥	chi cio gin	記着人
Alembrarse（vr.记起）	chi cio	記着
Alembrança（n.回忆）	chi	記
Alembrada cousa（np.记得的事情）	chi te	記得
Alem diço（pp.除此之外）	lin guai	另外
Alem ultra（adp.在那里）	na pien	那邉
Alento（n.①呼吸 ②勇气）		
Aletria（n.通心粉、面条）	so mien	索麵⑦
Aleuantar（vt.抬起、举起、升高）		
ALFASA（n.生菜）⑧	cuo zai	萵菜⑨

---

① 西士补写的书面语词，未注音。
② 疑即 alecrim，见下。
③ 今拼 aleijar（弄伤、致残、变成残废）。
④ "跒"，音"加"，与"瘸""跛"同义。
⑤ 《说文》尣部："尣，倚也；人有疾痛也，象倚箸之形。"女尼切，《玉篇》又音"牂"。但此处也有可能是想写"瘫"字，只写了一半。
⑥ alembrar，今拼 lembrar（记起、记住）。
⑦ "索麵（面）"，一种撑长、拉细后晾干的面条，俗称"长寿面"，产于浙南及周边地区。
⑧ 今拼 alface（生菜）。
⑨ 即萵笋，多生食。

		（39b）
Alfaça esparguada（np.炖煮的生菜）	cuo zai ciu ti	萵菜煮的
Alfayate（n.男裁缝）①	zai fun	裁縫
Alfaya（n.家具、用具）②	chia cuo	家火　貨
Alfayar（vt.装饰、布置房间）		
Alfamdigua（n.海关）③		抽分廠④
Alferas de bamdras（np.旗手）⑤		
Alfenete（n.针、别针）		計⑥
Alforge（n.褡裢）	fan toi	飯袋
Alforia（n.释奴）		
Alguarismo（n.数字）		
Algema（n.手铐）		鉄手杻⑦
Alguem（pron.某人）		
Alguo（pron.某物）⑧	scin mo tu' ssi	甚麼東西 什麼□⑨
Algudão（n.棉花）⑩	mien cua	綿花
Alguos（n.刽子手）⑪	chio zi	决子⑫
Algum（pron.某个、某人）	scin mo gin	甚麼人　誰人

---

① 今拼 alfaiate（男裁缝）。
② 今拼 alfaia（①家具、用具②珠宝、首饰）。
③ 今拼 alfandega（海关）。
④ 无注音。"抽分厂"，明朝税收机构，今杭州上城区仍有"抽分厂弄"。
⑤ 今拼 alferes de bandeiras（旗手）。
⑥ 似为"针"之误，缺注音。
⑦ 未注音。"鉄"，"鐵"的俗字。本词典中，他处"鐵"字亦多写此俗体。《干禄字书》未收"鉄"；《敦煌俗字典》上也未见其字。《龙龛手镜》上虽有"鉄"字，却与"鐵"无关，而是解作"銕"（缝缀）的古字。《类篇》同此。但《正字通》已录"鉄"字，释为"鐵"的俗字。《六书辨正通俗文》36页，仍拘泥于陈见，谓"鉄非鐵可锻"。实则近代通俗小说中，"鉄"用为"鐵"字之例颇多，见《宋元以来俗字谱》金部。
⑧ 今拼 algo（某物、某事）。
⑨ □处写有手，也许想写"事"。
⑩ 今拼 algodão（棉花、棉布）。
⑪ 今拼 algoz（刽子手）。
⑫ 当为刽子手的方言说法。"决"，处死。

Algum espaco des pó（np.微不足道之物）

Alguras（pron.某处）

Alguras（ad.在某处）, a algua parte（pp. 某个方面）   schin mo su zoi   甚麼所在 何處

ALHADA（n.①成堆的大蒜 ②纠纷）

Alhea cousa（np.他人的东西）   pie gin ti   別人的

Alho（n.大蒜）   suo'   蒜

Aly（ad./n.那儿、那里）   na li   那裏

Ali pa algua parte（adp.在某个方面）

Alifante（n.大象）   siao'   象

Alicornyo（？）

Aliçerça（n.地基、基础）   ti chi   地基

Alecrim（n.①迷迭香 ②某种海鱼）

Aliyar ao mar（vp.轻船出海）   tiu scioi   丟水

Alizamento（n.诱惑、贿赂）[1]

Aliyaua（n.箭囊）[2]   cie' tu'   箭筒

Alyofre（n.小珍珠）[3]   cin ciu   真珠

Alyubra（？）[4]   tai, cheu pau   帒-荷包[5]

（40a）

Alimentar（vt.供食、抚养）   ya'   養

Alimaria（n.兽类、驮畜）   ye scieu   野獸[6]

Alimaria braua（np.野兽）

Alimaria mança（np.伤残动物）   yam ti scieu   養的獸

Alinterna（n.提灯）[7]   ten lum   灯籠

---

[1] 今拼 aliciamento（=aliciação，诱惑、贿赂）。

[2] 今拼 aljava（箭袋）。

[3] 即 aljofar（小颗的珍珠）。

[4] 形近的词有 aljuba（摩尔人的无袖衫或短袖衣）；关联的词有 algibeira（衣袋、钱包）。

[5] 注音为"袋、口包"。"帒"，"袋"的异体字。《干禄字书》："袋、帒，上通下正。"

[6] "獸"（獸），"獸"的异体字。他处写法均类此。

[7] 重复的条目，有误拼。见词条 Alanterna（提灯，38b）。

Alimpar（vt.清扫、净化、簸谷）	mo ca'çin, chie'ca'çin	磨乾净① - 揀乾净
Alimpador de dentes（np.清洗牙齿的用具）	ci to	齿托
Alimpamento per sacrafiçio（np.献祭时的清洗、净身）		
Alionado（a.像狮子一样的、黄褐色的）		
Aliuar（vt./vi.减轻、缓和）	ho chin	减輕②
Aliuiador（n.缓解剂、止痛药）		
Aliuamento（n.减轻、缓和）		
Alinhar（vt.排成行、列队）		
ALMA（n.灵魂）	cuo'lin	魂灵③
Alma peccador（np.受苦难的灵魂）		
Alma infernal（np.恶魔般的灵魂）		
Almadia（n.一种狭长的小船）	siau ciuo'	小舡④　小舟
Almadrade（n.坐垫）⑤		
Almagra（n.赭石）	ciu	厨⑥
Almagrar（vt.用赭石染红）		
Almagem da armes（np.兵器库）	chiu'chi cu	軍器库

---

① "乾"，"干"的繁体。本词典上，凡表示干燥、干枯、干净等义均写为"乾"，而无一例简写的"干"。实则先时民间已流行"干"字，如《集韵》痕韵所记："乾、漧，燥也。或从水，通作'干'。"

② "减"，注音为"荷"。

③ "灵"字简写，不作"靈"。

④ "舡"，"船"的俗字。《说文》无"舡"字。《玉篇》舟部，二字义同而音不同："船，市专切，舟船"；"舡，火江切，船也。"盖"船"为舟船的通名，"舡"则是舟船中的某一种。《敦煌俗字典》收有一例"舡"字，所指与"船"无异。入宋，民间"船""舡"二字并行，而《集韵》仙韵仍判为二词，并欲指谬："船，俗作舡，非是。"《洪武正韵》阳韵也称，二字所指并非同一词："舡，许江切。'舽舡'，吴船名；又'舽舡'，船貌。俗以为'船'字，误。"《广韵》钟韵亦有"舡，舽舡，船儿"一说，似指船儿晃动的样子或声音。《葡汉词典》上，"船""舡"可互换，无任何义别。

⑤ 今拼almadraque（坐垫、垫子）。

⑥ 此为白字，当作"赭"。

Almagem da leite（np.奶场）	yeu pu	油舖
Almarga（n.牧草、牧场）		
Almesica（n.乳香）①		
Almeirão（n.菊苣）		
Almiras（n.臼、研钵）②	ciu' cheu	舂臼
Almiscre（n.麝香）	scie schia'	麝香
Almirante（n.舰队司令）	zu' pin	總兵　總府③
Almocreue（n.脚夫）	lo fu	驢夫④
Almofaris（n.臼、研钵）	ciu' cheu	舂臼
Almofada（n.枕头）	cin teu	枕頭
Almofadinha（n.小枕头）	siau cin teu	小枕頭
Almotolia（n.油壶）		油瓶
Almoçar（vt./vi.吃午饭）		
Almoço（n.午饭）		
Almorema（n.痔疮）	ci za'	□瘡⑤　痔瘡

（40b）

Almoreima doente（ap.患痔疮的）	sen ci za'	生痔瘡
Almotaces（n.度量衡监察官）		
Almoxarife（n.税务官）		
Almofaça（n.马刷）	ma pa	馬爬⑥
Almofaçar（vt.用马刷梳马）	pa ma	爬馬
Almude（n.量度单位，约25升）		
Alogear（？）		
Alomenos（？）		

---

① 今拼 almecega（乳香、乳香树胶）。
② 见词条 Almofaris（臼、研钵，40a），疑为同一词。
③ "總"，古"总"字。
④ 注音为"騾夫"。
⑤ 缺字处原写为上"疒"下"治"（瘑），似为自造的形声字，即"痔"。《龙龛手镜》入声卷疒部："痔，正，下部病也。"其俗字列有两个，"疒"字头下分别为"止""持"，构造的方法相同。
⑥ "爬"，通"耙"。

Alomguar（vt.加长、伸直、延期）①	fan cuon'	放寬
Alomge（ad.从远处、远远地）	juon	遠
Alosna（n.艾草）		艾
Alpendere（n.屋檐、门廊）	lan schia	廊下
Alporça（n.瘰疬）②	lui cie	瘰癧③
Alporquento（a.患瘰疬病的）	sen lui cie	生瘰癧
Alceyra（？）		
Alta cousa（np.高大的事物、伟岸）	cau	高
Altar（n.祭坛）	scin toj	神臺④
Alterece（a.骄傲的）⑤	chiau ngau	驕傲
Alterado（a.改变了的）		
Alteração（n.争吵）	sia' ce' cheu	相争口⑥
Altercar（vt./vi.辩论、争吵）⑦		相噭⑧
Altoza（n.高度；崇高）⑨	cau scim	高-深
Alto prosum（ap.极高）		
Altura（n.高度、高）		
Alua cousa（np.白色的东西）	pa	白
Alua a cento cousa（np.灰白色的东西）⑩	ci se	紫色
Alua da menha（np.晨曦）	zau sci chia'	早時間
		早朝　早晨
Aluara（n.许可证）	za' fu	劄付⑪

---

① 今拼 alongar（伸长、延长、延缓）。

② 今拼 alporca（瘰疬、淋巴结核）。

③ "瘰"，也作"瘑"。《玉篇》疒部："瘑，力罪切，皮起也。""癧"（疬），注音似为"疾"；其字写作 𤵐，当为"疒"字头，可比较下一例"癰"（𤷎）。"瘰癧"多合言，指皮肤上生出的小疙瘩。

④ "臺"（臺），"台"的繁体。一如"擡"不简笔，"臺"也始终繁写。

⑤ 原写经涂改，字迹不清，可比较现代葡语：altanaria（傲慢），altanado（高傲的）。

⑥ "争"（爭），他处写法多同此。《干禄字书》："争、爭，上通下正。"

⑦ 此为动词，上一条为名词。

⑧ 西士补写的词，"相"（衵）字的左旁误作"衤"。

⑨ 今拼 alteza（高、高度；高尚、崇高）。

⑩ 比较现代葡语：alvacento（灰白的）。

⑪ 手谕、指令，"劄"即"札"。字音 za' 有疑，当无撇号。

Aluayde（n.白粉）①   fen   粉
Aluidre（n.意见、主张、仲裁）②
Aluidrar（vt.提议、建议）   ta chia   打價　講價
Aluidrador（n.提议人、建议者）   ta chia ti   打價的
Aluidro do juiz（np.到庭作证）   cie' quie' gin   証見人③
Aluisara（n.犒赏）   pau schi cie'   报喜錢④
Aluorosar（vt.使激动、惊恐）
Aluoroso（n.惊恐、骚动）
Aluorosada cousa（np.令人不安的事情）

（41a）⑤

Aluoroso de pouo（np.民众骚乱）
Aluorada（n.黎明）   tien schiau   天曉　天曙⑥
Aluura（n.白、洁白；纯净、贞洁）   pa   白
Aluado – lunaticus（a.精神错乱的 –疯癫的）
Alumiar（vt./vi.照亮、照耀）   qua' min   光明　照光亮

Alumiador（n.光源）
Aluguar – tomar（vt.租赁 – 租用）   税⑦

---

① 今拼 alvaiade（铅白）。
② 今拼 alvitre（意见、仲裁）。
③ "証"，原写半繁半简，不作"證"。
④ "报"字简写，不作"報"。
⑤ 此页的前面还有一页，标为 40a，但只在页尾写了两条，有注音而无汉字：
    Alvara   za fu
    Aluayde   fen
即"劄付""粉"，均见于 40b。
⑥ 西士补写的词，"曙"写为䁔，左旁误为"目"。又，这两个汉语词及其注音原在 40b 的页尾。
⑦ 漳州、厦门一带，"税"今仍用作动词；相当于普通话"租"。而且和"租"一样，"税"既可以表示向人租用，也可以表示出租给人（见《闽南方言大词典》169 页"税"字条）。

Aluguar（vt.出租）– dar lo aluguer（vp. 租给某人）① 税他

Aluguer da casa（np.房租） 税錢 租納 賃錢

Alumiada cousa（np.发亮的东西） qua' 光
AMa（n.乳母） giui mu 乳母
Amavelmente（ad.和蔼可亲地）
Amada cousa（np.可爱的东西）
Amançebado（n.情夫）
Amanhar – refiçio（vt.整理 – 修理）② pu 補
Amanhaçer（vi.天亮 n.黎明） tie' zai lia' 天才亮 天方曉

Amainar a uella（vp.收帆） schia pon 下蓬
Amançar（vt.驯养、驯服） chiau scien 教善
Amançar alimaria（vp.驯顺野性） chiau scie' 教善
Amançarse（vr.变得温顺） yau scien, hiu scie' 要善 - 修善 好善

Amar（vt.爱、喜好 vi.恋爱） ngai hau 爱好
Amarguar（vt.使痛苦、忍受） cu 苦
Amarguosa cousa（vp.痛苦的事情） cu 苦
Amargurado（a.痛苦的）
Amareleserçe – palleo（vr.变黄 – vi.变苍白）④ pien cin lien 变青臉③
Amarella cousa（np.变黄的东西、黄色的东西） quam 黄 n(ã)o de tudo amarello（没有完全变黄）p. 黄半未勺⑤

---

① aluguer，今拼 aluguel（①租、租赁 ②租金）。
② refiçio，当拼为 reficio（修理、重做），拉丁语动词。
③ Amareleserçe，今拼 amarelecerse（= amarelarse，变黄、发黄）；palleo（脸色变得苍白、褪色），拉丁语动词。
④ "变"字简笔，不作"變"。以下诸"变"字均为原写之形。
⑤ 这四个字为西士手迹，直书于页面右侧。"勺"，可能想写"熟"。

A mão-tente（pp.在手头、很近）　　　chin　　　　　近
A mão direyta（pp.在右手）　　　　　yeu pien　　右邊
A mão esquerda（pp.在左手）　　　　zo pien　　　左邊
Amarar（vt.捆绑）　　　　　　　　　pan　　　　　綁　細　縛
　　　　　　　　　　　　　　　　　　　　　　　　勒　擒①

Amara（n.缆绳）
Amarado（a.系妥的、捆好的）　　　　pan liau　　綁了
Amaçar（vt.①揉面 ②和泥）②
Amaçador（n.①揉面工 ②泥灰匠 ③和面盆）
Amaldiçoar（vt.诅咒、咒骂）
Amaldisoada cousa（np.被诅咒的、可恶的）

（41b）

Amparar（vt.支撑、维持）　　　　　　cie la'　　　遮攔
Amparo（n.支撑物、靠山）
Anpalla（n.水泡）③　　　　　　　　　scioi pau　　水泡
Amus（？）
Amea（n.城垛、雉堞）④
AMEA（n.雉堞、城垛）　　　　　　　　　　　　　城堉⑤
Ameaçar（vt.威胁、恐吓）　　　　　　　　　　　　諕他⑥
Ameacador（n.威胁者、恐吓者）
Ameaços（n.威胁、恐吓）
Amearede（n.护城建筑）
Amedo（a.受惊的）⑦　　　　　　　　yeu chin　　有驚

---

① 注音为"綁"。"勒、擒"二字为西士补写。
② 今拼 amassar（揉面、和泥、搅和）。
③ 今拼 ampola（水泡、疱疹）。
④ 今拼 ameia，同于下一条，只是用大写字母再写一遍。
⑤ "堉"（堉），无注音，疑为自造字，可能想写"垛"。
⑥ "諕"，"吓"的旧字。
⑦ 似为 amedrontado（受惊、被吓坏）之简。

Amedruntar（vt.吓唬）	chin tu' ta	驚動他
Ameiegca do mar（np.海里的蛤蜊）①		蚌子
Amenhaa（ad./n.明天）②	min ge	明日
Amendoa（n.杏仁）		
Amestrar（vt.教化）	chiau	教
A metade（pp.一半）	ie puon	一半
Amexa（n.李子）		
Ameixereira（n.李树）		
AMigo（n.朋友）	sia' ci	相知　知己　故人
Amigua（n.女友、情妇）		
Amigo de molheres（np.好女色的人）③	teu chi chia	偷契家④　竊婶
Amigo de honras（np.追逐权势的人）	yau zo fu	要做大⑤
Amigo de uinho（np.贪杯者、酒徒）	yau cie ciu	要食酒　好飲
Amigo de palauras（np.话痨）		
Amigo de dinhejro（np.守财奴）	yau zai	要財　貪利
Amiude（ad.经常）	to pien	多遍
Amiudadamente（ad.频繁）	to te chin	多得緊　甚多
Amizade（n.友情、恩惠）	sia' heu	相厚
AMa（n.奶妈、保姆）		
A modo de falar（pp.按说的做）		
Amoestar（vt.感化、劝慰）	chiuo'	勸
Amoestador（n.劝慰者）		
Amoestação（n.劝慰）		

---

① ameiegca，今拼 amêijoa（蛤蜊）。
② 今拼 amanhã（明天），也泛指将来。
③ molher，今拼 mulher（女人）。
④ "契"，当写为"妾"。
⑤ 注音为"要做父"。

Amolar（vt.磨）	mo	麽①
Amolador（n.磨刀人）		
Amolentar（vt.使柔软 vi.变软、弱化）	zo giuo'	做軟

（42a）

Amontuar（vt.堆积）	tui chi	堆起
Amontada cousa（np.堆起的东西）		
Amontõns（ad.大量、大批地）②		
Amor（n.爱）	ngai	爱
Amoroso（a.多情的、友好的）		
Amora（n.桑葚）	san zi	桑子
Amorteçeçe（vi.失去知觉、窒息、昏死）③	mu' ssi	朦死
Amorteçeçe a outro（vp.使人窒息、憋死）		
Amorteçido（a.麻木的、无知觉的）		
Amortalhar（vt.给死者穿寿衣、装殓）		粧死
Amortalhado（a.身着寿衣的）		
A mayor ualia（pp.以更高的价格）	cau chia	高價
Amostrar（vt.展示、介绍）	chi yn – chiau – ca'	指引　教看④
Amostrador（n.示范者）		
Amostra（n.样本、典型）		
Amostrarçe（vr.表现、示范）	zu ja' – zu ja'	作樣 - 做樣
Amofinar a outro（vp.使烦恼、折磨）		
Amofinarçe（vr.烦恼、生气）		
ANão（a.矮小的 n.侏儒）	yai zi	矮子
Anão cousa（np.矮小的东西）		
Anca（n.臀、股部）		後腿上

---

① 系笔误，当写为"磨"。

② 即 aos montões（大量地）。

③ 今拼 amortecer（窒息、昏死）。

④ "看"写为𥄫，他处写法多类此。《干禄字书》："𥄫、看，上俗下正。"可比较《敦煌俗字典》219 页所收：𥄫、𥄫。

Ancora（n.锚）	ciuo' tin	舡椗
Ancorar（vt./vi.下锚、锚定）	pau tin	抛椗
Ancha cousa（np.宽大的东西）	quoa'	寬
Amjinhos（n.耙子）①		耙
Andar（vi.行走）	chiu	去
Andar ao redor（vp.在附近走）	ciuo'	轉
Andar depreça（vp.快步走）	quai schin	快行　趙
Andar deuaguar（vp.缓步走）	man schin	慢行　從容行②
Andar de guatjnhos（vp.匍匐、爬行）③		
Andar entamaogos（？）		踏橋④
Andar diante（vp.向前行进）	cin	進
Andar per atras（vp.后退、退走）	toi	退
Andar erado（vp.走错路）	zo liau lu	錯了路
Andar do ribas, abaixo（vp.朝上走，往下走）	scia', schia	上　下

（42b）

Andar baguabune（vp.流浪）⑤		
Andar desterado（vp.离乡背井、漂泊异国）		
Andar de gualopa（vp.快步行进）	tau	跳
Andurinha（n.燕子）	yen zi	燕子
Andor（n.[抬圣象的]舁床）		篦⑥
Anel（n.指环）	chiai zi	戒指
Aneguar（vt.使沉没、淹没）	ta cin	打沉
Anjo（n.天使）		

---

① 今拼 ancinho(s)（耙子）。
② 三字为西士补写。"從"（徔），"從"（从）的异体。
③ guatjnhos，今拼 gatinhas。
④ 一种民俗活动，多在正月十五夜里进行。
⑤ baguabune，拼法有疑，当与 vagabundo（四处流浪的）同族。
⑥ 当写为"舁"，指抬高、举起。

Anjo bom（np.善良的天使）
Anjo mao（np.邪恶的天使、魔鬼）

Anil（n.靛青、靛蓝 a.蓝色的）		靛菁
Animal（n.动物 a.动物的）	chin scieu	禽獸
Animo（n.精神、灵魂、性格）	sin	心
Animoso（a.勇敢的）	tan ta	膽大
Ano（n.年、年纪）	nien sui	年歲　載
Ano pasado（np.去年）	chiu nie'	去年　舊
Ano de cequo（np.旱年）	han nien	旱年
Ano d'esterilidade（np.灾年）	cua' nien	荒年
Ano de mortandade（np.死亡之年）	schiu' nien	凶年　飢歲①
Anojar（vt.使烦恼）	pa ceu ssi	把愁事
Anojarçe（vr.烦恼）	yeu ceu	憂愁

Amajemdageite（?）
Anojado（a.忧愁的）

Anoteçer（vi.天黑、入夜）②	yau ye	要夜　將暮③

Anotação（n.注释）

Anteado（n.继子）	chi zi	继子④
Anteada（n.继女）	chi nu	继女

Anteçeçor（n.先导、前任）⑤

Antes que（adp.在……之前）	sien	先
Anteçeçores（n.祖先）⑥	sien zu	先祖

Antecamara（n.前厅）

Antes（ad.[指时间]从前；[指方位]在前面；[指意向]宁愿）	sien	先

---

① "飢""饑"本为二字，所表之词不同。据《说文》，"饑"指谷物不熟，"飢"指肚子饿。严格照此，则"飢歲"为"饑歲"之误，即谷物歉收之年。这一意义区分为后世辞书所沿袭，如《六书辨正通俗文》云："饑、几别饑、飢"（10页）。然而民间早已趋向以"飢"取代"饑"。本词典中未见"饑"字，其义均由"飢"字表达。

② 今拼 anoitecer（天黑、入夜）。

③ "將"字简笔，他处亦多如此，很少写为"將"。

④ 此处及下一例"继"，左旁作"糹"，右旁则简写。

⑤ 今拼 antecessor（先行者、前人、前任）。

⑥ 即 anteçeçor（=antecessor）的复数。

Antex（？）
Antemão（ad.事先）　　　　　　　　　　*sien*　　　　　　　先
Antes – pocius①（ad.宁愿 – 毋宁）　　　*qua' cuo' schi*　　　還歡喜

（43a）
Antemanhãa（n.黎明、拂晓 ad.黎明前、　*tien cia' lia' – pe*　天將亮 - 不
凌晨时分）　　　　　　　　　　　　　　*çe' lia'*　　　　　曾亮　天欲
　　　　　　　　　　　　　　　　　　　　　　　　　　　　明

Antetenpo（ad.提前）②　　　　　　　　*quai – pe ce' tau ssi*　快 - 不曾到
　　　　　　　　　　　　　　　　　　　　　　　　　　　　期

Antes de mij（adp.在我之前）
Anteporta（n.门帘）　　　　　　　　　　*me'*　　　　　　　門簾③
Antecipar（vt.预期）
Antecipação（n.预先、提前）
Antigua cousa（np.古旧的事物）　　　　*chieu*　　　　　　舊
Antiguamente（ad.从前）　　　　　　　　*cu, ta' zu*　　　　古 - 當初
　　　　　　　　　　　　　　　　　　　　　　　　　　昔日　先前
Antonte（ad.前天）④　　　　　　　　　　*cien ge*　　　　　前日　昔日
Aonde（ad.在那里、往那里）　　　　　　*na li*　　　　　　那裏
A outra prate（pp.另一边）⑤　　　　　　*na pien*　　　　　那邊
A outro proposito（pp.出于其他目的、
另有打算）
A olhos vistos（pp.显而易见）　　　　　*ta' cin*　　　　　　當真⑥　果實
Ao presente（pp.现在）　　　　　　　　*giu chin*　　　　　如今
Apasentar – pasco（vt.放牧 – 放养）⑦　*yam*　　　　　　　養

---

① 即 potius（宁可），拉丁语副词。因 antes 又有 "先前、在……前" 之义，故加释以拉丁词。
② 今拼 antetempo（提前、未成熟）。
③ "簾" 字缺注音。
④ 今拼 anteontem（前天）。
⑤ prate 为笔误，当作 parte（方面）。
⑥ "當" 字的右上角标有调符，表示读去声。
⑦ apasentar，今拼 apascentar（放牧、教养）；pasco（放牧），拉丁语动词。

Apaguar（vt.熄灭）	mie	s.滅 v.打黑 p.紅燭冷①
Apaxonarçe（vr.热衷、迷恋于）		
Apaxonado（a.富于激情的、激动的）		
Apalpar（vt.触摸）	mo	摸
Apanhar（vt.采摘；捉住）	chie'-za'	揀-搶
Apanhador（n.收获者；抓获者）		
Aparar（vt.刨、削、修剪）	cai – chi pi	開-棄皮 剝皮
Aparo（n.蘸水笔）		
Aparas de peras（np.削下的梨皮）	li schia pi	剩下皮② 餘下
Aparado（n.排场、声势）		
Apareçer（vi.出现）		
Apareçer de lomge（vp.出现在远方）		
Aparelhar（vt.安排）	pi pan, ngo' tien	俗辦-安排 打點③
Aparelhador（n.安排者、打理者）		安排的
A par（pp.在附近）	chin	近
Aparençia（n.外貌、表面现象）		
Aparentarse（vr.假装）		
Aparentado（n.亲缘关系）	ta zu' cio	大宗族
Apartar（vt.分隔；放弃）	chiuo' cai – fe' cai	勸開-分開
Apartarçe（vr.分离；偏离）	schin cai	行開
Apartamento（n.①分离 ②房间 ③围栏）		
Aparte（n.间断；插话）		
		（43b）
Apagiuar（vt.调停）④	chiue' ho	勸和

---

① 三个字母可能分别代表：se（自身，即不及物），verbo（动词），poesia（诗歌）。
② li，似对应于"梨"，而非"剩"。
③ 注音为"安点"，缩合为一个词了。
④ 今拼 apaziguar（使和解、平息）。

Apazificador（n.调停者）①	ho teu	和頭
A pe（pp.步行）	pu schin	步行
A pe enxuto（pp.走旱道）		
Apearçe（vr.下马、下车）	schia ma	下馬
Apeçonhentar（vt.下毒）	schia to yo	下毒藥　致毒
Apesonhentado（a.有毒的）	yeu to	有毒
A pedaços（pp.零零碎碎）	ye quai ye quai	一塊一塊
Apedrejar（vt.扔石头打；辱骂）		
Apeguar（vt.粘连、沾染、传染）		染病 - 糊起 - 點着
Apeguarçe（vr.黏住、染上）		
Apeguadamento（n.黏住、传染）		帶　扯緊
Apeguadiça cousa（np.黏糊的东西）		黏倒
Apelar（vi.上告）	tiau	刁
Apelido（n.姓氏）	sin	姓
Apenas（ad.艰难地）	na' chi	艱計② 詭謀
Apenhar（vt.典当）③	zo tam	做當
Apenhamento（n.典押）		
Apenhador（n.典押者）		
Aperçeber（vt.准备、安排）	pi pan	俻辦
Aperçebido（a.备妥的）	çi cin	齐整④
Aperçeberçe（vr.准备、自备）		
Aperfia（n.固执）⑤		
Apercar – premo（vt.紧逼 – 逼迫）⑥	yau chia' co	要強過
Apertar（vt.弄紧、使狭窄）	chin	緊

---

① 词中间的字母不清晰，疑为 apaziguador（调停人、和事佬）的旧拼。
② 注音为"難計"。"艱"（艰）与"難"（难），半边一样，其字易混。正确的注音见"艱計 can chi"（122a）。
③ 动词，今拼 apenhorar（典当）。下一例为同根的名词。
④ "齐"（斉），"齊"（齐）的省笔字。
⑤ 今拼 aporfia 或 porfia（固执、坚持）。
⑥ apercar，疑即 apertar（弄紧、紧逼、加强）；premo（紧压、压制、逼迫），拉丁语动词。

Aperto（n.狭窄、紧缩）	zu sia sie	做小些
Apertada cousa（np.艰难窘迫的局面）		儉用　緊財緊
Apesar（ad.尽管）		
Apesoado（a.相貌好的、仪表堂堂的）	poi za'	肥壯①
A pezo douro（pp.以昂贵的价格）	quei te chin	貴得緊
Apetite（n.欲望、食欲）	pin ta	憑他②
Apetitoso（a.好吃的、能勾起食欲的）		
Apice（n.顶端、极点）		
Apoguar（vt.支撑、支持）③		
Apodreçer（vi.腐烂）	yau la'	要爛
Apodrentar（vt.使腐烂）	ta lan	打爛
Apodrentada cousa（np.腐烂物）	lan	爛

(44a)

Apontar como dedo（vp.用手指指点）	ci	指
Apontamento（n.登记、记录）		
Aportar（vi.入港、靠岸）– a pelo（pp.及时）	ciuo' tau	船到
Apos（prep./ad.之后、以后）	heu mien	後面　後來
Aposento（n.住宅）	fan zi	房子
Apostema（n.脓肿）	zan	瘡
Apostemarçe（vr.化脓）	sen za'	生瘡
Aposta（n.打赌、赌注）	tu	賭
Apostar（vt.打赌、下赌注）	sia' tu	相賭
Apracar（vt.安慰、劝解）④		勸
Aprazer d'alguem（vp.使某人高兴）	pin ta	憑他　由他
Aprazida cousa（np.高兴的事情）	ciu' ciu' gin	中衆人

---

① 客家话里"肥"字两读，[pui²]或[fui²]（见《发音字典》）。

② "憑"（凭），任凭、任由，随某人之意。

③ 今拼 apoiar（支撑、支持、倚靠）。

④ 今拼 aplacar（安抚、平息）。

Aprainar（vt.弄平）①	zo pin	做平
Apresar（vt.作价）②	ta chia	打價
Apresador（n.作价者）	ta chia ti	打價的
Apreguar（vt.叫卖、吹嘘）		
Apreimar（vt.捆住）③		抳緊④
Aprender（vt.学习 vi.学会）	schio	學效
Aprendice（n.学徒）	schio scieu gni	斈手藝⑤
Apresar（vt.催促）⑥	chiau ta quai	教他快
Apresarse（vr.加快）	quai	快
Apresada cousa（np.匆忙的事情）	quai schin	快行 速
Apresurado（a.仓促的、慌忙的）	schin chin	性緊 性急
Apreça（n.匆忙、急速）⑦	quai	快
Aprezentar（vt.介绍、引见）	sia' su', chiu mie' cie'	相送 - 去囬前⑧
A porção（pp.部分）		
Apropear（vt.据为己有、篡取）⑨	ua' gin	妄認
Aprouar（vt.赞同、批准 vi.合格、及格）		
Aprouada cousa（np.同意、核准的事情）	cin chiu – ca' sciuo hau	看説好 稱譽⑩
Aproueitar a outro（vp.利用某人、趁机）	yeu ye, yeu yu'	有益 - 有用
Aproueitada cousa（np.有用的东西）		
Apunhar（vt.用剑等刺）	na chien	拿劒
Apurar（vt.使干净）	cin con cin	整乾净
Apurado（a.纯净的）	con cin	乾净

---

① 今拼 aplanar（弄平、整光滑）。
② 今拼 apreçar（作价、评价）。
③ 疑即 apernar（捆住、绑紧腿）。
④ "抳"（扌匸），疑为自造字，可能想写"紮"（扎）。
⑤ "斈"，"學"（学）的异体字。
⑥ 今拼 apressar（加快、催促）。
⑦ 今拼 apresso（匆忙、迅速）。
⑧ "囬"（回）系笔误，当作"面"。注音不误，对应于"去面前"。
⑨ 今拼 apropriar（篡夺、占有）。
⑩ 注音"看説好"在后。"譽"（誉）拼为 chiu，似混同于"舉"（举）。

Apoupar（vt.嘲笑、挖苦）	siau ta	笑他①
AQueser（vt.加热 vi.发热、变热）	ge	热
Aqueixarçe（vr.激动、气愤）		氣慨 - 投告

（44b）

Aquele（pron.[阳性]那个、那人）	ta	他
Aquela（pron.[阴性]那个、那人）		
Aqueloutro（pron.另一个、另一位）	pie ti	别的
Aque（ad.这里）	cie pien	這边②
A que preposito（np.原因在此）	in scie mo ssi	因什麼事 為甚事 因何故
Aqui（ad.①这里、到这里 ②这时、此时此刻）	cie li	這裏
Ar（n.空气）	ghi	氣
A doença（pp.生病、病中）		
Arado（n.犁）	li	犂
Arame（n.金属丝）	tu'	銅
Aranha（n.蜘蛛）	ci ciu – pa chio	蜘蛛 - 八脚
Arar（vt.犁地、耕）	li	犂
Arca（n.箱子）	siao' zi	廂子③
Arca de liuros（np.书箱）	ciu zi	厨子④
Arcabus（n.火枪）	niau ciu'	鳥銃
Arcabuseiro（n.火枪手）		
Arcanjo（n.大天使）		
Arco de besta（np.弓弩）	nu ye, cu'	弩翼　弓
Arco de uelha（np.彩虹）	hum y	虹霓

---

① "笑"写为 咲，他处写法多同此。《玉篇》竹部有此字："笑，私召切，喜也。亦作'咲'。"《敦煌俗字典》454页录有咲，即此字。

② "边"（边）为草写的简字，不作"邊"或"边"。《中文大辞典》辶部"边"，引《宋元以来俗字谱》："邊，通俗小说作'边'。"

③ "廂"，通"箱"。

④ 此条未见对应的葡文词。

Arco de pedra（np.投石器）
Arcada cousa（np.拱形的东西） 拱門
弯①
Arco de pipas（np.酒桶箍） 箍②
Arder（vi.燃烧、着火） 有火焰
Ardente cousa（np.炽热）
Ardil de guerra（np.打仗的计谋）
Ardor（n.炎热、热情）
AREa（n.沙子）③ sa 沙
Areal（n.沙地、沙滩）
Arengua（n.演说、争论）
Arguola de fero（np.铁圈） tie chiuo' 铁圈
Argola de pao（np.木圈） mu chiuo' 木圈
Arguir（vt.辩解 vi.争辩） ce' cheu 争口
Agurmentar（vt.辩解、反驳 vi.争辩）④
Arismetica（n.算术） suo' fa 笇法⑤
Arma ofençiua（np.进攻性武器） schiu' chi 凶器⑥
Armas defençiuas（np.防御性武器） chi chia 鎧甲⑦
Armada（n.军舰） pin ciuo' 兵船
Armada cousa（np.武装力量） yeu chi chia 有鎧甲 有衣甲

---

① 原为简写，不作"彎"，他处均同此。
② 其字原写为𥴢。
③ 今拼 areia（沙子、沙土）。
④ 笔误，当拼为 argumentar（论辩、争论）。
⑤ "笇"，"算"的异体字。但"笇""算"本为二字，《说文》释义不同："笇，长六寸，计历数者，从竹从弄"；"算，数也，从竹具，读若笇。"据《玉篇》，二字的意思已接近，唯切音略有区别："笇，苏乱切，计算也，数也"；"算，桑管切，数也，择也。""择"即"选"。至《集韵》换韵，已将"笇、算"并为一条。
⑥ "凶"，写为㐫。
⑦ "鎧"（铠），误读为"豈"（岂）音，他处也多标错。仅一处不误，见词条 Desamar（卸甲）。《集韵》代韵："鎧，《广雅》'鎧甲，介鎧'"，音"慨"。

（45a）

Armadilha（n.陷阱）	cia' quei	張鬼①
Armar（vt.配备武器、武装起来）	pi cua	披掛
Armar filades（vp.布设陷阱）	mai fo	埋伏
Armar besta（vp.配备弩石）	scia' nu, scia' schie'	上弩 - 上弦
Armar com panos（vp.张挂布幕）	chie zoi	結彩
Armeiro（n.军火商）	zu chi chia ti	做鎧甲的
Armela（n.铁环、手镯）	siau tie chiuo'	小鐵圈
Armonja（n.和声、谐音）②	zo yo	作樂③
Arneis（n.盔甲）④	tie chia	鐵甲
Arquinha（n.短弓）		
AREBAlde（n.郊区、边缘）⑤		
Arancar de rais（vp.连根拔出）	tai chi' ce	帶根扯
Arancar despada（vp.拔出剑）	cai chien	開劍
Anojado（a.烦恼的）		
Aras（n.彩礼、定金、押金）		定夈⑥ - 做定
Arazar a medida（vp.平心静气地讨论）⑦	chiai teu	戒斗⑧
Arajal（n.村庄）	zai	寨
Aranhar（vt.抓挠）⑨		撋⑩
Aranhadura（n.抓挠的伤痕）		痕傷
Arastar（vt.拖、拉）	to	拖

---

① "鬼"写为 尭，他处多类此。可比较《敦煌俗字典》所收"鬼"字中的两例：尭、尭。

② 即 harmonia（和声、谐音）。

③ 谓奏乐。"楽"，"樂"（乐）的异体字或半简化字。

④ 今拼 arnês（盔甲、甲胄）。

⑤ 今拼 arrabalde（郊区）。

⑥ "夈"（夈），即"钱"，敦煌写本中有其字形（赵红 2012：165）。

⑦ Arazar，今拼 arrazoar（论证、讨论）；a medida，指适度、谨慎。

⑧ "斗"字简写，比较词条 Briguoso（好斗的）之下出现的"閗"。"戒斗"，谓不与人争，语出《论语·季氏》："君子有三戒：少之时，血气未定，戒之在色；及其壮也，血气方刚，戒之在斗；及其老也，血气既衰，戒之在得。"

⑨ 今拼 arranhar（抓、挠、搔）。

⑩ "撋"（撋），缺注音，不知是否有其字。

Arasto leuar（vp.过苦日子）
Arazoar feitos（vp.辩护）
Arazoado（a.合乎情理的）①   çia' ciu   将就
Arebatar②
AREBatar（vt.偷、抢、夺走）③   teu   偷
                                       za'   搶
A rebatinha（pp.争先恐后）
Arebentar（vt.使破裂、弄碎）
Arebentar as aruores（vp.树木、船桅等   ci chia po   自家破
劈裂、破碎）
Arecadar（vt.收藏、征收）   scieu ziu   收取
Arecadacão（n.①收藏物、储存室 ②收
租、征税）
Arecadas（n.耳环）   gi qua'   耳環
Areçear（vt./vi.担心、害怕）④   cu' pa   恐怕
Areçeo（n.害怕）
Aredar a outro（vp.推走别人）   toi cai   退開
Aredarçe（vr.离开、避开）
Aredor（a.周围的、附近的 ad.周围、四   guei   圍
周 n.周围、附近、四郊）

                                                                                              （45b）

Arede a solta（vp.松开绊索）⑤   fa' pi teu   放彎頭
Arefecer（vt.使变凉 vi.变凉、冷却）   len   冷
Arefeno（n.抵押物）⑥   ta' teu   當頭⑦
Areguasar（vt.挽起[袖子]、撩起[裙子]）   lie chi   擭起

---

① 今拼 arrazoado（合理的）。
② 与下一条是同一词，唯字母大小写不一。
③ 今拼 arrebatar（抢夺、迷住）。
④ 今拼 arrecear（怀疑、担心）。
⑤ 第一个词拼法有疑，似即 arredar（移走、分开）。
⑥ 疑即 refens（抵押物），参看该条。
⑦ 《闽南方言大词典》415 页，有"当头"一词，释为典当的东西。

Areguoar（vt.挖沟、开垄沟）　　　　　　*cai scioi chia'*　　　開水溝①
Areitar（vt.止住、使后退）②　　　　　　*ce chi*　　　　　　扯起
Araiguar（vt./vi.生根、扎根）③　　　　　*sen chi'*　　　　　生根
Araiguada cousa（np.根深蒂固的东西）　　*ye chin*　　　　　　有根④
Arematar（vt./vi.完成、结束）
Arematada cousa（np.做完的事情、完毕）
Aremedar（vt.模仿、像似）　　　　　　　*schio ta*　　　　　　学他
Aremedador（n.仿效者）
Aremeter（vt.嗾使 vi.冲锋）
Aremeçar（vt.抛、掷）　　　　　　　　　*pau*　　　　　　　　抛
Aremeção（n.抛掷）　　　　　　　　　　*piau*　　　　　　　 摽
A remos & a uela（pp.全力以赴）⑤
Areneguar（vt.背叛、诅咒 vi.憎恶）
Areneguado（a.变节的）
Arenunciar（vt.放弃、辞去）　　　　　　*toi qua'*　　　　　　退還
Arendar（vt.出租、租给）– dar padrão　　　　　　　　　　　 稅他⑥　賃他
（vp.许给契约）　　　　　　　　　　　　　　　　　　　　　 租他
Arendar（vt.租用）　　　　　　　　　　　　　　　　　　　　稅
Arependerce（vr.后悔、悔恨）　　　　　　*sia' cuei çiau zau*　想囘憔懆⑦
　　　　　　　　　　　　　　　　　　　　　　　　　　　　 思来心惱
Arependimento（n.后悔、悔恨）
Arependido（a.后悔的）
Arepelar（vt.揪扯）　　　　　　　　　　 *ce teu fa*　　　　　 扯頭髮
Areueçar（vt./vi.呕吐）⑧　　　　　　　　*chiu tu*　　　　　　嘔吐⑨

---

① "溝"（沟）写为 溝，误认作"講"（讲），其注音为 *chia'*。参见另一例"溝"（138a），注音不误。
② 今拼 arretar（止住、扯住缰绳）。
③ 今拼 arraigar（生根、扎根、定居）。
④ ye，疑脱字母，"有"字他处多拼作 *yeu*。
⑤ 今写为 a remo e vela，直义为桨、帆并用，转指用尽一切办法。
⑥ "稅他"，即租给别人。下一条 Arendar 所对应的"稅"，指的是向别人租用。
⑦ 回想起来就心烦。"囘"，俗"回"字，《干禄字书》平声卷："囘、回，上俗下正。"
⑧ 今拼 arrevessar（呕吐、厌恶）。
⑨ "嘔"误读为"區"音。

ARIBA（n.岸 ad.在上面）①	scia' teu	上頭
Aribar（vi.返航、折返）	pon lu cuei lai	半路回来 中途而回②
Arimar a outro（vp.靠近、依赖某人）	cau	靠
Arimarce（vr.接近、投靠）		
Ariscar（vt./vi.担风险、冒险）		觥艱险③
A risco de outro（pp.转嫁风险）		
Arodear（vt.环行、围绕）④	yuo' ciuo'	圓轉-遶⑤
Aromar（vt.撞开、砸开）⑥	ta cai	打開
Arofar（vt.惹恼、激怒）⑦		

（46a）

Aroupado（a.穿戴齐整的）	i cia' to	衣裳多
Aroto（n.嗝儿）⑧	gnie chi	逆氣
Arotar（vi.打嗝）		
Aroz（n.稻米）	mi fa', cuo	米飯 禾
Aroguada cousa（np.弄皱的东西）⑨	pi	皺⑩
Arofarçe（vr.恼火）		
Aroinar o que por cair（vp.破坏、摧毁某物）		裂
Aromar（vt.整理）⑪	cin	整
Arte（n.艺术）	scieu gni	手藝 工夫
Artelho（n.踝）	chio mu	脚目

---

① 今拼 arriba（①岸、峭壁 ②在岸上、往上）。
② 西士补写的书面短语，未注音。
③ "觥"，"耽"的异体字，作担负、担当解。
④ 即 rodear（环绕、围起）。
⑤ "遶"（遶），即"繞"（绕），西士补写的字。
⑥ 今拼 arrombar（撞开、砸开、撬开）。
⑦ 今拼 arrufar（使生气、激怒）。
⑧ 今拼 arrote 或 arroto（嗝儿）。
⑨ 比较动词 arrugar（弄皱）。
⑩ 错读为"皮"音。
⑪ 今拼 arrumar（整理、收拾、安置）。

Artelharia（n.炮）	ta cium	大銃
Artelheiro（n.炮兵）		
Artigo（n.指节）①	chi cie	指節
Artifiçie（n.手艺人 a.人造的）	scieu gni	手藝
Artista（n.手艺人、工匠 a.灵巧的、聪明的）		
Aruore（n.乔木）	sciu mu	樹木
Aruoredo（n.森林）	sciu lin	樹林
Aruorar（vt.①植树 ②举起 vi.就任）		
As dous da dos（pp.两个两个[一数]）		
Asa de pasaros（np.鸟儿的翅翼）	ye pa'	翼膀②
Asa de uajo（np.花瓶的提手）	pin gi	瓶耳
As aue marias（pp.万福玛利亚）		
Asaguar testemunha falça（vp.诬赖、作伪证）③	loi ta	赖他④ 依他 靠他
Asada cousa（np.烧烤物）	sciau ti	燒的
Asador（n.烤肉的器具）		
Asanharçe（vr.发怒、生气）		
Asanhada cousa（np.令人愤怒的事情）		
Asar（vt.烘烤 vi.日晒、酷热）	sciau	燒
Asarçe（vr.灼热、烫）		
As escodidas（pp.秘密地）	za'	葴⑤
As escuras（pp.黑暗中）	me	黑⑥
Asegurar（vt.确保、担保）		
Asegurar a outro（vp.使人确信）		
Aselar（vt.封印、盖章）	yn fun	印封
Aselada couse（np.上了封的东西、已封妥）	fun	封

---

① 今拼 artículo（关节、指节）。

② 其字原写为 [字]。

③ asaguar, 今拼 assacar（诋毁、诬陷）。

④ 有歧义，这里指诬赖某人。后二词为西士补写，理解为依赖、托赖。

⑤ "葴"（葴），葴莨，草名，字又同"藏"。

⑥ 注音有误，混同于"墨"。

Asemelhança（n.相似）	sian si	相似
Asentarçe（vr.就座）	zo	坐

（46b）

Asentar de giolhos（vp.跪坐）①	quei	跪
Asentar areyal（vp.扎营）②		營寨
Asentarçe a meza（vp.坐下用餐、就座）	zo cie	坐食
Asentar consigo（vp.决定）	sia' tin, gni tin	想定 議定 說定③
Asento（n.座位）	zo so zoi	坐所在
Asentar com alguem（vp.跟某人说妥）	chian tin	講定
Asentada cousa（np.决定了的事情、定妥）	cuei sia'	會想
Asetar（vt.射中、射伤、射死）– saetar（vt.射伤、射死）④		射他
Asetado（a.被射中的）		被射
Asinar（vt.签字）	cua hau	畫號
Asinada cousa（np.签了字的东西、已签字）	yeu hau	有號⑤
Asinado（a.已签署的 n.已签署的票据）	piau teu	票頭
Asinalar（vt.做记号、打印记）	zu hau	做號
Assi（ad.如此、这样）⑥	cie ten	這等 譬如⑦
Asicomo（conj.像这样）⑧	cie co sia' si	這個相似
Asinaladamente（ad.以指定的方式）		
Asinha（ad.快速地）	quai	快
Asma doença（np.哮喘病）	hoi pin	咳病

---

① 字面义为"用膝盖坐"；giolho，今拼 joelho（膝）。
② areyal，今拼 arraial（村子、驻扎）。
③ 西士补写，未注音。
④ 二词同义。asetar，今拼 assetear；saetar，系 setear（射伤、射死）的笔误。
⑤ 此处以及下下条的"号"字均为简写，不同于上一例。
⑥ 今拼为 assim（如此、这样）。
⑦ 西士补写的词。
⑧ 今分写为 assim como（如同、像……一样）。

Asmatico（a.气喘的 n.哮喘病人）	*hoi pin*	痎病
Asna（n.母驴）	*lu mu*	驢母
Asno（n.公驴）	*lu zi*	驢子
Asno brauo（np.野驴）	*ye ma lu*	野驢①
Asualhar（vt.晒、晾）②	*ciui con*	吹乾
Asolar（vt.摧毁）	*çiau mie*	摣減③
Asolada cousa（np.被毁的东西）	*çiau mie liau*	摣減了
Asoluer（vt.赦免、宽恕）④		
A solto（pp.无拘无束）⑤		
Asoluição（？）		
A solto andar（vp.信步、闲走）		
Asoldadar（vt.雇用）	*cu*	僱
Asulutamente（ad.绝对）		
A somar（pp.总计）	*zum suo'*	總筭
Asombrar（vt.惊吓、吓唬）	*chin ta – schia gin*	驚他　諕人
Asombrado（a.受惊的）	*chin*	驚
Aspera cousa（np.粗糙不平）	*lo*	麁⑥
Aspero fazer（vp.严厉、粗暴对待）	*ge ta nu*	惹他怒
Aspeito（n.容貌、外观）⑦	*mien*	面
Asoceguar（vt.使平静、安宁 vi.平静、安宁下来）⑧	*co*	歇⑨

---

① 注音为"野馬驢"。
② 今拼 assoalhar（晒、晾）。
③ "摣"（摧），一音"削"，义为择取；一音"搜"，义为推，均与葡文词义不合。此处疑为"消"或"销"之误。
④ 今拼 absolver，又转指处理疑难、解决问题。
⑤ 今拼 à solta（自由自在）。
⑥ "粗"的古字。可比较"粗用"（106a），写法与此不同。注音有误，盖将"鹿"当作声旁。正确的拼法见"麁用"（81a）、"做麁"（91a）、"麁笨"（107b）。
⑦ 今拼 aspecto（外貌；方面）。
⑧ 即 sossegar，也是及物与不及物兼用。
⑨ 注音不清晰，似误读为"渴"。

(47a)

Asoceguada cousa（np.安宁的状态）
Asouiar（vt./vi.吹口哨、吹哨子）①   sau   哨
Asouio（n.哨子、尖叫声）– cipilus
（n.口哨）②
Astia de lança（np.长枪的杆子）   zan pin   鎗柄
Astuda cousa（np.有谋略）   yeu po' si   有本事　好漢子

Astucia（n.机敏、狡诈）
Astutamente（ad.诡计多端地）
Astrologo（n.占星术士）   schiau tie' uen ti   曉天文的　識天機

As ueças（adp.相反）   tau   倒
As uezes（adp.有时候）   cuo yeu schiau cie   或有時節③
ATACAR（vt.攻击）
Atacada cousa（np.受侵、遭到攻击）
Atado（a.捆好的、绑妥的 n.捆、包、束）– [……]
Atadura（n.一捆、一扎、一束）
Ataca de coiro（np.皮带）
Ataca de çeda（np.丝带）④
Atafona（n.[人推、畜牵或水动的]磨）   mo fan   磨房
Atafonejro（n.磨坊主）   mo mien ti   磨麵的⑤
Atalhar（vt.制止）
Atalho（n.小道）   siau lu   小路　徑路⑥
Atamor（n.鼓）⑦   cu   鼓

---

① 今拼 assobiar（吹口哨、哨子）。
② cipilus，拉丁语名词，当拼为 cibilus（口哨）。
③ "時"字注音有疑，他处多作 sci。
④ çeda，今拼 seda（蚕丝、丝绸）。
⑤ "麵"不写为"面"。
⑥ 西士补写，未注音。
⑦ 今拼 tambor（鼓）。

Atar（vt.捆、扎、绑） pan 綁
Atada cousa（np.捆扎起的东西） pan liau 綁了
Ate（prep.到、至） 到
Ateque（n.攻击、伤害）
Atearçe（vr.蔓延、增强）
Ateado（a.蔓延开来的）
Atemorizar（vt.使恐惧、吓倒） chin 驚
A tempo（pp.适时） au sci cie 好時節①
A tempo certo（pp.适逢其时）
Atençao（n.注意、关切）
Atender（vt.关心） yeu sin 有心
Atentar（①vt./vi.注意、留心 ②vi.企图、图谋） 迷
Atentar a outro（vp.照顾别人）
Atenazar（vt.施钳肉刑） lin gio 鈴肉②
Atenazado（a.遭受酷刑的）
ATISAR（vt.煽动、挑拨） lun 弄

（47b）

Atisador（n.拨火棍、煽动者）
Atilado（a.明智的）
Atiladamente（ad.明智地）
Atilar（vt.精制、认真做）
Atilho（n.绳子）
Atilorardro（？） la' mai in zi 揶埋銀子③
Atolar（vt./vi.陷入泥沼） 陷在爛泥裏
Atoleiro（n.泥沼） 爛泥田
Atordoado（a.昏迷不醒的） 頲④

---

① "好"，拼为不带声母的 au 非仅一例，见 "好色"（57a）、"不好色"（58a）。
② "鈴"，误读为 "鈴" 音。
③ "揶"（揶p），即 "拢"。参看词条 Acovar-ayuntar（挖坑、掩埋 - 聚拢，34a）。
④ "頲"（頸），原缺注音。《集韵》先韵下有此字，写为 頸，释作 "顋後"（腮后）。此处疑为借音字，即 "眩"。

Atromentar（vt.上刑）①	schin fa	刑法-度
Atraer（vt.吸引）	yn yeu	引誘　詁誘
Atrancar（vt.闩上门窗）	cuo' mue'	閂門②
Atrancada cousa（np.闩妥）③	cuo' liau	閂了
Atraço（n.落后、延迟）	heu teu	後頭　後来
Atraueçar（vt.横穿 vi.通过）	fen schin④	橫行
Aatraues（ad.横跨、穿过）	fen	橫　曲
ATERuese（vr.敢于、竟敢）		
Ateruido（a.大胆的）⑤	ta tan, zu te	大膽-做得
Ateruimento（n.敢作敢为、妄自尊大）	zu te	做得　可為
Aterbuir（vt.归因于）⑥	guei ta	推他⑦
Aterbular（vt.折磨）⑧	pa schin cu	把辛苦
Aterbulado（a.痛苦的）		
Atros cosa（np.残忍的事情）⑨	sin chin	心硬
ATulhar（vt.充满、装满）	cin	填⑩
Atupir（vt.堵塞、阻碍）	sie	塞
Atupido（a.堵塞的）		
Aturar（vt./vi.忍耐、坚持）	chin loi, loi fan	金賴-賴煩⑪
AUAliar（vt.作价、定价）⑫	cu chia	估價

---

① 即 atormentar（上刑、拷问）。可参看词条 Tormento（上刑、拷打，150a）。

② "閂"，注音为"関"（关）。其字写为"閂"，变一横为一竖。下一例同此。

③ 字面义：上了闩的东西。参看 Abastada cousa（32b）。

④ 声母 f 与 h 的替代关系，也见于"婚 *fun*"（118a）、"胡 *fu*"（127a）、"活 *fa*"（155a）等字。

⑤ 今拼 atrevido（大胆的、勇敢的）。

⑥ 今拼 atribuir（归因于、归咎于）。

⑦ 谓推诿、委过于人，*guei* 对应于"诿"或"委"。

⑧ 今拼 atribular（折磨、使痛苦）。

⑨ cosa，今拼 coisa，见 Abastada cousa。

⑩ "填"（塡），误为"真"音。正确的读音见"填塞"（92b）。

⑪ 疑其欲写"經耐-耐煩"，即耐久、靠得住。闽南话、客家话、南京话里，"耐"字的声母为 l。可比较另一例"*chin nai* 金賴"（129b），记的是官话音。

⑫ 今拼 avaliar（作价、评价）。

Aualiação(n.标价、定价)
Aualiador(n.作价者)
Auante(ad.向前)　　　　　　　cie' mien　　　　前面
Auante ir(vp.向前进)　　　　　cin cie' fu　　　　進前去①
Auantejar(vt.胜过、超过)
Auantagem(n.优势)
Auantal(n.围裙)②　　　　　　 yau schi　　　　　腰布③

（48a）

Auarento(a.吝啬的)　　　　　　scie po te yum　　捨不得用
　　　　　　　　　　　　　　　　　　　　　　　　不爱用

Auareza(n.吝啬)
Aosão(n.听觉、听力)④
Aoditorjo(n.听众、会堂)　　　　gin lin　　　　　　人聆
Auzente(a.缺席的、不在场的)⑤　 pie su zoi　　　　别所在　别
　　　　　　　　　　　　　　　　　　　　　　　　處
Auzente estar(vp.不在)
Auzentarçe(vr.不在、离开)　　　 chiu pie su zoi　　去别所在
Auzencja(n.缺席、不在场)⑥
Autor(n.①著者、发起人②[法律]原告) yuo' cau　　　原告
Auto de espriuão(np.书记员的实录)⑦
Auto de figuras(np.剧作、剧本)　　　　　　　　　　原告戲⑧
Autoridade(n.权力、权限、权威)
Autorizar(vt.授权、批准)
Autentica cousa(np.真实可靠的事情)
AUEA(n.燕麦)

---

① "去"的注音作 *fu*，盖因其字形近似"夫"。
② 今拼 avental（围裙）。
③ *schi*，非"布"字，可能是"系"。
④ 今拼 audição（聆听、听觉、听力）。
⑤ 今拼 ausente（缺席的、不在场的），也用作名词，指不在现场者、远离者。
⑥ 今拼 ausência（缺席、不在场、缺乏）。
⑦ espriuão，可能是 escrivão（书记员）的笔误。
⑧ "告"字似有删涂之痕。

Aue（n.鸟）		鳥
Auemarjas（n.①圣母经 ②傍晚）		
Auenturar（vt./vi.冒险、碰运气）		
Auenturejro（a.冒险的 n.冒险者）		
Auer riqueza（vp.拥有财富）①		
Auer calma（vp.天热）	ge	熱 暑
Auer cor de beber（vp.想喝）	yau yn – cheu co	要飲 - 口渴
Auer cor de comer（vp.想吃）	yau cie, tu chi	要食 肚飢② 肚餓
Auer cor de fazer camaras（vp.想要大便、腹泻）	ta pie' po na' chi	大便不艱計③
Auer cor de dormir（vp.想睡觉）	yau scioj	要睡
Auer cor de urinar（vp.想要小便）	sia pie' po na' chi	小便不艱計
Auer cor de pelejar（vp.有打斗的念头）	yau sia' scia	要相殺
Auer emueja（vp.好胜）	tu cen	妬憎 忌
Auer medo（vp.害怕）	ghin	驚 怕
Auer mja（？）		怜憫④ 恤
Auerçe bem（vp.表现好、对人好）⑤		待他好
Auer mister（vp.急需）		要用 要使
Auerçe mal（vp.表现差、对人不好）	toi ta po hau	待他不好
Auer fome（vp.饿）	tu chi	肚飢
Auer çede（vp.渴）	cheu co	口渴
Auer frio（vp.冷）	len	冷 清寒⑥
Auer gonharçe（vp.羞愧）	siu	羞
Auer gonhar a outro（vp.羞辱别人）	siu gio ta	羞辱他
Aueço（a.相反的 n.背面）	poi	背

---

① auer = haver（有、发生），相当于英语 to have。

② "肚"（肚），左半为"月"，右半为"土"（"土"的古字）。他处多同此。

③ "艱"（艰）字误标为"難"（难）音，下一例同此。"艱計"（艰计）即困难、做不到，可参看 Traualhoso（艰难的，150b）、Não poder（不能、无法，122a）两条；"不艱計"即容易、通畅。

④ "怜"字简写，他处或作"憐"。《洪武正韵》先韵："憐，哀矜也，爱也，俗作'怜'。"

⑤ auerçe，自反动词，今拼 haverse（自我表现、行为）。

⑥ 西士后补的词，未注音。

（48b）

Aueço de mão（np.手背）	*scieu poi*	手背
Aueçar（vt.反对、对抗）①	*chi chiau ta*	計較他②
Auiar（vt.处理、打发）	*ta fa*	打發
Auiado（a.准备好的、已完成的）		
Auiarçe（vr.准备、置办）	*zi pa' schin li*	自办行李③
		收拾行李
Auiamento（n.办妥、完成）		
Auirçe（vr.设法、料理；和解、通融）		
Auirçe ao preço（vp.商议价格）		
Auisar（vt.通知）	*cuo' siau sie*	傳消息
Auisado（a.谨慎的）	*zai co'*	才幹
Auiso（n.通知、告诫）		
AUOAR（vi.飞）④	*fi*	飛
Auoguado（n.辩护人、律师）	*pau cau ti*	抱告的⑤
A uontade（pp.随意、自由地）	*ciu' ngo y*	中我意⑥
		如我意
Auoo（n.祖父、外祖父）⑦	*zu – guai zu*	祖-外祖
Auoa – molher（n.祖母、外祖母－女性）⑧	*zu mu – guai zu mu*	祖母-外祖母
Auoo de parte de paj（n.祖父）	*zu*	祖
Auoa da parte da maj（n.外祖父）	*guai zu*	外祖
Azaguncho（n.标枪）⑨	*cia'*	創⑩
Azeda cousa（np.酸味的东西）	*suon*	酸

---

① 今拼 adversar（反对、对抗）。
② "計較他"，即跟某人理论一番。
③ "自"或为"置"之误。"办"字简写，不作"辦"。
④ 今拼 voar（飞）。
⑤ 因身体、身份等因，原告不便到公堂，而委托家人、亲属代理出席，称为"抱告"。
⑥ "中"字的右上角标有调符（中̛），表示读去声。
⑦ 今拼 avô（爷爷、外公）。
⑧ 今拼 avó（奶奶、姥姥）。
⑨ 即 zaguncho（标枪、投枪）。
⑩ 当写为"槍"或"鎗"。

Azedarçe（vr.变酸、发酸）
Azeite（n.橄榄油、食用油）　　　　　*yeu*　　　　　　油
Azeitejro（n.制油匠、油商）　　　　　*zu yeu ti*　　　　做油的
Azemala（n.驮畜）　　　　　　　　　*lo*　　　　　　　騾①
Azimo（a.未发酵的）
Azinhaco（a.不吉的、不幸的）②　　　*po hau ge scin*　　不好日辰
　　　　　　　　　　　　　　　　　　　　　　　　　　　日期不利
Azo（n.提手、耳）③　　　　　　　　　*gi*　　　　　　　耳
Azougue（n.水银）　　　　　　　　　*scioj yn*　　　　水銀
Azul（a./n.蓝、蓝色）　　　　　　　　*lan*　　　　　　藍

　　　　　　　　　　　　　　　　　　　　　　　　　（50a）④

B

Baba（n.口水）
Babar（vt.流口水）　　　　　　　　　*cheu leu*　　　　口漏
Basoro – susu（n.乳猪）⑤　　　　　　*ciu zi*　　　　　猪子　猪雛
Bacharel（n.学士）
Baça cousa（np.棕黄色的东西）　　　　*ci se*　　　　　紫色
Baçia（n.盆）⑥　　　　　　　　　　　*pon*　　　　　　盆
Baçia d'orinar（np.尿盆）⑦
Baçio（n.桶、盆）⑧　　　　　　　　　*tum*　　　　　　桶
Baçio d'aguas, mãos（np.水盆、洗手盆）*pon*　　　　　　盤
Baçio pa fazer camaras（np.恭桶）　　 *ta*　　　　　　 大⑨

---

① 注音为"騾"。
② 今拼 aziago（不吉、不幸）。
③ 今拼 asa（提手、把手、耳）。
④ 第 49 页缺。
⑤ susu，比较拉丁语 sūs（猪）。
⑥ 今拼 bacia（盆、钵、托盘）。
⑦ 即 bacia de urinar（尿盆）。
⑧ 今拼 bacio（便桶、马桶）。
⑨ 当与下一行连写，作"大盤"。

	pon	盤
	tum	桶
Baço（n.脾）	*pai pan*	脾脚①
Badalo de çino（np.钟舌）	*ciuj*	鎚
Bafo（n.[呼出的]气、哈气）	*chi*	氣
Bafejar（vt.呵气 vi.轻吹）	*tu chi*	吐氣
Bafejar a outro（vp.哈气、抚爱）	*hau chi*	嗃氣②
Bago de uua（np.一颗葡萄）		一顆葡萄③
Bailar（vi.跳舞）	*uu*	舞
Bailador（n.舞者）	*cuei uu*	會舞
Bainha（n.刀鞘、剑鞘）	*tau siau*	刀鞘
Bairo（n.区域、地段）	*su zoi*	所在　戱處
Baixa cousa（np.矮小的东西、廉价物）	*yai tu' si, cie'*	矮東西 - 賤
Baixeza（n.低矮、下流）		
Baixa mar（np.退潮）	*ciau toi*	潮退
Baixa de corpo（np.身材矮小）	*yai gin*	矮人
Balança（n.天平）	*tien pin*	天平
Balamçinha（n.小秤、戥子）	*yn pin*④	銀秤
Baldroegua（n.马齿苋）⑤	*ma ci za'*	馬齒莙　馬齒莧
Baldear（vt./vi.调转船头、车头）		
Balea（n.鲸）		海鰍⑥
Baluarte（n.堡垒）		敵楼⑦
Bamco（n.条凳）⑧		板凳
Banda（n.边、侧）	*pien*	邉
Banda de liuro（np.书页）	*ie mie'*	一面

---

① "脚"（朒），疑为自造字，即"膀"。

② "嗃"（嚆），即"喝"，呼叫、呼啸义。此处当指呼气、哈气。

③ "萄"写为蒟，他例"萄"字皆同此。

④ *pin* 系笔误，或读白字所致。

⑤ 今拼 beldroega（马齿苋）。

⑥ "鰍"，原写为鰲。鲸鱼古名"海鰍"，舰船巨大者则称"海鰍船"。

⑦ "楼"，原字简写，不作"樓"。

⑧ 今拼 banco（长凳、排椅）。

Bandeza（n.①托盘 ②大碗）①	to pon	托盤
Bandeira（n.①旗帜 ②灯罩）		
Bando de pasaros（n.鸟群）	niau chiu'	鳥群

（50b）

Bardo de gente（np.人群）②	gin chiu'	人群
Banha de porco（np.猪油）	foi ciu yeu	肥猪油
Banhar（vt.浸湿）	ta scie	打湿③
Banhada cousa（np.湿润的东西）	scie	湿
Banharçe en banhus（vp.洗盆浴）		
Bamquero（n.钱庄老板、银行家）	tau cuo' ti	倒換的④
Bamquete（n.宴会）	yen sie	筵席
Bamquetear（vt.宴请、办宴会）	cin yen sie	整筵席　排宴
Bamqueteador（n.宴请者）		
Barata cousa（n.贱货）	cien	賤
Barato（a.贱、便宜的）		
Barata bicho（np.小虫子）	chia cie	螦蟮⑤
Barbaramente（ad.粗野地）		
Barba（n.络腮胡子）	fa	鬚⑥
Barba sem cabelos（np.有胡须无头发）	schia teu – ty cuo	下肸-地國⑦
Barba de bode（np.山羊胡子）	ja' fa	羊鬚
Barbar（vi.长胡子、长根须）		
Barbarão（n.留大胡子的人）	cia' fa	長鬚

---

① 今拼 bandeja（托盘、水手用的大碗）。
② bardo 为笔误，当作 bando（群）。
③ "湿"字简写，不作"濕"，下一例同此。可参看《宋元以来俗字谱》水部所录。
④ "倒换"，盖指兑换钱币。
⑤ "螦蟮"（螦蟮），二字均疑为自造，不知是指哪一种虫子。
⑥ 此处及以下几例"鬚"，均误读为"髮"（发）音。
⑦ "肸"（肸），疑为自造字，想写的是"頭"。"下頭"，可理解为"长在下巴部位的胡子"。他处"頭"字均不误。"地國"，此词是否另有喻意，未详。

Barbeiro（n.理发师） toi ciau 待詔①
Barbear（vt.刮胡子） cien teu fa 剪頭髮
Barba ruiua（np.红发） quam fa 黄鬚
Barca（n.三桅船、帆船） ciuo' 船 舟 舫
Barcada（n.一船）②
Barcagem（n.船运费、船钱） 稅錢 租銀
Barco（n.小船）
Barulo – mucor（n.霉、霉味 – 霉）③ scia' cu 上菇④
Barulenta cousa（n.发霉、长毛） yeu cu 有菇
Barquero（n.船主） tu ciuo' ciu 渡船主
Barqueta（n.小船） yeu ciuo' 有船⑤
Bara de naos（np.船舶停靠的港口） uuo' ciuo' su zoi 湾船所在 口岸 稍船 埠頭⑥

Bara de ouro, ou de prata（np.金条，或银锭） pin yn, chin tiau 鈵銀⑦ - 金條
Barer（vt.打扫）⑧ sciu 掃
Baredor（n.打扫者、清洁工）
Bareira – escopos（n.栅栏、屏障 – 靶子） cien pai 箭牌
Barenta cousa（n.泥泞的东西）
Bariguão（n.大桶）⑨
Barete（n.圆帽） mau zi 帽子

（51a）

Baretero（n.制帽匠） zu mau ti 做帽的

---

① 民间谑称剃头师傅为"待诏"。
② 指一艘船的容载量，用作量词。
③ barulo，疑即 bafio（霉）；mucor（霉菌），拉丁语名词。
④ 可能想写"菇"，即菌类。
⑤ "有"，疑为"游"之误。
⑥ "湾"字简写，不作"灣"。稍，通"艄"，泊靠。
⑦ "鈵"（鈵），疑为自造字，即"餅"。"餅銀"，铸如饼状的银子。
⑧ 今拼 varrer（清扫、打扫）。
⑨ 今拼 barricão（大桶）。

Barigua（n.肚子）	tu cia'	肚肠
Bariguda cousa（np.有孕）	ta tu	大肚
Bariga da perna（np.腿肚子）		股 - 脚肚
Baril（n.木桶）		酒礶① 酒壺
Baro（n.黏土）②		泥
Barugua（？）		
Barufar – yrroro（vt.洒水 – 喷洒）③	fen scioi	噴水④
Barufo – ros（n.露水）⑤	lu scioi	露水
BAIAliscos（？）		
Basoura（n.扫帚）⑥	sciu cheu	掃篲⑦
Basta（n.绗线 ad.足够）		
Bastante cousa（n.相当多、充足）		
Bastão（n.手杖、拐杖）	cia' zi	杖子
Bastardo（a.私生的）		
Basteçer（vt.使之厚、密）		
Bastimento（n.给养、供给）		
Batalha（n.战斗）		
Batalhar（vt./vi.打仗、战斗）	scia' cen	上陣
Bataria de tiros（np.炮台）		
Batel（n.小船）	sa' pan	三板⑧
Bater（vt.敲打）	ciui	捶
Bater a porta（vp.敲门）	cau mue'	敲門 p.敲 斷玉叉 十

---

① "礶"（礶），"罐"的异体字。
② 今拼 barro（黏土、陶土）。
③ yrroro，即 irrōrō（喷洒、弄湿），拉丁语动词。
④ 今广州话"喷"字一读 [fan5]（见《发音字典》）。
⑤ ros（露水），拉丁语名词。
⑥ 今拼 vassoura（扫帚）。
⑦ "篲"，"彗"的增笔俗字。《玉篇》竹部："篲，之有切，俗彗字。"
⑧ 即"舢板"。

		扣柴扉①
Bater moeda（vp.铸钱）		
Bater as palmas（vp.鼓掌、击掌）	ta cia'	搭掌
Bater de palmas（np.鼓掌、击掌）		
Bater liuros（vp.拍打书本）	ciui sciu	挃書
Bater roupa（vp.拍打衣物）		
Batoque de pipas（np.酒桶塞子）		
Bautizar（vt.施洗礼）		
Baptismo（n.洗礼）		
BEBADO（a.喝醉的）	zui po	醉僕②
Bebedor（a.酒量大的 n.醉汉）	yn te to	飲得多　善飲
Beber（vt.饮、喝 vi.饮酒）	yn	飲
Beberagem（n.汤药、药汁、劣质饮料）		

（51b）

Bedem（n.蓑衣）		穳幔
Bexo – labrum（n.嘴唇）③	cheu ciu'	口唇
Beixudo（a.嘴唇厚的）		
Beijo desonesto（np.假饮、轻轻沾嘴）		嚙④
Beijar desonestamte（vp.虚喝、假饮）		
Beijo onesto（np.实实在在的饮酒、真喝）⑤		
Beijar castamente（vp.真喝、大口饮酒）		
Bela cousa（np.美丽的事物）	piau ci	嫖致⑥　美貌
Belesa（n.美丽、美人）		

---

① "敲断玉钗（红烛冷）""十扣柴扉（九不开）",分别出自南宋人郑会之诗《题邸间壁》、叶绍翁之诗《游园不值》,明显为西士手迹。

② "僕"（汉）,形近"僕"（仆）,遂致注音误作 po。

③ bexo,今拼 beiço（嘴唇）；labrum（嘴唇）,拉丁语名词。

④ "嚙"（嚙）,缺注音。可能想写"沾",指嘴唇轻触酒杯。

⑤ onesto,今拼 honesto,首字母 h 为哑音。

⑥ "嫖",音漂,本指身材轻捷,嫖娟为后起义（见 39a"嫖子"、133a"嫖院"）。这里表示秀美,当写为"標",标致。

Belota（？）①
Benefiçio（n.恩惠、好处）   *nghen cui*   恩惠② 澤
Benefiçio de igreia（np.教会的恩泽）
Beneina cousa（np.善事、善行）③   *scien*   善
Beninidade（n.仁慈）
Bem（n.好事、幸福 ad.好、很）   福
Bemacordiçoado（a.和谐的）   *hau*   好
Bemauenturado（a.有福的 n.得真福者、成圣者）   *scin sie'*   神仙
Bemafortunado（a.幸福的）
Bemauenturança（n.洪福、真福）   *hau zau cua*   好造化　好命
Bem des posto de corpo（np.身体状况良好）   *pin ngo'*   平安
Bem des posto de saude（np.身体健康）
Bem criado（ap.有教养的）   *schiau te li su*   曉得礼数④ 知禮達禮
Bem ensinado（ap.受过良好教育的）
Bemfazer（vt.行善 n.善事、善行）   *fu ci*   扶持
Bemfeitor（n.财产代理人）
Bemfeituria（n.善事）
Bemção（n.祝福、赐福）⑤   *hau ssi*   好事
Bemzer（vt.祝福、赐福、赞美）⑥
Bemposto（a.穿戴齐整的、美观的）
Bemquisto（a.受尊敬的、被爱戴的）
Bemquerer（vt.敬重、爱重）
Bemquerença（n.仁善）   *yau hau*   要好

---

① 疑即 bolota（橡实）。
② "恩"（恩）写为上"囙"（因）下"心"，他例多类此。
③ beneina，今拼 benigna（好心、仁慈）。
④ "礼数"二字均为简写，之后的两个"礼"字却是繁体。《干禄字书》："禮、礼，并正，多行上字。"
⑤ 今拼 bênção（祝福、赞美、赐福）。
⑥ 今拼 benzer，所列诸译均具宗教含意；自反动词 benzer-se 义为画十字。

Benta cousa（np.圣物）
Bemditoso（a.受祝福的）　　　　　hau zau cua　　好造化
Beryo（n.摇篮）①　　　　　　　　yau lan　　　　摇篮

（52a）

Biremzela（n.茄子）②　　　　　　chia　　　　　　茄
Berar como boy（vp.如同公牛一样叫）　gnieu chiau　　牛叫
Berar como uelha（vp.如同羊一样叫）③　yam chiau　　　羊叫
Bespora（n.傍晚、前夕）④
Bespora do santo（np.万圣节前夕）⑤
Besta（n.①牲畜；蠢人②弩）　　　　to　　　　　　　驼
Bestafera（n.野兽）　　　　　　　ye scieu　　　　野獸
Bestial cousa（np.蠢事、野蛮行径）
Bestialidade（n.兽性）
Besta de atirar（np.弩；弩射）　　　nu　　　　　　　弩
Bestero（n.弩弓手）　　　　　　　cuei sie ti　　　　會射的
Betuma（n.油灰）　　　　　　　　sum schia'　　　　松香
Bexiguas（n.天花）　　　　　　　cio teu zi　　　　出痘子　出疹子

Bezero（n.牛犊）　　　　　　　　gnieu zi　　　　　牛子
BICA（n.落水管、出水口）　　　　yuo' cheu　　　　泉口
Bico（n.[动物]嘴、喙）　　　　　cheu cioj　　　　口嘴
Bicha‐serpens（n.①蚯蚓②蚂蟥－蛇）⑥　lu'　　　　　龍
Bicho（n.虫子；小动物）　　　　　cium　　　　　　虫⑦
Bichinho（n.小动物）
Biguodes（n.髭）　　　　　　　　scia' fa　　　　　上鬑⑧

---

① 今拼 berço（摇篮、童年）。
② 今拼 berinjela（茄子）。
③ uelha（老妇人），脱首字母，当为 ouelha（ovelha，羊、绵羊）。
④ 今拼 véspera（傍晚、前夕）。
⑤ 当为 véspera de Todos os Santos（万圣节前夕，即 10 月 31 日）之略。
⑥ serpens（a.爬行的 n.蛇），拉丁语形容词兼名词。
⑦ "虫"字简写，不作"蟲"。
⑧ "鬑"，鬢发长垂貌，音"廉"；其字写为鬑，误读为"髪"（发）音。

Bilingin – lictor（n.卫兵）① 皂隸
Bira（n.固执）②
Birento（a.固执的）
Biscoito（n.饼干）
Bisauoo（n.曾祖父） *cen zu* 曾祖
Bisauoa molher（n.曾祖母） *cen zu mu* 曾祖母
Bisneto（n.曾孙；曾外孙） *cen suo'* 曾孫
Bisneta（n.曾孙女；曾外孙女） *cen suo' fu* 曾孫婦
Bispo（n.主教）
Bispado（n.主教的职位；教区）
Bisesto（n.闰日 a.逢闰的）③
BOA condição（np.优良的品德、善良的品性） *scie' sin* 善心　慈心
Boa criança（np.有教养）
Boa porfaça（？）
Boas noites（np.晚上好、您好）④ *ho schi* 賀喜　恭喜⑤
Bons dias（np.日安、您好）
Boa mente（np.自愿）

（52b）

Boa uenturadita（np.好运道） *hau min* 好命　好造化

Boca（n.嘴、口） *cheu* 口
Boca de noite（n.黄昏）
Boca de forno（np.烧窑的门） *yau mue'* 窰門
Boca de stamago（np.心口、胸口）⑥
Bocado（n.一口、一块）

---

① 前一词拼法有疑，含义不明；后一词可断定为拉丁语名词，指卫兵、仪仗队员。
② 今拼 birra（固执、怪癖）。
③ 今拼 bissexto（闰日，即2月29日；闰[年]），名、形兼用。
④ 今连写为 boas-noites，作名词又指胭脂花、紫茉莉。
⑤ 当理解为见面时的客套话，即今"恭喜发财"之类，对应于此条或下一条葡文均可。
⑥ 今写为 boca de estômago（心口、上腹部）。

Bocal（a.愚蠢的 n.奴隶）①   ci zi   痴子② 呆人 蠢才 傖人③

Bochelha（n.脸颊）   si   腮

Busal cousa（np.①蠢事 ②[牲畜]口套）④

Bosajar（vi.打哈欠）⑤

Boceta（n.匣子）   ha' zi   盒子⑥

Boda（n.婚礼）   cin cin   成親 成婚

Bode（n.公山羊）   ja' cu   羊牯

Bofe（n.肺）   fi   肺

Bofetada（n.耳光）   ta ie cia'   打一掌

Bola de juguar（np.游戏木球）   mu ciu   木球

Bolo（n.饼、糕）

Bolor（n.霉菌）

Bolorenta cousa（np.发霉的东西）   scia' cu   上菰

Bolra de çeda（np.丝绵）   ssi mie'   絲綿

Bolça（n.钱袋）   yn pau – toi   銀包-袋

Bolçinha（n.小钱袋）⑦

Boltear en corda（vp.走索、走绳子）⑧   schin so   行索

Bolteador de corda（np.走索的人、走绳索的表演者）   schin so ti   行索的

Boluer（vt.转动、扭转 vi.转身、回转）⑨   fa' ciuo'   翻轉

Bomba（n.唧筒）   scioi cia'   水艙

Bombarda（n.大炮）   ta ciu'   大銃

Bonbardeiro（n.炮手）   ciu' scieu   銃手

---

① 今拼 boçal（蠢笨），bocal 另有其词，指瓶口、管口等。
② "痴"字简写，不作"癡"。
③ 指鄙俗之人。
④ busal，今拼 boçal（a.愚蠢的、粗野的 n.口套、笼头）。
⑤ 今拼 bocejar（打哈欠、厌倦），同义词有 boquejar（53a）。
⑥ "盒"，疑误读为"含"音。
⑦ 今拼 bolsinho（小钱袋、零花钱）。
⑧ boltear，今拼 voltear（环绕、转动）。
⑨ 今拼 volver（转动、翻转）。

Bonbardero que a faz（np.铸炮者）	*scieu ciu' ti*	鑄銃的[1]
Bom（a.好）	*hau*	好 嘉[2]
Bom pareçer（vp.相貌好）	*piau ci*	嫖致 美貌[3] 嘉
Bom soido（np.好声音、好听）		
Bomtenpo（n.好时机）	*hau sci cie*	好時節
Bontenpo de sol（np.日头烈）	*tien ha'*	天旱 亢陽
Bonança（n.风平浪静、安宁）	*pin ngon*	平安
Bondade（n.忠厚）		
Bonequa（n.玩偶）[4]	*lun pa schiu*	弄把戲[5]

（53a）

Bom frade（np.善良的修士）		
Boninas（n.野菊）	*ye cua*	野花
Bonita cousa（np.漂亮的东西、高尚的事情）		
Boquejar（vt./vi.①打哈欠 ②悄声说话）		
Borboleta（n.蝴蝶；蛾子）	*cu te*	蝴蝶-灯蛾[6]
Borda（n.边、舷）		
Borda de uestura（np.衣裳的边）	*pie' schie'*	邉弦
Bordão（n.拐杖）	*cia' zi*	杖子
Borda de nao（np.船舷）[7]	*ciuo' pien*	舡边[8]
Bora–fex（n.沉淀物–渣滓）[9]	*cio*	濁

---

[1] "鑄"（铸），误读为"寿"音。

[2] "嘉"，以及下一例"嘉"，均为另笔补写。

[3] "美"，"美"的异体字。历代辞书多以"美"为正字，"美"为俗字。《六书辨正通俗文》19页："美不宜改火。"

[4] 今拼 boneca（洋娃娃）。

[5] "戲"（戏），他处标为 *schi*，此处注音疑有误，可能与"虗"相混。

[6] "灯"字简写，不作"燈"。

[7] nao, 今拼 nau（高帮帆船、商船）。

[8] "边"（边）为简写的草字。

[9] bora, 今拼 borra（沉淀物、渣滓）；fex（=faex，沉淀物、渣滓），拉丁语名词。

Buracho（a.喝醉的 n.醉汉）①	zui po	醉僕② 酒徒
Burão（n.墨迹）③	he tien	黑點 烏點
Borar（vt.泼墨、涂鸦）		圕④
Buraeha de uinho（np.酒囊）	pi gu	皮壺
Buragem（？）⑤		
Borzequim（n.半高筒靴）		
Bosque（n.森林）	cuao' lin	荒林 野林 荒郊 曠野
Bosta de boj（np.牛的粪便）	gnieu fen	牛糞
Bota cousa（np.钝物）	to	鈍⑥
Botar（vt.把刀弄钝）	ta to	打鈍⑦
Botar fora（vp.扔掉、挥霍）	con cio chiu – tiu	趕出去 丟
Botar adonje（？）		
Botar aos enpuxues（vp.往外推）	hau cio chiu	挨出去⑧ 推出去
Botar as cousas（vp.踢打）⑨	chio tie	脚踢 脚打
Botas（n.靴子）	che	靴
Botão de fogo（np.拔火罐）	chieu	灸
Botão de pano（np.衣服的纽扣）	niu	紐
Botica（n.药房）	yo	藥⑩
Botiquairo（n.药房老板）⑪	pu	舖

---

① 今拼 borracho，名、形兼用。
② "僕"（汉），误读为"僕"（仆）音。
③ 今拼 borrão（墨迹、黑斑）。
④ "圕"写作圖，为"圖"（图）的俗字，录于《宋元以来俗字谱》口部。
⑤ 形似或音近的词有 borragem（琉璃苣）、voragem（漩涡、深渊）。
⑥ 注音为"禿"。
⑦ 注音为"打禿"。
⑧ "挨"，注音 hau 有疑。
⑨ cousas，今拼 coices（脚跟、蹶子）。
⑩ "藥""舖"二字及其注音，分写为上下两行，实应合为一词"藥舖"（药铺），对应于词目 Botica（药房）。
⑪ 今拼 boticario（药剂师）。

Botoeiro（n.制纽扣者）	ta niu ti	打纽的
Botoque de pipas（np.酒桶的盖子、塞子）①	ceu coi zi	纽盖子 丐子②
Bobas（n.脓肿）③	mu mie'	木綿疗④
Boxina（n.号筒）⑤	ta co	大筒⑥
BRAsada（n.一抱）⑦		
Brasaleite（n.手镯）	scieu chiuo'	手圈
Braço（n.手臂）	scieu	手
Braçudo（a.臂力大的、强健的）		
Bradar com alguem（vp.一起大喊大叫）	nau zau	闹噪 喧哗

（53b）

Brado（n.喊叫、喊声）	han, gia'	啵⑧ 嚷 叫
Bradar（vt./vi.喊叫）		
Bragua dos peis（np.脚镣）⑨	chio liau	脚镣
Braguante（n.流浪汉、无赖）⑩	guam cuo'	光棍
Braguantear（vi.流浪、耍无赖）⑪		
Bramido（n.喊声、吼声）		
Bramar（vi.吼叫；呼啸）		
Branco（a./n.白、白色）	pa	白
Branco com cãns（np.白头发）	pa fa	白髪

---

① botoque，即 batoque（酒桶），见前列词条 Batoque de pipas（酒桶塞子）。
② 注音 ceu 似为"抽"字；"纽"当属误写，有圈涂之迹。"丐子"，西士补写的词，与"盖子"同音，意思则无关。
③ 今拼 buba（脓肿、溃疡）。
④ "疗"字缺注音。
⑤ 今拼 buzina（喇叭筒、号角）。
⑥ 注音为"大角"，一种吹奏乐器。
⑦ 今拼 braçada（一抱、一围），指以双手合抱的木桶之类，用作量词。可比较 braçadeira（窗帘圈、箍）。
⑧ "啵"（唻），似为"喃"（喊）之误。
⑨ bragua，今拼 braga（脚镣）。
⑩ 系 bargante（流浪汉、无赖）的误拼或旧拼。
⑪ 今拼 bargantear（耍无赖、放荡不羁）。

Brando（a.柔软的、温和的） po gnie'–scie' 不严① - 善
Brandamente（ad.温柔地）
Bramquear（vt.漂白、使变白 vi.变白） ta pa 打白
Brasa（n.火炭、炭灰） cuo cuei 火灰②
Braseiro（n.炭盆） cuo pon 火盆
Brasfemar（vt./vi.亵渎）③
Brauo（a.勇敢的）
Braueza（n.凶猛、残暴） ngo 恶 不善
BREAR（vt.涂沥青） za cuei 搭灰
Bredos（n.青草） zoi 菜
Breu（n.沥青） su'schia' 松香 瀝青
Breue cousa（np.短小的东西） ton 短
Breuemente（ad.马上）
Brigua（n.争斗、打架）④ sia'ta 相打
Briguoso（a.好斗的） cia'yau sia'ta 常要相打 相鬧
Briguar（vi.争斗、打架） sian ta 相打
Brincar（vi.游乐、玩耍） cua'scia 翫耍⑤ 遊戯⑥
Brinco（n.娱乐、游戏） scia tu'si 耍東西 p.清景⑦
Brocado（n.锦缎）
Brocha de liuro（np.书钉） tum sciu la' 銅書抑 抑⑧

---

① "严"（嚴），"嚴"（严）的异体字。
② "灰"写为厌，他处凡"灰"字，写法均同此。《干禄字书》平声卷收有"厌"，视为"灰"的俗字。
③ 即 blasfemar（亵渎、辱骂）。
④ 今拼 briga（争斗、争论）。
⑤ "翫"，"玩"的异体字。
⑥ "遊"，"游"的异体字。《集韵》卷四尤韵："遊，行也，或从子从游，通作'游'。"
⑦ "清景"为西士手迹，指清新怡人的自然环境、游玩休闲的好去处，语义上与"玩耍"多少有些关联。"p."，拉丁文 post scriptum（又及）的缩写，但并非西士补写的所有字词都有此标示。
⑧ 即"扣"，注音有疑，其字写为抑、抑。

Broquel（n.圆盾）　　　　　　　*pai*　　　　　　碑①
Broslar（vt.刺绣）　　　　　　 *lin*　　　　　　　繡②
Broslador（n.刺绣工）　　　　　　　　　　　　　會綉的
Bruta cousa（n.蒙昧无知）　　　　　　　　　　　痴僕
Brusco（a.阴云密布的）　　　　　　　　　　　　烏陰
Bruto（a.粗鲁的 n.粗野的人）　　　　　　　　　痴僕
Bruxa（n.女巫）
Bucho（n.胃）　　　　　　　　 *tu – cuei*　　　　肚-臘③

　　　　　　　　　　　　　　　　　　　　　　　（54a）④

Bufo（a.滑稽的、好笑的 n.小丑、猫头鹰）
Bufaro（n.水牛）　　　　　　　 *scioi gnieu*　　　水牛
Buzia（n.母猴）　　　　　　　　*hau*　　　　　　猴⑤
Bulir（vi.摇晃）　　　　　　　　*tu' iau*　　　　 動搖
Bulrar（vt.欺骗）⑥　　　　　　 *pien ta*　　　　 騙他
Buraco（n.洞、窟窿）　　　　　　*ciuo'*　　　　　穿-窟埄⑦
Buracar（vt.钻）　　　　　　　　*ciuo' ciuo'*　　 鑽穿　錐穿
Burbulha（n.疱疹、水疱）⑧　　　*ge fa*　　　　　熱癈⑨-汗疥
Buril（n.雕刀）　　　　　　　　 *tie yuo'*　　　　鉄鈆⑩
Burnir（vt.磨光）⑪　　　　　　 *mo qua'*　　　　磨光

---

① 当写为"牌"，指盾牌。
② 注音为"绫"。
③ "臘"（腦），疑为自造字，即"胃"。
④ 第54页背白空白无字。
⑤ "猴"写为猴。
⑥ 今拼burlar（愚弄、欺骗）；或系笔误。
⑦ "埄"（埗），似为自造字，即"窿"。
⑧ 今拼borbulha（疱疹、脓包）。
⑨ "癈"（废）为"發"（发）之误。
⑩ "鈆"，疑误读为"鉛"，可比较后一字的方音读法：广州话[jyun⁴]；围头话[yüng⁴]；客家话[yen²]（见《发音字典》）。
⑪ 今拼buir（磨光）。

Buro（n.公驴）① li 驢②
Burifar（vt.喷洒、淋水）③ fe' sie scioi 噴些水
Buscar（vt.寻找、调查） sin, seu chieu 尋　搜求
Busca（n.搜寻、调查）
Buscador（n.搜寻者、调查者）
Bugio（n.海螺）④ si cu 螺殼⑤

（55a）

C

Cãns（n.白头发） pa fa 白髮　班髮⑥
Cabaça（n.葫芦） cu lo 葫芦⑦
Cabana（n.草棚）
Cassa（n.薄纱）
Cabesa（n.头、脑袋）⑧ teu 頭
Cabesa baixa（np.低垂的头） ti teu 低頭
Cabesal（n.枕头、靠枕） cin teu 枕頭
Cabesudo（a.脑袋大的、固执的）
Cabeseira（n.枕头、床头） za' teu 床頭
Cabedal（n.资本、财产） pon cie' 本錢
Cabelo（n.头发） fa 髮
Cabelo ruiuo（n.红发） qua' fa 黃髮
Cabelo branco（np.白发） pa fa 白髮
Cabeleira（n.①长发 ②假发） chia teu fa 假頭髮
Cabeluda cousa（np.头发多） to fa 多髮

---

① 今拼 burro（n.公驴 a.愚蠢的）。
② "驢"（驘），"驢"（驴）的别称。《龙龛手镜》上声卷馬部："驢,音离,驢子也。"
③ 今拼 borrifar（喷洒、下毛毛雨）。
④ 今拼 buzio（海螺、号角）。
⑤ 注音为"蜊殼"（蜊壳）。
⑥ "班",通"斑"。
⑦ "芦"（芦）字简写,不作"蘆"。
⑧ 今拼 cabeça（头、头部）。

Caber（vi.能容纳、装得下）	tin te – fa' te	貯得① - 放得
Cabida cousa（np.容积够大）		
Cabo（n.末尾、端）	ui ciu', heu mie'	尾終　後面
Cabo do mundo（np.天涯海角）	san ui	山尾
Cabo de machado（np.斧柄）	pin	柄
Cabra – montes（n.母山羊 – a.山里的）	sa' ja'	山羊
Cabra（n.母山羊）	jam	羊
Cabrão（n.公山羊）	ja' cu	羊牯
Cabreiro（n.牧羊人）	ca' ja' ti	看羊的
Cabresto（n.头羊）		
Cabrestante（n.[船上的]绞盘）		
Cabrito（n.羊羔）	siau ja'	小羊
Cabrunco（n.红宝石）②	je min ciu	夜明珠
Casa de aues（np.猎鸟）③		
Casa de alimarias（np.猎兽）		
Casador de aues（np.猎鸟者）	ta' niau ti	當鳥的
Casador（n.猎人）	ta lie ti	打獵的
Casar aues（vp.捕鸟）	ta' niau	當鳥
Casar de montarya（vp.狩猎、围猎）	ta lie	打獵
Casereiro（n.狱卒）	ci' zi	禁子
Casere（n.监狱）	la'	監④ - 牢⑤
Cayado（n.牧杖）		筆⑥
Cacho de uuas（np.一串葡萄）	ie to pu teu	一朵葡萄⑦
Cachopo（n.少年）	hoi tum	孩童

---

① "貯"（贮），误标为"钉"音。
② 即 Carbunculo（红宝石），见 57a。
③ casa，今拼 caça（狩猎）；aue(s)，今拼 ave(s)（禽、鸟）。
④ "監"（监），以及用其当偏旁的字，时或误读成"覽"（览）音。《六书辨正通俗文》："監、覽无忘皿"（9页），可见"監""覽"在中国人眼里也属形近易混之字。
⑤ "牢"，写为穴字头（窂）。
⑥ 马鞭、鞭子，音同"垂"。
⑦ "萄"，闽南话、广州话分别读为 [dou²]、[tou⁴]（见《发音字典》）。

（55b）

Cachopa（n.少女）	tu' nu	童女　少女　幼女①
Cachoro（n.小狗）	cheu zi	狗子　狗雛
Cada dia（np.每天）	ge ge	日日　不日　日勝日②
Cada dia mais（np.日甚一日）	ge ge to	日日多
Cada ora（np.每个钟头）	sci sci	時時　多時
Cada ano（np.每年）	nie' nie'	年年　長年
Cada mes（np.每月）	juo juo	月月　長月
Cada hum（np.每个）③	moi	每
Cada dous（np.每两个、两个两个）	lia' cu	兩個　一双④
Cadarão（n.伤风、感冒）⑤	cie pin	痰病⑥　風痰
Cadea de preços（np.监牢）	lan	監⑦
Cadea pera atar（np.用来捆绑的链条）	tie lie'	鉄鍊
Cadea de ouro（np.金链）	chin lie'	金鍊　銀鍊
Cadeado（n.挂锁）		
Cadeira（n.椅子）	chi	椅
Cadeira despaldas（np.靠椅）		
Cadeira raza（np.凳子）		
Cadeira de Rey（np.皇帝的宝座）	chin chiau chi	金交椅
Cadela（n.母狗）	cheu mu	狗母

---

① "幼"（幻），"幼"的俗字。其字形见于敦煌写本，《敦煌俗字典》于"幼"字下收有 幻、幻。《中文大词典》刀部收有"幼"，并引《字汇》："幼，俗从刀。"

② "不日"是补写的参考词；"日胜日"应归入下一条。

③ hum，即 um（一个）。

④ "双"字简写，不作"雙"。

⑤ 今拼 catarro（黏膜炎、伤风）。

⑥ 注音为"疾病"。

⑦ 同上一例"監"（监），因字形混同于"覽"（览）而误标读音。

Caduco（a.衰老的）	*lau tie'*	老顛①
Cagdo（n.龟）		龟
Cagualume（n.萤火虫）②	*yen*	萤③
Caguar（vi.拉屎）④	*ta pien*	大便
Caguaneira（n.腹泻）	*sie*	瀉
Cayar（vt.粉刷、化妆）⑤	*za pa*	搽白
Cayador（n.粉刷匠）		
Cayada cousa（np.刷白、粉饰）		
Caer（vi.跌倒、掉落）⑥	*tie tau*	跌倒
Cair pedra de corisguo（vp.雷电阵阵）	*schia lui*	下雷
Caida（n.跌落、坍塌）		
Cair com a cargua（vp.卸货）		
Cainho（n.吝啬）	*sciau yu'*	少用　俭用
Cayado（n.牧杖）	*ciui*	箠
Caxa（n.小钱）		
Caixeiro（n.制作箱子的匠人）		
Caixão（n.大箱子）	*sia'*	廂
Cal（n.石灰）	*cuei*	灰
Calado（a.话不多的、沉默的）	*po yau chia'*	不要講　莫講
Calar（vt./vi.不做声、沉默）	*po chian*	不講
Calafate（n.塞船缝的人、修船工）	*siu ciuo' cia'*	修舡匠
		（56a）
Calefetar（vt.填塞船缝）	*cuei ciuo'*	灰船⑦

---

① "顛"（𦫒），"顛"的异体字，他处凡"顛"字也都写为"顛"。注意："真"的框内短一横，《宋元以来俗字谱》页部所录"顛"字同此。可比较《敦煌俗字典》所收：𦫒、𦫒。

② 疑为 vaga-lume（萤火虫）的旧拼或误拼。

③ 此字为简体，不作"螢"。

④ 今拼 cagar（拉屎），俗词。

⑤ 今拼 caiar（粉刷、刷石灰、搽白粉）。

⑥ 今拼 cair（跌倒、摔跤、掉落）。

⑦ 动宾结构，指用灰泥抹船。

Calaure（n.缆索）①   ta so   大索
Caucar（vt.致使、引起）②
Calcada cousa（np.遭踩踏、被蹂躏）
Calcanhar（n.脚后跟、鞋跟）   chio chin   脚跟
Calçar（vt.穿鞋袜）   ciuo' schiai   穿鞋
Calçado（n.鞋 a.铺有石子的）
Calçada cousa（np.鞋类）
Calçada（n.碎石路、石子路）   scie lu   石路
Calçar（vt.铺碎石路）– fazer calçada   砌街
（vp.修石子路）
Calças（n.裤子）   cu   裤
Calcas citeiro（？）
Calções（n.短裤）
Caldeira（n.锅）   鼎③
Caldereiro（n.锅匠）   铸鼎的④
Calderão（n.大锅）
Caldo（n.肉汤、菜汤）   ta'   汤
Calejada cousa（np.长茧子、有经验）
Calidade⑤ – estado（n.仁慈、爱德 –
[一种良好的]心性）
Calidade de cousa（np.善行）
Calma（n.炎热）   ge   热　暑
Calmaria（n.炎热而无风）   mo yeu fu'   沒有風
Calo（n.胼胝）
Calua（n.秃顶；空地）
Calua cousa（np.光秃秃的东西）
Cama（n.床、床铺）   pu coi   铺盖
Camara（n.卧室）   fan   房　屋

---

① 今拼 calabre（粗绳、缆绳）。

② 即 causar（58b）。

③ "鼎"写为 𣇞，可比较《宋元以来俗字谱》127 页所录：𣇞。

④ 此例"鼎"字写为 𣇞，比较《敦煌俗字典》所收：𣇞、𣇞。

⑤ 即 caridade（爱德、仁慈），为天主教所尚。

Camaras doenças（np.腹泻）		
Camarão（n.虾）	chia	蝦
Camanha cousa（np.多大的东西、有多大）①	chi ta	幾大　多少大
Cambar – permuto（vt.交换、互换）②	cuo'	換
Cameador（n.兑钱的人）	tau cuo' ti	倒換的
Camelo（n.骆驼）		
Caminhar（vi.行走 vt.走遍、走完）	chiu	去
Caminho（n.道路）	lu	路　p.天街③
Caminhante（a.行走的 n.行人）	schin lu	行路
Caminho estreito（np.狭路、小径）	siau lu	小路　徑　巷
Camiza（n.衬衫）	sam zi	衫子
Campão de finado（np.墓碑）④	mo pi	墓碑
Canpanairo（n.钟楼）⑤	cium leu	鐘樓
Canpainha（n.铃、钟）	lin – tui ciu'	鈴 - 對鐘
Canpo（n.田园、田地）⑥	yuon	園　苑

（56b）

Cana de açucare（np.甘蔗）	co' cie	甘樜⑦
Canafistola（n.野扁豆、山扁豆）		
Canamo（n.大麻、麻）⑧	qua' ma	黃麻
Canastra（n.箩筐）	lum	籠
Canal（n.沟渠、运河）		
Canalha（n.无赖、歹徒）		
Camsere doenca（np.癌症）		
Cansela（n.栅门）	lan co'	欄杆

---

① camanha，即 quamanha（多么大），见词条 Quam manho。
② permuto（交换、互换），拉丁语动词。葡语有同根同形的动词 permutar，意思也一样。
③ "天街"为西士补写。
④ 直译为"[祭奠]死者的大理石"。
⑤ 今拼 campanario（钟楼）。
⑥ 当写为 campo（田地、乡村）。字母 m 和 n 常混写，不烦逐条说明。
⑦ "甘蔗"写为甘樜。
⑧ 今拼 cânhamo（大麻、麻类植物）。

Candea（n.蜡烛）		蠟燭　油燭①
Candreiro（n.油灯）	ten cie'	灯盏②
Canela（n.桂皮）	cuei	檜
Canela de perna（np.小腿的胫骨）	chio tu'	脚筒
Camfora（n.樟脑）	cia' nau	樟瑙
Camgruo（n.蟹）③	pan schiai	螃蟹
Caneuete（n.折刀、小刀）	siau tau	小刀
Cano de aguoa（np.排水管）	scioi	水□④
Canon Real（np.[宗教]真经、正典）		
Canonizar（vt.谥为圣徒、称颂）		
Cansar a outro（vp.烦劳他人、使人厌倦）	pa sin cu	把辛苦
Cansada cousa（np.辛苦、累人的事情）	sin cu	辛苦　劳苦⑤
Cansaço（n.劳累）		
Cantador（n.歌唱者）		
Cantadeira（a.会唱歌的 n.歌女）	cui cia' ti	會唱的　善歌
Cantaro（n.坛、罐）		
Cantar（vt./vi.唱歌、歌唱）	cia'	唱
Cantar suauemente（vp.歌声甜美）	cia' te hau	唱得好
Cantar o gualo（vp.公鸡打鸣）	chi ti	雞啼⑥　雞叫
Cantar a gualinha（vp.母鸡鸣叫）		
Cantar a perdis（vp.山鹑鸣叫）		
Cantar a rola（vp.斑鸠鸣叫）		
Cantar a siguara（vp.蝉鸣）	scie' ta' chiau	蝉叫⑦
Cantar a rãa（np.青蛙叫）	tien chi chiau	田雞叫
Cantar mal（vp.唱得糟）	cia' te po hau	唱得不好

---

① 二词之间尚写有 柏，不识其字。
② "灯"字简写，不作"燈"；"盏"写为 盞。
③ 今拼 caranguejo（蟹）。
④ 缺字处原为 篆，可能想写"管"字。原无注音，盖因注音者不识其字，无从下手。
⑤ "劳"（旁）字简写，不作"勞"。
⑥ "雞"，他处或写为"鷄"。
⑦ 第二个字音 ta'，未见对应之字。

Cantar baxo（vp.低声唱）	siau scien cia'	小声唱
Camtar cantigua（vp.唱配乐诗）	chio	曲
Cantidade（n.量、数量、大量）①		
Canto（n.①角、端 ②歌曲、歌声）	co teu	角頭
– angulos（n.角、角度）②		
Cantor（a.歌唱的 n.歌手、鸣禽）	cuei cia'	會唱
Cão（n.狗）	cheu	狗
Cão de casa（np.狩猎的狗、猎犬）③	sciu cheu	獵狗④
		（57a）
Cão caseiro（np.家犬）	ci chia cheu	自家狗　家犬
Cão de cabeça（np.白头发）	pa fa	白髮
Capa（n.斗篷）		
Capaseite（n.头盔）	tie chi	鉄鎧⑤
Capasidade（n.容量）		
Capado（n.阉羊）		
Capador（n.阉人）	tai la'	太監⑥　內豎
Capão（n.阉鸡）	scie' chi	善雞⑦
Capar（vt.阉鸡）	scie' ti, ye' – co ia' ue	善的　剒-割陽物
Capas（a.有能力的）		
Capela（n.小教堂；拱顶；花环）		
Capela de olho（np.眼睑）	ia' pi	眼皮
Capela de flores（np.花环）	cuei cua	圍花
Capelo de frade（np.僧侣的风帽）		

---

① 今拼 quantidade，可比较西班牙语 cantidad（量、数量、金额）。
② 因 canto 系同形异义词，补写 angulos 一词（尤指数学意义的角或角度）是必要的。
③ casa，今拼 caça（狩猎）。
④ "獵"，他处标为 lie 或 li，此处疑误读为"鼠"音。
⑤ "鎧"（铠）字误读为"豈"（岂）音。
⑥ "監"（监）字注音有误，混同于"覽"（览）。
⑦ "善"为"骟"之误。下一条"善的"同此。

Capeluda cousa（np.毛发浓密、多发）①

Capelo de menbro uiril（np.阴毛）

Capitão（n.船长；将军）②	cia' cuo'	将官
Capitulo de liuros（np.书的章或篇）	cia' pian	章 篇
Capoeira（n.鸡舍）	chi lum	雞籠
Cara（n.脸）	lien	脸 面
Cara de cão（np.犬只的脸）③	cheu lien	狗脸
Caracol（n.蜗牛）	luo ssi – ta chiai	螺蛳 - 塔堦④

Cara cousa（np.昂贵的东西）	quei	貴
Caramelo（n.冰）	scioi	氷⑤
Carapusa（n.尖帽）	mau zi	帽子

Carauella（n.三桅帆船）

Carbunculo（n.红宝石）　　　　　　ye min tie　　　　夜明珠⑥

Cardador（n.纺织梳理工）

Cardar（vt.梳理棉毛等）

Caldo de comer（np.吃的羹汤）

Carecer（vi.缺乏）　　　　　　　　mo yeu　　　　　没有　無

Careiro（a.昂贵的、卖高价的）

Cargua（n.货运、负荷）⑦　　　　　ta'　　　　　　　担

Cargo o freis（np.神父的职务）

Caridade（n.仁慈、爱德）

Caristia（n.匮乏；昂贵）　　　　　cua' nien　　　　　荒年

Carmiar lãa ou linho（vp.梳理羊毛或亚麻）

Carmizim cor（np.胭脂红）

---

① capeluda，今拼 cabeluda（毛发多而密）。
② 此词被日语借入，写为"甲比丹"（船长）。
③ 或有转义，未详。
④ 即"塔蟹"，今名蟹守螺、塔蟹守螺，其壳质坚固，螺层甚多。
⑤ 注音为"水"。"氷"（冰）与"水"形近易混。
⑥ "珠"，注音为"鉄"。可比较上一例"夜明珠"（55a）。
⑦ 今拼 carga（装载、货运、负荷）。

Carnal（a.肉欲的、肉感的）	au se	好色①
		（57b）
Carnalidade（n.肉欲、淫乐）		
Carnalmente（ad.淫荡地）		
Carne（n.肉）	gio	肉
Carne de uaca（np.牛肉）	gnieu gio	牛肉
Carne de carnejro（np.公绵羊肉）	sie' ja' cu gio	绵羊牯肉②
Carne de bode（np.公山羊肉）	jam cu gio	羊牯肉
Carne de cabrito（np.羔羊肉）	siau ja' gio	小羊肉
Carne de uitella（n.小牛肉）	siau gnieu gio	小牛肉
Carne de ouelha（np.母绵羊肉）	sie' ja' gio	绵羊肉
Carne de porco（np.猪肉）	ciu gio	猪肉
Carne de ueado（np.鹿肉）	lu gio	鹿肉
Carne de cabra（np.母山羊肉）	yam gio	羊肉
Carne de porco de montes（np.山里野猪肉）	sa' ciu gio	山猪肉的
Carne de fumo（np.熏肉）	poi gio	烓肉③
Carneiro（n.公绵羊）	sie' ja' cu	绵羊牯
Carneyro capado（np.阉绵羊）	scie' sie' ja'	善绵羊
Carneçeyro（n.屠夫）	tu gu	屠户
Carnesarya（n.屠宰场、肉店）	mai gio su zoi	賣肉所在
Caro（a.昂贵的）	mai	貴④
Caroso（n.果核）	he – gin	核-仁
Carpenteyar（vi.干木匠活）		
Carpenteyro（n.木匠）	mu çia'	木匠　工師
Caramea（？）⑤		

---

① "好"拼为 au，见"好時節"（47a）。

② "綿"，误读为"線"（线）音。接下来出现的三例"綿"，误拼同此。

③ "烓"（烓），《龙龛手镜》火部收有此字："烓，正，蒲没反，烟起皃。"字又作"烠"，见《集韵》没韵，释义同上。"烓肉"，当指用烟火熏制的肉。

④ 注音为"賣"（卖），因"貴"与之形近。

⑤ 疑为 caramelo（冰、糖果）。

Careguar（vt.裝載）①	za'	裝　整
Careguada cousa（np.载运物；满载）	ciu'	重
Caregua（n.裝載物）	zan	裝
Careta（n.小车）	siau chiu	小车②
Careteiro（n.车夫）	chiu fu	车夫
Careto（n.车载；运费）		
Carejra（n.路、街）		
Caro（n.车）③	chiu	车
Carunchosa cousa（np.腐烂、虫蛀）	lan	爛
Carta（n.①书信 ②文件 ③纸牌）	sciu	書
Carta de marear（np.海图）	cin po	針簿④
Carta de paguo（np.已付票据）	scieu piau	收票
Carta de juguar（np.游戏纸牌）	cci pi	紙碑⑤
Cartapaçeo（n.文牍、故纸堆）		
Cartilha（n.①识字课本 ②基督教义理书）		
Caruão（n.炭、煤）	cuei	炭⑥
		（58a）
Caruoeiro（n.烧炭工）	sciau tan ti	烧炭的⑦
Carualho（n.栎树）		
Casa（n.房子、家）	fan zi, chia	房子　家
Casada（n.妇人）	fu gin	婦人　女子
Casado（a.[男人]已婚的）	yeu chia ciuo'	有家眷　有家小
Camento（？）⑧		

---

① 今拼 carregar（裝載、载运）。
② "車"，他处多拼作 cie，读为 chiu 似与象棋棋子之名相混。
③ 今拼 carro（车）。
④ 古时指航海手册。
⑤ "碑"为"牌"之误。注音 pi 也相应出错，当为 pai，见"牌手"（95a）、"紙牌"（115a）。
⑥ 误读为"灰"音。
⑦ 此例"炭"字起初也标为 cuei，后改作 tan。
⑧ 疑即 caimento（跌落、桅杆向船尾倾斜）。

Casamento（n.婚姻）	cuo', chia	婚　嫁
Casar o home（vp.给男人成亲、主婚）	moi gin	媒人
Casar a molher（vp.嫁女人）	zui çin	娶親
Casar la – si dar lhe marido（vp.嫁女人，即嫁给男人）	chia	嫁
Casa lo, dalla molher（vp.为男人说合婚事，为女人说媒）	zu moi gin zu moi gin	做媒人 做媒人①
Casca（n.壳、皮）	cu – pi	殼　皮
Cascauel（n.铃铛）	han lin	含鈴
Casquo de cabeça（n.头骨）		
Caseira cousa（np.自己的东西）	zi chia tu' ssi	自家東西 自己物
Casinha（n.小屋）		
Caso（n.情况、事件）		
Caspa de capesa（np.头皮屑）②		
Casta prugenia（np.纯种）		
Casta cousa（np.贞洁）	po au se	不好色③
Castanha（n.栗子）	piau zi – piau zi sciu	栗子　栗子樹④
Castanheta（n.响指、打榧子）	tan ci	弹指⑤
Castanhetar（vt.打响指、打榧子）		
Castelo（n.城堡）		寨　城　营
Castelano（n.城堡主）		
Castesal（n.烛台）	cio toi	燭檯
Castidade（n.贞节、纯洁）	po yau se	不好色⑥
Castiguar（vt.惩办、处罚）	schin fa	刑法
Castigo（n.惩罚、处分）		

---

① 与上一释义完全一样，但另起一行书写。
② capesa，疑为 cabesa（＝cabeça"头"）的另拼或误写。
③ "好"拼为 au，参见"好時節"（47a）。
④ 两例"栗"字的注音都误标作"票"音。当为 lie 或 li，这里 piau，是与混淆了。
⑤ "弹"字简写，不作"彈"，他处也都为简笔。
⑥ 注音为"不要色"。

Castiguador（n.施刑者）
Cataratas dos olhos（np.白内障）
Catar（vt.①寻求 ②观察）　　　　　sin　　　　　　尋
Catiuar（vt.俘获）
Catiuo（a.被俘的 n.俘虏）　　　　　pi leu　　　　　被擄　被掠
Catiueyro（n.囚禁；监狱）
Catorze（num.十四）　　　　　　　scie si　　　　　十四
Catorze uezes（np.十四次）　　　　 scie si zau　　　 十四遭
Catorze mil uezes（np.一万四千次）　ie ua' si zau　　 一万四千遭① 千遍
Catorze mil（num.一万四千）　　　 ye ua' si çie'　　一万四千②
Catre da india（np.印度帆布床）

（58b）

Caua de muro（np.城壕）　　　　　cin ho　　　　　城河　江城
Cauaco（n.柴爿、劈柴）
Cauador（n.挖掘、翻地的人）　　　　zu cin ti　　　　鋤泥的③
Cauar（vt.挖掘、翻地）　　　　　　zu　　　　　　鋤
Caualaria（n.骑兵、马军）　　　　　ma pin　　　　　馬兵
Caualeiro（n.骑兵、骑士）
Caluaguador（n.骑手）　　　　　　cuei chi ma　　　會騎馬
Caualo（n.马）　　　　　　　　　ma　　　　　　馬
Caualo de armas（np.披甲的马）　　ma chia　　　　　馬甲
Caualo de posto（np.驿马）　　　　ye ma　　　　　驛馬　官馬
Caualo de aluguer（np.租用的马）　　　　　　　　　税人的馬
　　　　　　　　　　　　　　　　　　　　　　　征人的馬
Caualo capado（np.骟马）　　　　　yen ma　　　　　劐馬
Caualo marinha（np.海马）　　　　 hai ma　　　　　海馬
Causar（vt.致使、引起）
Causa（n.原因）　　　　　　　　　in guei　　　　　因為

---

① "千"字缺注音。
② 此例及上一例"万"字均简写，不作"萬"。《干禄字书》："万、萬，并正。"
③ 注音为"鋤尘的"。

Cautela（n.谨慎）
Cautelosamente（ad.小心谨慎地）
Coar（vt.过滤 vi.渗透） 瀝过①
Coada cosa（np.滤过的东西） 瀝过了
Coalhar（vt.使凝固） tum 凍
Coalho（n.凝固物）
Coalharse com frio（vp.冻住） tu' 凍
Cobertor da cama（np.床用的被毯） pi 被
Cobertura（n.覆盖、覆盖物、罩子） coi 盖
Cobisa（n.贪心）
Cobisar（vt.贪图、渴望） yau 要
Cobisoso（a.贪心的） yau zai te chin 要财得緊
Cobra（n.蛇） scie 蛇
Cobra de aguoa（n.水蛇） scioi scie 水蛇
Cobrar（vt.征收、要债） chie' tau – tau cuei 揀倒　討囘
Cobre（n.铜） tum 銅
Cobrir（vt.①遮盖 ②偿还） coi 盖　復　蒙
　　　　　　　　　　　　　　　　　　　　蔽　罔
Cobrir cama（vp.盖被毯） pi 被
Cosar（vt.挠、抓） cuo yam 搲痒②
Coseira（n.奇痒） yam 痒
Coxiguas（n.呵痒、胳肢） 搲痒
Coquo da india（np.印度椰子） 椰子

（59a）

Codea（n.①树皮 ②果壳 ③面包皮） pi 皮　殻
Codurnis（n.鹌鹑）③
Coentro（n.芫荽） 芫荽子④

① "瀝"，原写为𥁕，疑为自造字，取其音为"利"，用其义作"布"。又，两例"过"字均简写，不作"過"。
② "痒"字简写，不作"癢"，他处同此。
③ 今拼 codorniz（鹌鹑）。
④ 俗称香菜。

Coelho（n.兔子）　　　　　　　　tu　　　　　　兔
Cofre（n.钱柜）
Couonbro（？）
Colar de ouro（np.金项链）　　　chin lie'　　　金鍊
Colar de pedraria（np.宝石项链）
Colar de ferro（np.铁链）
Colaço（n.奶兄弟）①
Colaça（n.奶姐妹）
Colcha（n.被单）　　　　　　　　pi　　　　　　被
Colchão（n.褥子）　　　　　　　 geu　　　　　 褥
Colegio（n.①团体、社团 ②耶稣会修道院）
Colher（n.调羹、汤勺）　　　　　cio zi　　　　 杓子
Colheita（n.收成）
Colhão（n.①睾丸 ②勇气）
Colhuda cousa（ap.①未遭阉割的 ②勇敢的）
Coligir（vt.收集）　　　　　　　 scieu　　　　 收
Colica（n.腹痛）
Colmea（n.蜂房、蜂群）②　　　　fu' sa' tien③　蜂岫
Colmear（n.养蜂场）④
Comadre（n.①产婆 ②干亲）
Coma de caualo（np.马儿的鬃毛） ma fa　　　　馬鬃⑤
Comater（vt./vi.打仗、进攻、战斗）⑥ ta cin　　 打城
Conbate（n.战斗）　　　　　　　 cen　　　　　戰　征
Comesar（vt./vi.开始、着手）

---

① 指奶妈自己的孩子与喂养的孩子之间的关系。
② 今拼 colmeia（蜂房、蜂箱、蜂群）。
③ 将这三个字音还原为汉字，是"蜂山田"。"蜂岫"，闽南话指蜂窝。"岫"（峀）字的左右两半写得较开，而"由"又被错当成"田"，于是有"山、田"二字的分别注音。
④ 今拼 colmeal（养蜂场、蜂箱）。
⑤ "鬃"，误认作"髮"（发）。
⑥ 漏一字母，当为 combater（打仗）。下一条 Conbate（＝Combate）也有笔误。

Comesada cousa（np.美味）	zoi	讒①
Começo（n.开端、起头）	teu	頭
Comedor（n.嘴馋的人、老饕）	cuei cie	會食　能食
Comentar liuros（vp.对书籍作评注）	chiai ciu	解註
Comentador（n.评注者）	chiai ciu ti	解註的
Comento（n.评注）	ciu	註
Comer（vt./vi.吃、吃饭、进餐）	cie	食
Comer a çarna（vp.疥疮发痒）②	cia' ya'	瘡痒
Cometa（n.彗星）	cuo sin	火星
Cometer（vt.做、干事；犯错）		
Comida（n.食物、饭食）	fan	飯
Comigo（pp.和我、与我）	tu' ngo	同我　共我

（59b）

Comilão（a.吃得多的）	to cie ti	多食的　大食的
Cominhos（n.欧莳萝）		
Comitra（？）		
Comisairo（n.专员、特遣代表）③		
Comisão（n.①委托 ②佣金）		
Como（ad.怎样 conj.如同）	cen mo ja'	怎麼樣
Como assi（conj.像这样）	scin mo ja'	甚麼樣
Comouer（vt.动摇、激起 vi.感动、激动）		
Compadecerçe（vr.同情）		
Conpadre（n.干亲、密友）④		
Conpadrado（a.结为干亲或朋友的）		
Conpaixão（n.怜悯）	sin çiau	心憔

---

① 原写为 谗，其字当作"饞"（馋）。至于注音 zoi，似乎是误读为"纔"（才）所致。
② çarna，今拼 sarna（疥疮）。
③ 今拼 comissario（专员、特派员）。
④ 此条及以下诸条的词首音节 con-，均应作 com-。

Conpanhia（n.陪伴）①

Conpanheiro（n.同伴、朋友）   cuo chi   夥記②-傍人

Companheiro na guera（np.战友）   同隊的兵

Companhia（n.陪伴）   sia' poi   相倍③ 相伴

Companheiro（n.同伴、朋友），que acompanha（cl.陪伴的人）   pon yeu   朋友

Conpanheiro iguoal（np.地位平等的朋友）   cuo jam   夥伴④

Companheiro no beber（np.饮酒的同伴）   ciu yeu   酒友

Companhero no yuguar（np.赌钱的同伴）   tu yeu   賭友

Companheiro no comer（np.陪同吃饭的朋友）   sia' poi cie   相倍食

Companhão（n.全体船员）

Comparar（vt.比较、比作）   pi   譬

Conparação（n.比较、比喻）   pi iu   譬喻

Conpaço（n.①圆规②罗盘③节拍）⑤   cuei – tie' pa'   規-點板

Comparar（vt.比较、比作）⑥

Compesar（vt./vi.开始）⑦   zoi   纔⑧

Compezo（n.开端、起初）⑨   ta' zu   當初

Compençar（vt.补偿、使平衡）

Conpensação（n.补偿、平衡）

Conpetitor（n.竞争者）⑩   sia' cen   相爭

Conpetente cousa（np.有能力）

---

① 与隔开两条将出现的 Companhia 是同一词，多写了一条。从这里的几例可见，音节末尾的 n 和 m 经常不加区分。

② "記"，当写为"計"。

③ "倍"犹"陪"，下一例同此。

④ "伴"，误标为"羊"音。

⑤ 今拼 compasso，义项相同。

⑥ 属重复词条。

⑦ 系 começar（开始、着手）的误拼。

⑧ 原写为半繁半简的 纔，即"才"，表示刚才、不久。

⑨ 同上条，衍一字母 p，今拼 começo（开端、开头）。

⑩ 今拼 competidor（竞争者）。

Conpetir – pertençer（vi.竞争、归属于－属于、关于）

Compor（vt.构成、组成、创作）　　　zu　　　　做　造

Compoedor（n.排字盘）①

Comportar（vt.容忍、容许、容纳）

Composta cousa（np.合成物、复合）

Conposição（n.①结构 ②作文 ③排版）

Comprar（vt.买）　　　　　　　　mai　　　　買

（60a）

Conpra（n.购买、购得之物）

Comprador（n.购买者、买主）　　　mai pa' ti　　買办的

Conprar de comer（vp.买吃的）　　mai cie　　　買食

Comprazer（vi.讨好、献殷勤）

Conprazimento（n.讨好、奉承）

Conpreição（n.理解、理解力）②

Conprir a palaura（vp.说话算数、重然诺）③　　　　　　　　　　　　yeu sin　　　有信

Conprimento de virtude（np.德行高尚）　li su　　　禮数④

Conprir o tenpo da uida（vp.终了一生）

Conprida cousa（np.长的东西）　　　cia' tu' ssi　長東西

Conprido de corpo（np.身子长、个子高）gin cau cia'　人高長

Comun（a.共同的）

Comunidade（n.①普遍性 ②社群）

Comunicar（vt.通知、传达 vi.相通、关联）

Comunhão（n.圣餐）

Conçeber（vt./vi.怀孕）　　　　　yeu yn　　　有孕

Conçeder（vt.授予、准许）

---

① 疑脱字母，即 componedor，印刷时拣排字母用的手托。

② 今拼 compreensão（理解、理解力、体谅）。

③ conprir，今拼 cumprir（履行、遵守）。

④ "数"字简写，不作"數"。

Conçelho（n.市镇、市府）		
Conçertar（vt.调整、使有条理 vi.一致、约定）①	sia' lia'	相量
Consertar – amanhar（vt.整休、修理 – 修整、收拾、打扮）	cin ta pon	整 打办②
Consertarse o preço（vp.讲价钱）	chia' chia	講價
Consertar – fazer pato（vi.议妥、约定 – vp.商定付款）③	gni cuo	議过 講过④
Conçiensia（n.良心）	cu' tau	公道
Consiençia maa（np.坏良心）		
Concordar（vt./vi.协调、符合）	scie	十⑤
Concordança（n.协调一致）	sia' tum	相同
Concordemente（ad.协调一致地）		
Concoir（？）⑥		
Concrusão（n.结束、完成）⑦	zu chi	做起⑧
Conde（n.伯爵）		
Condenar（vt.判决、谴责）	uen zui	問罪
Condenação（n.判刑）		
Condição（n.性格、本质）	sin	心
Condiçoalmente（ad.有条件地）		
Condição de pesoa（np.身份、社会等级）		
Condecipulo（n.同学）	pon yeu	朋友
Con diligençia（pp.用心、勤奋）	yeu sin	有心
Conduto（n.陪送、引导）⑨	sum	送

---

① 今拼 concertar，与汉语释义对应的是其非及物之义。
② "办"，原写如此，不作"扮"或"辦"。
③ Consertar，与前面的 conçertar（约定）是同一词。
④ 两例"过"字均简写，不作"過"。
⑤ 所写为十字旁（忄），可能是"協"（协）字的左半边。
⑥ 疑即 consoar（押韵）。
⑦ 即 conclusão（结束、完成）。
⑧ "起"，疑为"齐"（齐）之误；"做齐"，指把一件事做成、完毕。
⑨ 今拼 conduta，与动词 conduzir（传送、押送）同根。

（60b）

Confrade（n.教友会会员、兄弟会会员）
Confederar（vt.结盟）   *sia' fu*   相扶　相助
Confeitos（n.糖块）   *sio scia*   碙砂①
Confeiçoar（vt.制糖、调制）
Confesarçe（vr.忏悔）   *ciau gin, coi zui*   招認　改罪
Confeçor（n.忏悔牧师）②
Cofição（n.忏悔、告解）③
Cofiar（vt.托付 vi.相信）④   *sin*   信
Cofianca（n.信心、信任）
Cofirmar（vt.确认、证实）⑤   *sia' tum*   相同　相共
Cofortar（vt.鼓舞、安慰）   *chiuo'*   勸
Coforme cousa（np.协调一致）   *sia' ho*   相和
Coformemente（ad.协调一致地）   *sia' sciu'*   和順⑥　和睦
Cofondir（vt.混淆）⑦
Cofujo（a.混乱的）⑧
Cojuria（n.①密谋 ②咒语）⑨
Cozelarçe（vr.冰冻）⑩   *tum*   凍　冷　寒　清

Conheçer（vt.认识、辨别）   *gin*   認
Conheçimeto（n.收据、货单）   *ve' io, piau teu*   文約-票頭
Conjurar（vt.联合、共谋）   *ta chia sci yuo'*   大家誓愿
Conjuração（n.密谋）

---

① "碙"（*碙*），疑为自造字，义不明。
② 今拼 confessor（听告解的神父）。
③ 脱字母，即 confissão（忏悔、告解、坦白、供词）。
④ 脱字母，即 confiar（委托、托付、相信、信任）。下列诸词的首音节 co-，也多为 con- 之误。
⑤ 疑为 conformar（一致、相符）的误拼。
⑥ 注音为"相順"。
⑦ 今拼 confundir（弄混、混淆）。
⑧ 即 confuso（混乱、模糊、惶惑的）。
⑨ 即 conjura（阴谋、诅咒）。
⑩ 今拼 congelarse（冻结、冷凝）。

Conjusta cousa（np.合情合理）	*ciau tau li*	照道理　依理
Comquistar（vt.征服、攻克）	*cin cuo*	征国①
Com razão（pp.以合理的方式）	*yeu li*	有理
Cosagrar（vt.献祭、供奉）		
Coselho（n.建议）	*sia' lia'*	相量
Conselheiro（n.顾问）	*sia' lia' ti*	相量的
Cosentir（vt./vi.允许、同意）	*pin ta zu*	憑他做　由他做
Cosicejençia（n.观念、良心）②		
Coserua（n.糖渍或腌制的食品）	*co' cuo*	甜菓③
Coserua de salmora（np.腌制的食物）	*yen tu' si*	塩東西④ 鹹菓⑤
Coseruar（vt.储存）		
Coseruador（a.储存的 n.保管人、管理员）		
Cosiderar（vt./vi.考虑、思考）	*sia'*	想　憶
Cosideradamete（ad.认真地）		
Cosistir（vi.由……构成）		
Cosogro（n.亲家）		

（61a）

Consuar（vt./vi.圣诞夜餐）
Cosoada（n.圣诞礼物）
Cosoante cousa（np.押韵、和谐）
Cosuatemente（ad.押韵地、和谐地）
Cosuante de mugica（np.和声）

---

① "国"，注意此字比今天简体的"国"少一笔，中间是"王"而非"玉"。《龙龛手镜》平声卷口部收有"国"，注明为"國"的俗字。《宋元以来俗字谱》口部收有此字。本词典上，"国"、"國"并见，而无一例"国"。

② 今拼 consciência（观念、意识、良心）。

③ 《干禄字书》："菓、果，果木字，上俗下正。"又，第一个字音 *co'*（*con*）当写为"干"或"甘"。但也可能是误读，以为"甜"音"甘"。可比较"做甜 *zo ca'*"（35b）。

④ "塩"（塩），"鹽"（盐）的异体字。

⑤ 盐渍的果子。

Cosolar（vt.安慰）	*chiuo'*	勸
Cosolação（n.安慰、慰藉）		
Cosolador（a.安慰的 n.安慰者）	*chiuo' schiai ti*	勸解的
Costante（a.永恒的、耐久的）	*chen sin*	硬性
Costantemente（ad.恒久地）		
Constranger（vt.束缚、强使）	*lan tau*	監倒①
Costelação（n.星座、星象）		
Costetuir（vt.构成、建立、指定）	*gni tin – sia' tin*	議定－想定
Consultar（vt./vi.咨询、商讨）	*sia' gni*	相議
Consumir（vt.消耗）	*ssi yum*	使用
Conta（n.计数、总数）	*su*	数
Contador（n.会计）	*cuei suon su ti – suo' scieu*	會算数的 算手
Contas de rezar（np.诵经的念珠）	*nie' chin ciu*	念经珠②
Contalque（n.计算）	*suo'*	算
Contar per números（vp.数数）		
Contar o que ja pasou（vp.讲述往事）	*chia'*	講 說話
Contejra（n.手杖等物的金属包头）	*tie siau ui*	鉄鞘尾
Contender（vi.争吵、争论）	*sia' ma*	相罵
Contenda（n.争吵、争论）		
Contentar（vt.使满足、使高兴）		
Contentamento（n.愉快、满足）	*ngai*	愛 欲
Contente cousa（np.令人高兴的事情）		
Contente estar（vp.满意、高兴）	*cuo' schi*	歡喜 快楽③
Contenplar（vt./vi.凝视、沉思）		
Contenplação（n.静观、沉思）		
Contenporizar（vt.维持、敷衍 vi.迎合）		
Conter（vt.包含、容纳；遏制、阻止）		

---

① "監"（监）字有疑，可能想写"攬"（揽）。见"監"（55a）。
② "经"，"經"（经）的异体字。
③ "楽"，"樂"（乐）的异体字或半简化字，近代通俗小说中用例甚多，见《宋元以来俗字谱》木部。

Conteuda（n.内容）①
Contia（n.君王的赏赐）
Contigo（pp.和你、跟你一起）　　　tu' ni　　　　　同你　共尔
Continuar（vt./vi.继续、延续）
Continuação（n.延续）
Continuadamente（ad.连续不断地）　cia'　　　　　常
Conto estoria（np.故事、传说）
Conto de ouro（np.金康托、金币）②　ye i lia'　　　億兩③

（61b）

Contra（prep.反对 ad.相反 n.障碍）　tui teu　　　　對頭
Contrario（a.相反的、对立的）　　　yuo' chia　　　冤家
Contrariar（vt.反对、妨碍）
Contradizer（vt./vi.反驳、驳斥）
Contradição（n.反驳、争辩、矛盾）
Contrafazer（vt.模仿、效法）　　　schio ta　　　　学他
Contraminar（vt.对抗、智取）
Contrapezo（n.平衡物、砝码）
Contratar（vt.签约、订合同 vi.做生意）chia' tin　　　講定　說定
Contratador（n.立约者）
Contudo（conj.但是）
Contomas（a.抗法的、顽固的 n.抗法者、
再犯）④
Contomasmente（ad.顽固不化地）
Con esta nao（pp.用这[同一]艘船）　ciuo' mie'　　　船面　舡上
Conuençer（vt.说服）⑤　　　　　　pan gui　　　　辯贏⑥

---

① 今拼 conteúdo（内盛之物、内容）。
② conto（康托）为旧葡币单位，1 conto = 1000 escudos（埃斯库多），1 escudo = 100 centavos（分）。今佛得角仍沿用葡币，约二百埃斯库多折合一欧元。
③ 注音为"一億兩"。古称十万为"億"（亿）。
④ 今拼 contumaz；下一词与之同族。
⑤ 今拼 convencer（说服）。
⑥ "辯"（辩）误读为"辦"（办）音；"贏"为"贏"（赢）之误。

Conuençido（a.信服的、知罪的）
Conuento（n.修道院、寺院）
Conuema saber（vp.需要知道）
Conuersar（vt.交好、亲密 vi.交谈、讨论）   *sia' ho*   相和   和氣
Conuersação（n.交谈、亲热）
Conuerter（vt.使皈依、改宗）
Conuertida cousa（np.改邪归正）
Con uerdade（pp.确凿无疑）   *scie*   實
Conuite（n.宴会）   *yen sie*   筵席
Conuidado（a.应邀的 n.宾客）   *cin chie*   請客   待客
Conuidar（vt.邀请）   *cin*   請
Conuosquo（pp.和你们、与你们一起）   *tum cio mue'*   同你們[1]
COPA（n.杯具、酒杯、高脚杯）   *za ciu'*   茶鍾
Copa de ouro（n.金杯）   *chin ciu'*   金鍾
Copia（n.①丰富、大量 ②誊抄、副本）
Copiosa cousa（np.丰足）
Copilar（vt.汇编）[2]   *cie yau*   集要
Copo de roca（np.石杯）
Copilador（n.辑录者、汇编者）
Cor（n.颜色、颜料）   *se leu*   色料
Coração（n.心、胸）   *sin*   心
Coração pequeno（np.心气窄小）   *siau sin*   小心
Coral（n.珊瑚）   珊瑚
Dar cor（vp.上色、涂颜色）   *zan se*   粧色
Corada cousa（np.彩色物、面色红润）
Corcoua（n.驼背）   龜背

（62a）

Corcouada cousa（np.背驼）   龜背的
Corchete（n.风纪扣）

---

[1] "你"，注音 *cio* 有疑。
[2] 今拼 compilar（辑录、汇编）。

Corda（n.绳索）	so zi	索子
Corda de uiola（np.琴弦）	chin schie'	琴絃①
Corda de besta（np.弓弦）	cum schie'	弓弦
Cordão de çeda（np.丝带）	si tai	絲帶②
Cordeiro（n.小绵羊）	sie' jam zi – cau	綿羊子③ - 羔
Cordel（n.细绳子）		
Cordial（a.诚挚的）		
Cordouão（n.熟山羊皮）		
Cor de ouro（np.黄金之色）	chin qua' se	金黄色
Coresma（n.四旬斋）		
Corisquo（n.雷电、闪电）④	lui	雷
Corno（n.角）	co	角
Cornudo（a.带角的）	yeu co	有角
Corneta（n.号角）	lin co	凌角
Corninho（n.小角）⑤		
Coro（n.合唱）		
Corroa（n.皇冠）	chin cuon	金冠
Corroar（vt.加冕）		
Corronica（n.编年史）⑥	tu' la' – si	通鑑⑦ 史
Coronista（n.编史者）	si cuo'	史官
Corola（n.愤怒、暴怒）⑧	nu	怒 嗔
Coroso（n.核、果核）⑨	he	核
Corpo（n.身体）	scin	身
Corpo sem cabesa（np.无头尸体）		
Correa（n.带子）	schiai tai	鞋带

---

① "絃"，"弦"的异体字，写法不同于下一例"弦"。
② "帶"，又作"帶"，即"带"，三形混写。
③ "綿"误读为"線"（线）音。
④ 今拼 corisco（闪电、闪光）。
⑤ 今拼 cornicho（小角、触须）。
⑥ 今拼 crónica（编年史）。
⑦ "鑑"（鉴）误读为"覽"（览）音。
⑧ 今拼 cólera（发嘘声、喝倒彩）。
⑨ 今拼 caroço（核、果核）。

Coredor（a.善跑的 n.跑步者）	*cuei zeu*	會走 趍
Corregedor（n.地方法官）		
Correger（vt.改正、修正）	*coi cuo*	改过①
Coreitor（？）②		
Corença（？）③		
Corente cousa（np.平常事、惯习）	*cuo'*	慣
Corente uzado（np.传统、潮流）		
Coreo（n.信使、邮差）④	*scin za*	承差 吏
Corer（vi.奔跑 vt.跑遍）	*zeu*	走 奔
Corerçe（vr.羞愧）	*siu*	羞
Coretor（n.掮客、经纪人）	*ya gin*	牙人
Coretagem（n.佣金）	*ya cie'*	牙錢

（62b）

Corida（n.赛跑）		
Corido（a.害羞的）	*pa siu*	怕羞
Corimentos doenças（np.脓水病）		
Corronper（vt.腐蚀、使腐烂）	*lan*	爛
Corronpedor（a.腐烂的）		
Coruta cousa（np.腐烂物）	*lan*	爛
Corução（n.腐败、变质）		
Cortar（vt.切割、砍斫、剪裁）	*co, cie', cioi*	割 剪 鋸 砍 剖 斬⑤
Corte de porcos（np.猪栏）		猪寮⑥
Cortesmente（ad.彬彬有礼地）		
Cortes cousa（np.彬彬有礼）	*chin*	敬 羙

---

① "过"字简写，不作"過"。
② 疑与下面将出现的 coretor（=corretor 掮客）是同一词。
③ 疑即 carência（欠缺、匮乏）。
④ 今拼 correio（邮政、邮差）。
⑤ 注音为"割、剪、鋸"。"割"，多拼为 *co*；"鋸"，多拼为 *chiu*。
⑥ 注音见另一例"猪寮"（63b）。

Cortesia（n.礼仪）① li 礼②
Cortesão（a.宫廷的 n.廷臣）
Cortiça（n.软木树皮、外皮） pi 皮
Cortidor（n.鞣皮工）③
Cortizo de abelha（np.蜂房、蜂箱）④ fun tien 蜂岫⑤
Cortina de cama（np.床幔）
Coruo（n.乌鸦） niau ya 烏雅⑥
Cosairo（n.海盗）⑦ hai ze 海賊
Cozer（vt.缝、缀）– d'alfaiate（指裁缝）⑧ fun 縫
Cozer de sapato（vp.缝鞋） fun 縫
Cozida cosa（np.缝起的东西、缝妥） fun liao 縫了
Costa riba（np.陡岸） scia' 上
Costeira cousa（np.沿海事务）
Costela（n.肋骨） 胸骨
Constranger（vt.束缚、迫使）⑨ lan tau 監倒
Costas（n.脊背） poi 背
Costume（n.习惯、风尚） cuo' 慣
Costumarçe（vr.养成习惯、适应） schio cuo' 孛慣
Costumar（vt.使习惯于、有某种习惯 vi.成为习惯） cuon 慣
Cospir（vi.吐口水、吐痰 vt.吐出）⑩ tu cheu cin 吐口涎
Cospinho（n.口水、痰） cheu cin 口涎

---

① 意思更具体的 Fazer cortesia，见补遗（164a）。
② "礼"字简写，不作"禮"。
③ 今拼 curtidor（鞣皮工、硝皮工）。
④ cortizo，今拼 cortiço（蜂房、蜂巢）。
⑤ "岫"字误读为"田"音，可比较 Colmea（养蜂场，59a）。
⑥ "烏"（乌）误读为"鳥"（鸟）音；"雅"，古通"鴉"（鸦）。
⑦ 今拼 corsario（海盗）。
⑧ cozer，此词一指缝纫（今另拼为 coser），一指烧煮（见下），因此这里有扩展语，以限定词义。
⑨ 重复的词条，前面出现过，见 61a。
⑩ 今拼 cuspir（吐痰、吐口水）。

Cotejar（vt.比较、校对）	pi	比
Couxe（n.踢、尥蹶子）①	tie	踢
Couxear（vt./vi.踢、尥蹶子）	tie	踢
Couceira（n.门背后、门铰链）– cardo januae（np.门的合叶）②	mue' cheu – mue' chiu	門臼　門樞
Coitada cousa（np.倒霉的事情）	cuei	虧
Coitado（a.倒霉的、不幸的）	quei	虧③
Coro（n.兽皮、头皮）④	pi	皮
Coruças（n.护身甲）	tie chia	鐵甲

（63a）

Coutar – notar（vt.标记 – 做记号）⑤		
Cousa（n.事物、东西、事情）	si – tu' si	事　東西
Couue（n.甘蓝）	che la' zai	隔籃菜⑥
Coua（n.洞、窟）		窟埌⑦　墳墓　賊洞
Couarda cousa（np.胆小）	sia tan	小膽
Couardamente（ad.胆怯地）		
Coxa（n.大腿）	toi	腿
Coxim（n.椅垫）	chi gio	椅褥
Coxo（a.跛脚的 n.瘸子）	chia chio	痂腳⑧
Coxear（vi.跛行）		擺行
Cozer o cozinhar（vt.做饭或烹调）	ciu	煮
Cozinha（n.厨房）	cuo fan	火房
Cozinheiro（n.男厨师）	ciu zi	厨子

---

① couxe，今拼 coice（脚跟、蹶子）。
② cardo januae（门的合叶），补写的拉丁名词短语。
③ 声母为 q，与上一例之 c 不同。
④ 系 couro（兽皮、皮革、头皮）的旧拼。
⑤ coutar，今拼 cotar（标注 [尺寸、价格等]、批注）。
⑥ "隔" 写为 𤴔。"隔籃菜"，即芥蓝，参看词条 Versa（隔，154a）。
⑦ "埌"（𡏖），疑为自造的方音字，即 "窿"。参看词条 Buraco（洞，54a）。
⑧ 犹 "跏脚"。

Cozinheira（n.女厨师）   ciu fa' po   煑飯婆①

Cu

Cuberta cousa（np.遮盖起来的东西）   coi liau   盖了
Cubertamente（ad.隐秘地）   zan   藏
Cubricama（n.被子）   pi   被
Cuberta de bestas（np.牲畜盖的东西）   ma pi   馬被
Cuquo（n.布谷鸟）②   斑鳩③
Cuidar（vt./vi.思考、想象、虑及）   sia'   想　憶
Cuido（n.照料；思虑）
Cuidadamente（ad.仔细地）
Cuidoso（a.留神的、关心的）
Cuidado（n.①细心、谨慎②挂虑、照料）   cuo'   管
Culpa（n.罪过）   zui   罪
Culpar（vt.归罪于）   loi ta   賴他
Culpado（a.有罪的 n.罪犯、肇事人）   pi   被誣賴
Cume（n.山顶）   山頭　山頂
Cunha（n.楔子）   chien   尖
Cunhado（n.大伯、小叔、大舅、小舅等）   pa-scieu   伯-叔
Cunhado marido de minha irmã（np.我姐姐或妹妹的丈夫）   ci fu   姊夫　妹夫④
Cunhada irmã do marido（np.丈夫的姐姐或妹妹）   cu   姑
Cunhada molher de meu irmão（np.我哥哥或弟弟的妻子）   sau-ti fu   嫂　弟婦
Cura de medico（np.医生的治疗）
Curar（vt.医治 vi.行医）   y   醫
Curuja（n.猫头鹰）   cu qua'   鵂鶹

---

① 今粤语仍称家庭主妇为"煮饭婆"。
② 今拼 cuco（布谷、杜鹃鸟）。
③ 原字写作 ![字形]。
④ "妹"写为 妹。

Cural（n.牧场）	zau cia'	草場

（63b）

Cural de bois（np.牛棚）	gnieu liau	牛寮　牛油①
Cural de cabras（np.山羊圈）	ja' liau	羊寮　羊油
Cural de ouelhas（np.绵羊圈）	sie' ja' liau	綿羊寮②
Cural de porcos（np.猪圈）	ciu liau	猪寮
Curta cousa（np.短小的东西）	ton	短
Curta de uista（np.近视）	can po te yuon	看不得遠
Curta de fala（np.话短、舌头短）		
Curua cousa（np.弯曲、屈身）	chio cu'	曲躬
Custar（vt.值[钱]）	cie'	值③
Custo（n.价格）		
Custas（n.费用）		
Custosas cousas（np.昂贵的东西）	quei	貴
Cutilada（n.刀剑砍击）	za' ye schia	斬一下
Cutelo（n.砍刀、大刀）	tau	刀
Cuteleiro（n.刀匠）	ta tau ti	打刀的
CLARA cousa（np.清澈的事物）	cin	清　净
Claramente（ad.清晰地）		
Clareza（n.明亮、清晰）		
Clareza de geração（np.家系一清二楚）		
CLERIGO（n.教士、神职人员）		
Cramar（vt/vi.叫嚷）④	ha'	喊
Crara de ouo（np.蛋白）	chi ta' po	雞旦白
Crasta（n.①回廊 ②修道院）		
Crauo de temger（np.拨弦古钢琴）		
Crauo（n.石竹花、康乃馨）	tin schia'	丁香

---

① "牛油"以及下一条的"羊油"，均为后手添笔。
② "綿"误读为"線"（线）音。
③ 影本右旁"直"少一横。"值"字读作 ti（153a），此处所注的 cie'（钱）并非其读音。
④ 今拼 clamar（呼喊、叫嚷）。

Crauo prego（np.马蹄钉、鞋钉、十字架铁钉）	tie tin	鐵釘
Crer（vt/vi.相信、信仰）	sin	信
Creçer（vi.生长）	sen cia'	生涨①
Crecer o Rio（vp.河水上涨）	scioi cia'	水涨　水大
Crente cousa（np.确信之事、信仰笃实）	tu sin	都信②
Credor（n.债主）	zai ciu	债主　银主
Credo dos artigos da fe（np.相信宗教圣物）	yeu sin scie	有信實
Credito（n.信任、信誉、信贷）		
Crestal comeao（？）		
Crespa cousa（np.卷曲的、不光滑的东西）	ta si	打績③
Criar（vt.创造、哺育）	sun ue	生物④
Criador（n.创世者、造物主）	Tien ciu sun uan ue	天主生萬物
Criar de pequeno（vp.从小养大）	jam	養

（64a）

Criação（n.生育、教育）		
Criado que serue（np.男仆）	chia gin	家人　仔
Criada que serue（np.女仆）	ya teu	丫頭
Criada de leite（n.奶妈）		
Criança – cortezia（n.教养 – 礼仪）	li	礼⑤
Criança – menino（n.儿童 – 男孩）⑥	hoi gi	孩兒⑦　兒童
Crime（n.罪）	zui	罪
Cristão（a.基督教的 n.基督徒）		

---

① "涨"，即"涨"。
② "都"为"笃"之误。
③ 盖指打麻绳、织麻布之类。
④ 此条及下一条的"生"字，注音不同寻常。
⑤ 原写为简体，不作"禮"。
⑥ criança古指"教养"，今指"儿童"，此二义并行于当时葡语，故著者在其后另补一词，以示区分。
⑦ "兒"，《干禄字书》平声卷："児、兒，上俗下正。"

Como cristão（np.如同基督徒那样）
Cristandade（n.全体基督徒、基督教界）
Cristão uelho（np.入教多年的教徒）
Cristão nouo（np.新入教者、成年受洗者）
Cristal（n.水晶） *scioj cin* 水晶
Cristalino（a.水晶般透明的）
Cristel（n.灌肠剂）①
Crismar（vt.行圣礼）
Crisma（n.圣油、抹圣油礼）
Criuo（n.筛子） *si* 篩
CRUA cousa, não cozida（np.生的、未煮熟的东西） *sin se'* 腥生
Cruel cousa（np.残忍无情） *chen sin* 硬性
Crueldade（n.暴行）
Cruelmente（ad.残忍地）
Crux（n.十字） *scie zi* 十字
Cruxufiçio（n.苦刑）
Cruxuficar（vt.钉上十字架、折磨）
Cruxado（a.十字形的、交叉的）
Çafar（vt.磨损、损坏）② *yum* 用　穿
Çafada cousa（np.弃物、弃置不用） *yum liau* 用了
Çafera pedra（np.蓝宝石）③
Çaxiara de peles（np.教士穿的一种长袍；羊皮袄）
Çapatero（n.鞋匠）④ *pi cia'* 皮匠
Çapato（n.鞋） *schiai* 鞋
Çapata de molher（np.女鞋） *fu gin schiai* 婦人鞋
Çarafar（vt.割肉）- çacrifico（a.祭献的）

---

① 即 clister（灌肠剂、灌肠）。
② 今拼 safar（①推开 ②偷盗 ③磨损）。
③ çafera，今拼 safira（蓝宝石、天蓝）。
④ 今拼 sapateiro（鞋匠、鞋商）。

Çafra（n.铁砧）– incudo（vt.锻造）①   *tie cin*   铁枯
ÇEBOLA（n.洋葱）   *zuo'*   葱
Çebolinha（n.洋葱籽或秧）

（64b）

Çedola de testamento（np.追加遗嘱）②
Çedo（ad.①早、清早 ②很快、不久）   *zau*   早　朝
Çedro（n.雪松）
Cousa de çedro（np.松木）
Çegua regua（np.蝉鸣）– cigada（n.   *scie'*   蝉
蝉）③
Çegonha（n.①鹳 ②井轱辘）
Çega cousa（np.失明）④   *hai ien*   瞎眼　打瞎睡
Çeguar a outro（vp.把人弄瞎）   *ta yen hai*   打眼瞎
Çeguarçe（vr.失明、糊涂）
Çegueira（n.失明、愚昧）
Çeguedade（n.失明、愚昧）
Çelebrar（vt.庆祝 vi.做弥撒）
Çelestial（a.天体的、天国的）
Çelebro（n.大脑）⑤   *teu sui*   頭髓
Çela de frade（np.僧院）   *fan zi*   房子
Çem（num.百）   *pa*   百
Çentopes（n.蜈蚣）   蜈蚣
Çen uezes（np.一百次）   *ye pa pien*   一百遍
Çeo（n.天、天空）⑥   *tien*   天　p.銀漢 玉宇　銀河

---

① çafra，今拼 safra（铁砧）；incudo（锻造、捶打），拉丁语动词。
② çedola，今拼 cédula（凭证、票据），此处构成的短语为法律用词。
③ 可比较 cegarrega（一种模仿蝉鸣的玩具）。
④ çega，今拼 cega，即 cego（失明、盲人）的阴性形式。
⑤ 今拼 cerebro（脑、智慧）。
⑥ 今拼 ceu（①天、天空 ②顶、盖）。

		空虚 空①
Çeo de boca（np.硬腭）	scia' ha'	上胗②
Çena（n.晚餐）	cie ua' fan	食晚飯
Çea（n.①夜宵 ②最后的晚餐）③		
Çea tenperada（np.有节制的晚餐）④		
Çear（vt./vi.吃晚饭）	cie ua' fan	食晚飯
Çepo prizão（np.囚枷）⑤	ho zan	合床
Çepilhar（vt.刨平）	mo qua'	磨光
Çeira（n.蜡、黄蜡）	qua' la	黃蠟
Çera d'orelha（np.耳垢）	gi mi	耳屎⑥
Çera uermelha（np.红蜡）	cu' la	紅蠟
Çerca（n.围墙）	cuei cia'	圍墻
Çercar（vt.筑围墙、架围栏）	zu cin	做城
Çercar com gente de armas（vp.用军队围剿）	cuei tau	圍倒
Çerco（n.包围、围攻）		
Çeremonja（n.仪式、礼节）	pai	拜
Çereja（n.樱桃）⑦		
Çeresal（n.樱桃园）⑧		
Çereseira（n.樱桃树）		
Çerar（vt.关闭）⑨	cuo'	関
Çerta cousa（np.确确实实的事情）	tam cin	當真⑩

---

① "天"字后面补写的五个词，原书有横有直，墨色一致，但除"玉宇"之外，似均为西士手迹。

② "胗"（朕），即"龈"，见"上龈"（126a）。

③ 今拼 ceia，后一义项为西教史上特有。

④ tenperada，今拼 temperada（适度的、有节制的），盖指晚餐宜少食。

⑤ çepo，今拼 cepo（①木段、树墩 ②枷、枷锁）；prizão，今拼 prisão（监禁、监狱）。二词之间没有标点，但有可能并非词组，用后一词限定前一词。

⑥ "屎"误读为"米"音。

⑦ 今拼 cereja（樱桃、樱桃红）。

⑧ 即 cerejal（樱桃园）。

⑨ 今拼 cerrar（关闭、合拢、结束）。

⑩ "當"（當），读为去声，右上角记有调符。

（65a）

Çertamente（ad.确凿无疑地）
Çerteficar（vt.证明）　　　　　　scieu tin　　　手定
Çertero entirar（vp.命中、击中）
Çertidão（n.证书）　　　　　　　ce ciau　　　　执照① 下帖
Çerteza（n.准确、把握）
Çerueja de beber（np.饮用的啤酒）
Çeruo（n.鹿）　　　　　　　　　lo　　　　　　　鹿
Çesta（n.篮、筐）　　　　　　　lo　　　　　　　籮
Çetro（n.权杖、王位）
Çeuar（vt.喂肥）　　　　　　　　jam fi　　　　　養肥
Çeuar pa enganar（vp.放诱饵、诱使）　cua gi　　　掛餌
Çeuador（n.喂养者）
Çeuada（n.大麦）
Çeuadeira（n.饲料袋）
Çeua esca（np.诱饵、鱼饵）　　　gi　　　　　　　餌
Ceitil（n.一种葡币）
CHiar（vi.①吱吱响 ②呻吟、抱怨）
- zelo（n.嫉妒）
Çiosa cousa（np.嫉妒）
Çiatica doença（np.坐骨痛）
Çidade（n.城市）　　　　　　　　schia'　　　　　鄉　村
Çidadão（n.市民）　　　　　　　　　　　　　　　城隍人
Cosa da çidade（np.城里的事物）
Çidra（n.香橼[果]）　　　　　　　schia' yuo'　　　香圓
Çidrera（n.香橼[树]）　　　　　　sciu　　　　　　樹
Çilciro – granariun（n.谷仓）②　　za'　　　　　　倉
Çilada – inçidia（n.埋伏 – 陷阱）　mai fo　　　　　埋伏
Cimeira（n.①峰顶 ②顶饰）
Çiliçio（n.①苦行衣 ②自我牺牲）
Çinco（num.五）　　　　　　　　u　　　　　　　五

---

① "执"字简写，不作"執"。
② 后一词为拉丁语，也泛指粮库。

葡汉词典　111

Çinco uezes（np.五次）	u pie'	五遍
Çinto（num.五十）	u scie	五十
Çinto de couro（num.五十回）	u scie pie'	五十遍
Çingir（vt.围绕、系成一圈）	ye tiau tai	一條带
Çintura（n.腰带）	pi tai	皮带
	pan yau	綁腰
	yau	腰
Çirana（n.筛子）	ssi	篩
Çinza（n.灰烬）	cuo quei	火灰
Çirco（n.圆形竞技场）		
Çircuito（n.圈、圆）	cuej	圍
Çiroula（n.秋裤）①		

（65b）

Çircuncição（n.割礼）		
Çirieiro（n.制烛匠）	zu cio ti	做燭的
Çirio（n.大蜡烛）	cia' cio	丈燭
Chirugião（n.医生、外科医生）②	y sen	醫生　太醫
Chirugia（n.医术）③		
Chisma（n.分立教派）– nasco（vi.诞生）④		
Çitar（vt.引证）		
Çitação（n.引文）		
Çiuel cousa（np.民事、民政）		
Çifra（n.数字）		
Çinzibra（n.姜）⑤		
Çisquo（n.垃圾）⑥	fen	糞

---

① 今拼 ceroulas（男式长衬裤）。
② 今拼 cirurgião（外科医生）。
③ 今拼 cirurgia（外科）。
④ chisma，今拼 cisma（分立教派、不和）；nasco（诞生、产生），拉丁语动词。
⑤ 今拼 gengibre（姜）。
⑥ 今拼 cisco（垃圾、煤渣）。

Çiguara（n.蝉） scie' 蝉
Choquos（n.木底鞋）① 木屐
Çujar（vt.弄脏）② ta ngo cio 打溰濁③
Çuja cousa（np.脏东西） u cio 溰濁
Çuzidade（n.粪便）④ fen 粪
Çumo（n.汁、液）⑤ scie 汁
Çumorenta cousa（np.富含汁液） to scie 多汁
Çurão – perae（n.干粮袋）⑥
Çurar（vt.鞣制、击打 vi.衣服破旧）
Chagua（n.糜烂、创伤） za' cheu 瘡口
Chaguar（vt.使溃疡、糜烂）
Chaguada cousa（np.糜烂部位） yeu za' cheu 有瘡口
Chamar（vt./vi.呼唤、喊叫） chiau 叫
Chamalote（n.羽纱）⑦ 娑服⑧
Chamosquar（vt.烧焦、燎）⑨ sciau 燒焚
Chantagen（n.车前草） cie cie' zau 車前草
Chão（a.平坦的） to pin 地平⑩
Chãa cousa（np.光滑、平坦的东西）
Chãa mente（np.内心平静）
Chapa de fero（np.铁牌子） tie pai 铁牌
Chapeo（n.带边帽） mau zi 帽子
Chapim de molher（np.女式拖鞋） schiai to 鞋拖
Chapim do home（np.男式厚底靴）

---

① 今拼 soca（木屐、木底鞋）。
② 今拼 sujar（弄脏、损坏）。
③ 两例"溰"（污）注音不同。
④ 今拼 sujidade（肮脏、秽物）。
⑤ 今拼 sumo（汁、液、顶峰）。
⑥ çurão，今拼 surrão（干粮袋、破烂衣裳）；perae（背囊、袋子），拉丁语词，源自希腊语。
⑦ 今拼 camalote（羽纱）。
⑧ "娑"写为 繰。
⑨ 今拼 chamuscar（烤、烧焦）。
⑩ "地"音 to，当为闽南话，如"地动"（tɔ⁶ taŋ⁶）（见《闽南方言大词典》784 页"地震"条）。

Chama（n.火焰）		火焰
Chaue（n.钥匙）		鎖匙
Chauero（n.锁匠）	ta so ti ti	打鎖匙的①

（66a）

Chachina（n.咸肉）		爔肉　煙肉
CHeguar（vt./vi.到达、成为、接近）	tau	臨　到　臻②
Cheguada（a.临近的）	tau	到
Chea cousa（np.多、满）		
Chea de rio（np.河水涨满）	scioi cia'	水浘③　水猛
Chero（n.芳香、嗅觉）	schia'	香
Cheirar（vt.闻、嗅 vi.有味、有香味）		香
	ceu	嗅
Cheirar mal（vp.有臭味）	ceu	臭
Cheirosa cousa（np.芳香物）	schia'	香
Chear, o pasaro（vi.鸣叫，如鸟鸣）④	sciu chiau	鼠叫⑤
Chimine（n.烟囱）⑥	cuo za'	火窓
Chinella（n.拖鞋）		
Chiquero de porcos（np.猪圈）	ciu zau	猪槽
Chisme（n.臭虫）	scieu ciu'	臭虫
Choca（n.[家畜挂的]铃铛；头牛）		
Choca de juguar（np.木球，一种游戏）		
Chocar a gualinha（vp.母鸡孵卵）	f tan	鷗旦⑦
Chocareiro（a.好笑的 n.讲笑话者）	chia' siau ti	講笑的
Chocarear（vi.讲笑话、开玩笑）	chia' siau	講笑

---

① 第三个字音为笔误，当拼 si。
② "臨"（临）、"臻"二字为后手补写，未注音。
③ "浘"，"漲"的异体字。《龙龛手镜》水部："漲，知亮反，水大，泛也；又音張。""浘，俗同上。"《集韵》漾韵："漲、浘，水大皃，或省。"
④ chear，今拼 chiar（吱嘎响、吱吱叫），可指鼠叫。
⑤ "鼠"写为㲉，可比较"鼠"的异体字"䑕"。敦煌写本中有类似字形，见于淑健（2012：357）。
⑥ 今拼 chaminé（烟囱）。
⑦ 应写为"孵蛋"。"鷗"（），自造字；注音脱字母，当为 fu。

Chocarice（n.粗俗的笑话）

Chocalho（n.铃铛）

Chorar（vi.哭、流泪 vt.为之伤心、痛惜） *ti co, lui* 啼哭 泪

Choro（n.哭泣、伤心、眼泪）

Chorão（a.爱哭的） *cia' yau ti co* 常要啼哭

Çotar a besta（vp.跑跳，如兽类）① *tau* 跳

Çhoupana（n.茅舍） 茅房

Chouer（vi.下雨） *schia iu* 下雨

Chouer pedra（vp.下雹子） *schia pau* 下雹

CHupar（vt.吮吸）

Chupada cousa（np.干瘪的东西）

Chuiua（n.雨） *iu* 雨

Choueiro（n.阵雨、暴雨）

Chuuosa cousa（np.多雨） *yuo'* 雲②

Chumo（n.[渔网的]铅坠）③ *yuo'* 鉛

Chumeira pa pescar（np.撒网捕鱼） *uan–sui* 網 墮④

Chumaço（n.枕垫） *cim teu* 枕頭

（66b）⑤

Chusa（n.长矛）⑥ *zan* 創⑦

Chusada（n.刺伤）

（72a）

D

Dadiva（n.赠礼） *scia'* 賞

---

① çotar，疑即 choutar（马儿小跑、碎步）。
② 盖指乌云、雨云。
③ 今拼 chumbo（铅弹、网坠）。
④ "堕"为"墜"之误。
⑤ 此页仅写有两条，之后均为空白页，直至 72 页复又出现文字。
⑥ 今拼 chuça（长矛、标枪）。
⑦ 此字若对应于 chusa，当写为"鎗"或"槍"；若对应于 chusada，则不误。

Dado de jugar（np.游戏或赌博用的色子）	*se – teu zi*	色子 - 骰子
Dama virgem（np.贞女、处女）	*cum gua gnu*	紅花女
Dama do passo do Rei（np.服侍皇帝的侍女）	*cum gnu*	宮女
Damasco（n.锦缎）	*cua ton*	花緞
Danço（n.舞蹈）	*uu*	舞
Dançar（vt./vi.跳舞）	*uu*	舞
Dãnar（vt.损坏）	*quai*	壞了
Damnoso（a.有害的）①	*po hau*	不好
Dãno（n.损失、破坏）	*quai*	壞
Da li（pp.从那里）	*na li – na pien*	那裡② - 那邉
Da hi（pp.从这里）	*cie li*	這裏③
Da qui（pp.从这里）	*cie li*	這裏
Da porta a dentro（pp.从门里面）	*men li teu*	門裡頭
Da qui a diante（pp.从现在起、今后）	*çi chin – y hau*	自今 以後
Dar（vt.给予、提供）	*pa*	把
Dar de comer（vp.给人吃）	*pa ta cie*	把他食
Dar de beuer（vp.给人喝）	*su' çiu ta cie*	送酒他食
Dar a o ganho（vp.要收益）	*tau li çien*	討利錢
Dar a vela（vp.张起帆）	*che ghi pon*	扯起篷
Dar a bomba（vp.用唧筒抽水）	*ta scioj – che scioj*	打水 - 扯水
Dar olhado（vp.看一眼）	*can quai*	看 快
Dar de mão – não quer（vp.搁置 – 不想要）	*po yau*	不要 莫要
Dar de rosto（vp.面对）		
Dar passada（vp.迈一步）	*zeu ye pu*	走一步
Dar couces（vp.用脚踢、尥蹶子）	*tie*	踢

（72b）

Dar bofetada（vp.打耳光）	*ta pa cja'*	打巴掌

---

① 今拼 danoso（破坏性的、有害的）。
② "裡"字的左旁写为"衤"，他处亦如此。
③ "里"字与上一例写法不同。

Dar punhada（vp.打一拳）	ta ye chiuo'	打一拳
Dar cutilada（vp.砍一刀）	con ye tau	砍一刀
Dar estocada（vp.刺一剑）	zan ye schia	斬一下
Dar pedrada（vp.扔石头）	ta ye scie teu	打一石頭
Dar as maos（vp.手拉手）	pa scieu	拍手
Darse por vencido（vp.认输）	sciu liau	輸了
Dar d'esporas（vp.踢马刺、驱策）		
Dar adriza（vp.①扬帆 ②升旗）		
Dar agradecimentos（vp.感谢）	to sie	多謝①
Dar de graça（vp.赠送）	sum	送
Dar palaura（vp.许诺）	schiu	許
Dar credito（vp.信任）	sin	信
Dar frol（vp.开花）②	cai cua	開花
Dar no aluo（vp.击中）	çium	中③
Dar lição（vp.授课）	chiau sciu	教書
Dar ob.a（vp.顺从）④	sciuo' zum	順從
Dar conta da lição（vp.背记课文）	poi sciu	背書
Dar aço（vp.助力、帮助）	sian zu	相助
Dar fruita（vp.结果子）	sen cuo zi – chie zi	生菓子-結子
Dar conta（vp.叙说、陈述）	chian	講 說 道 話 言 語
Dar fiado（vp.赊给、赊购）	scie	賒⑤
Dar vantajem（vp.占优、有利）		
Dar a entender（vp.说明、使理解）	chiay scie	解釋

（73a）

Dar prolfaças（vp.称贺、道喜）	con schi	歡喜 欣

----

① "謝"写为 [字]。

② frol，今拼 flor（花），似属笔误。

③ "中"写为[字]，右上角标有符号，表示读去声，以别于中间、中午的"中"。

④ ob.a，可能是 obediença（服从、温顺）的速写。

⑤ "賒"为"賒"之误。

Dar encomendas（vp.祈福、为死者祷告）	pai scia' – scia' fu	拜上 - 上福
Dar rematte（vp.结束、完成）	cuon	完
Dar razão（vp.讲道理）	chian li	講理
Dar risada（vp.大笑）	ta siau	大笑
Dar fiança（vp.担保）	sie pau zan	寫保狀①
Dar d'olho（vp.瞥一眼）	sie yan sye j yaen②	邪眼
Dar dentada（vp.咬）	yiau	咬
Dar unhada（vp.抓、挠）	za	搓③
Dar tal por tal（vp.一报还一报）	pau	報
Dardo（n.标枪）	piau çan	彪創④
Dar sinal, l'augurio（vp.有迹象，预兆）	ciau teu	兆頭
Dar leite（vp.喂奶）	nai giuj	嬭乳⑤
Dar a refens（vp.抵押）	zo tan	做當⑥
D'ano en ano（pp.年复一年）	nien nien	年年
Debaixo（ad.在下面）	schia teu	下頭
Debalde（ad.徒劳、白白）	gua' fi	徃費⑦
Debadoura, ghinolo（n.将横桅卷起的绳子，牛车）	chiuo' cie	捲車
Debar（vt.卷、收起），esbactio（？）	chiuon	捲
Debater（vt./vi.讨论、争辩）	chian	講
De bom em melhor（pp.越来越好）	ge ge hau	日日好
Debilitar（vt.使虚弱）	lie soi	力衰
De boa vontade（pp.好意）	hau çin y	好情意
De boa condição（pp.好性子）	hau çin sin	好情性
Debuxar（vt.画、绘制）	qua jam	畫樣

---

① "寫"（写），繁体；"狀"字简笔，不作"狀"。
② 即"斜一眼"，注音有所不同。
③ 疑为"抓"之误。
④ 两个都是白字，当写为"標槍"。
⑤ 《龙龛手镜》上声卷女部有"嬭"字，通"嬭"，切音作"奴买反"，释为"乳"，即今"奶"字。《广韵》蟹韵："嬭，奴蟹切"；"嬭，上同"。
⑥ "當"（当），写为 當，右上角标有去声的调符。
⑦ "徃"（往）是白字，当写为"枉"。

(73b)

Debuxar pouo natural（vp.画得如同真人）	cua te siao' ssi	畫得相似
Debuxar（vt.画）, abrir letras（vp.刻字）	che pan – che zi	刻板 - 刻字
Debulhar o pão（vp.脱粒）, amassar（vt.揉面）	zai mien	採麵
Debruçar（vt.俯身、趴下）	po tau	撲倒
De cada parte（pp.每一处）	ciu ciu	處處
De cabo a rabo（pp.从头到尾）	ghi teu tau ui	起頭到尾
De cabeça a baixo（pp.从头往下）	teu sien schia	頭先下
Decrarar（vt.表示、表明）①	chian min – chiay scie	講明 - 觧釋
Declaração（n.说明）	scie	釋
De casa em casa（pp.挨家挨户）	cio chia	逐家
De canto em canto（pp.从一个角落到另一个角落）	cio co teu	逐角頭
De caminho（pp.顺路）	na lu scia'	那路上
Deçer（vt.降低、放下 vi.下降、下来）②	schia chia'	下降
Deçendentes（n.后裔）	zi suon	子孫
Descendimento（n.衰老）, Catarrão（n.感冒）③	scian fun	傷風
De cento em cento（pp.一百一百[数数]）	ye po ye po	一百一百
Deçepar（vt.切割）, cortar ramos（vp.砍树枝）	zan sciu cij	斬樹枝
Deçida – ladeira（n.斜坡、下降－山坡）④	schia lin	下嶺
De cinquo em cinquo（pp.五个五个[一数]）	ye u ye u	一五一五
De cima（pp.从上面）	scian teu	上頭
Decorar（vt.默记、背诵）	chij cio	記着

---

① 当拼 declarar（声明、表示），系笔误。
② 今拼 descer（下来、降低）。
③ 可比较 Cadarão（55b），是同一词。
④ deçida，今拼 descida（斜坡、下降）。

De cor（pp.能记住、背得出）	poi te – nie' te	背得 - 念得
De corrida（pp.立即）	quai quai	快快
De coração（pp.从心里）	sin li	心裏

（74a）

De continuo（pp.连续、经常）	cia' cia'	常常
De coti – quotidie（pp.每天）	ge ge – cio ge	日日 - 逐日
De contado comprar（vp.用现钱买）	schie' maj	現買
De costas（pp.①从岸上 ②倒卧）	scian mien	上面
De costume（pp.通常）	cua' liau	慣了
De dentro（pp.从里面）	li teu – li mien	裡頭 - 裏面
De grao em grao（pp.一点一点）	ye pu cau ye pu	一步高一步
Dedo de mão（np.手指）	scieu ci	手指
Dedinho（n.小指、小趾）（脚上的）	siau ci – | do pe | chio ci	小指 - 脚指
Dedo polegar（np.拇指）	ta ci	大指
Dedo meiminho（np.小指）	ui ci	尾指
De dia（pp.白天）	ge li	日裡
De dous em dous（pp.两个两个）	sa' sa' ye gi – ye gi①	一雙一雙 - 對②
De duas maneiras（pp.以两种方式）	liao' jao'	兩樣
Defamar（vt.诋毁）	schui pan	毀謗③
Defender alguem que não se [……]（vp.阻止某人、为某人辩解）	chiuo' cai	勸開
Defensão（n.辩护），rogar（vt.求情）④	chiuon	勸
Defeito（n.缺陷）　cuo⑤	sciau chie'	少 欠
Defeituoso（a.有缺陷的）	yeu cuo	有過

---

① 即"一二、一二"，此条注音为先笔所写，义同"一双、一双"，指计数时两个一点。两个"双"字的注音补写于 gi（二）之上。

② "双""对"均简写，不作"雙""對"。《宋元以来俗字谱》寸部录有"对"字。

③ "毁"字注音有疑。

④ 第二个词为后手补写，并不与第一个词构成词组。

⑤ 插写的字音，即"过"。

Deferença（n.差异）	po tu' ia'	不同樣
Deferir（vi.不同、有差异）①	po tum	不同
De festa（pp.喜气洋洋）	schi ssi	喜事
Defesa façenda（np.违禁货物）	fa' fa cuo	犯法貨
De fora（pp.从外面）	guai teu – guai mien	外頭 - 外面
Deformidade（n.畸形、丑恶）	ceu	醜

（74b）

De fuça（pp.笔直、径直）②	pie cie	笔直
Defunto（n.死人）	ssi gin – van cie	死人 - 亡者
Defumar（vt.燻）	schiun	熏③
Defronte（ad.对面、在面前）	tui mien	對面　當面
De galope（pp.[马儿等]小跑）	tiau	跳
De graça（pp.赠送）	siao' sum	相送
Degradar（vt.贬黜、降级）	ven chiu'	問軍
Degradado（a.遭贬黜的）	chiun	軍
Degrao（n.台阶、级别）	ye pu chiaj ti – chiay chieu	一步街梯 - 階級④
Degredo（n.流放、放逐）	ven chiu'	問軍
Degolar（vt.割断喉咙、斩首）	co heu	割喉
Degolador（n.刽子手）	heu	喉⑤
De giolhos（pp.屈膝）⑥	cui	跪
Deitar – lançar（vt.扔 – 投掷）	tiu	丟
Deitar da riba per abaixo（vp.从上面往下抛扔）	tiu schia laj	丟下來
Deitarse（vr.躺下）	tau scin	倒身

---

① 今拼 diferir（不同、有区别）。
② fuça，今拼 fuso（纺锤、纱锭）。此语的本义为"如同纺线一样直来直往"。
③ 写为 薰。
④ "街梯"，即"階梯"（阶梯）；"階級"，据注音似应写为"階除"。
⑤ 此词疑有误，可能想写"割喉手"之类。
⑥ giolhos，今拼 joelho(s)（膝）。

Deitarse a os pees（vp.跪倒）①	pau chio	抱脚
Deitar aos embuxões（vp.悄悄走）②	tuj cio chiu	推 撞出去③
Deitar com as maos（vp.用手推）	yai cio chiu	挨出去④
Deitar com couces（vp.用脚踢）	tie cio chiu	踢去出⑤
Deitar conta（vp.估算）	suon su	算数
Deitar fora（vp.抛掉、赶走）	can cio chiu	趕出去
Deitar longe（vp.抛得远远）	tui yuon chiu	推遠去

（75a）

Deitar a boa parte（vp.做好的估计）	siao' hau	想好
Deitar a maa parte（vp.做不好的估计）	siao' po hau	想不好
Deitar a perder（vp.致使损坏）	lun quai – qui quai	弄壞⑥
Deitar sortes（vp.抽签、算命）	chieu sie' – ven po, ta cua	求仙 - 問卜 - 打卦
Deitar na que se vende a pregão（vp.推销、叫卖）	tien chia	添價
Deitar de molho（vp.浸泡）	fan scioj çin	放水浸
Deitar raiz（vp.生根）	sen chen	生根
Deixar（vt.任由、放开、放手），allargar（vi.扩展、增宽）⑧	fan zai	放⑦
Deixar（vt.放任、允许），sino is（vp.任由）⑨	gia' zo – çen zo ⑩	争做 - 讓做⑪

---

① 等义于 ajoelhar aos pes（下跪）。
② embuxõ(es)，今拼 embuço（n. 遮面、伪装）。
③ "推"字是补写的。原稿上画有交叉线条，表示此条当与下一条"挨出去"对调。
④ 对应于上一葡文词目，指悄悄溜出。
⑤ 影本上画有箭头，表示"去、出"二字换位。
⑥ 后两个音节未见汉字，当为"毁坏"。
⑦ 第二个音节未写出字，不明所指。
⑧ 两个葡文词之间原无逗号，但空格较大，应是两个词。后一词似乎是补写的，因为发现"放"除了表示放任、放手，还有放大一义。
⑨ sino（听任、允许、让），拉丁语及物动词；is（他[主格]），用法有疑。
⑩ çen zo 的前面还写有 tay ngo zo（待我做），被画线删除。
⑪ 注音"讓做"在前，"争做"在后。

Deixar de fazer, no' facer'（vp.不再做、不做）①	po zo	不做
De la（pp.从那里）	na pien	那边②
De leda vontade（pp.出于好意）	hau y ssi	好意思③
Deleixado（a.虚弱的）④	scin soj	身衰
Deleitar（vt.使快乐、满足）	cuon schi	欢喜　心楽
Deleites（n.快乐）	quai cuo	快活
Deleitoso lugar（np.赏心悦目的处所）	qua' chijn	光景
Delicado（a.柔弱的、细微的）	giuon gio	軟弱
Delicado comer（np.精食、美味）	yn scie ui si	飲食微細
Delgado（a.细、薄）	po – de fio（指线）– ssi	薄 - 細
Deliberar（vt.商讨、议决）	scia' lia' – gni	商量 - 議
Delir（vt.使溶解 vi.融化），mexer（vt.搅拌 vi.晃动）	tiau ho	調和
De longe（pp.遥远）	yuon	遠
De maa mente（pp.不情愿）	mo nai ho	没柰何⑤
De mao rosto（pp.脸色难看）	pien lien	变面⑥　反脸

（75b）

De maa condição（pp.坏性子）	po hau cin sin	不好情性
De madrugada（pp.在清晨）	çin çau – ciau	青早⑦ - 朝

---

① no' facer'为补写的两个词，疑即拉丁动词短语 non facere（不做、不干）的略写。

② "边"（边）为草写的简字。

③ "思"（思）的右上角标有调符，表示读去声。《康熙字典》心部"思"，载明其字一读平声，音司，多为动词，如思虑、思念；一读去声，音四，多为名词，如鼠思（忧思）、悲思。这里的"意思"，即属后一种情况。

④ 疑即 delicado（脆弱、虚弱）。

⑤ "柰"（柰），正字为"奈"。"柰"是一种果树，音同"奈"。据《玉篇》，二字可通："柰，那赖切，果名。又'柰何'也。"然而《洪武正韵》认为不可混："柰，尼带切，果名。徐锴《韵谱》云，俗别作'奈'，非。"（卷十一，泰韵）

⑥ 注音为"变脸"，"脸"是官话词。"变面"是南方方言的说法，如"脸盆、脸皮、脸谱、脸色"，闽南话要说成"面盆、面皮、面谱、面色"（见《闽南方言大词典》896页）。沪语也一样，如"脸上、脸红、板脸"要说成"面孔上、面孔红、板面孔"。

⑦ 当写为"清早"。

De maa feição（pp.长得丑）	ceu ja' – po hau ja'	醜樣 - 不好樣
De mais – aduerdiu（pp.更多、过多）	quam yeu	還有
De mais dar（vp.给予更多）	tien	添
De mal en pior（pp.越来越糟）	ye fa po hau	一発不好
De manada, en frota（pp.大群地，大队地）	cin chiuo'	成群　成隊
De tal maneira que（pp.以如此的方式[……以至于]）	na ja' – desta m'a（以这样的方式）① cie ja'	那樣 - 這樣
Demandar, buscar（vt.寻求，寻找）②	sin	尋
Demandar em juiço（vp.告上法庭）	cau cia'	告狀
Demandão – litigioso（a.告状的 – 好争讼的）	tiau min	刁民
De marauilha（pp.奇迹般、罕见）	sciau yeu③	
Demarcarção（n.划界）– medir（vt.测量）	cia' liao'	丈量
Demasia（n.多余、余额）	scin schia	剩下
Demasiado（a.过多的）	yu scin	餘剩
De maa vontade（pp.不乐意）	mo nai ho	沒奈何④
De merce（pp.作为赏赐、酬劳）	scia' cum	賞功
De memoria（pp.记诵、牢记）	poi te	背得
De meo a meio（pp.完完全全）⑤	ye pon – pon pien	一半 - 半边
De minha condição（pp.依我的性格）	ngo çin sin	我情性
De minha parte（pp.从我的方面）	tui ngo⑥	
De mistura（pp.混乱不堪）	çan ho – ça' ju'	摻和 - 摻融
De mentira（pp.虚妄不实）	qua' yen	謊言

---

① desta m'a，插入的短语，即 de esta maneira（以这种方式）。
② 因 demandar 另有非无物用法，指起诉（见下条），故以 buscar 一词限定。
③ 缺汉字，当为"少有"。
④ "柰"（柰），当写为"奈"。以下诸例亦同。参看词条 De maa mente（不情愿）。
⑤ de me(i)o a meio，字面意思是"从一半到另一半"。有可能是两个分断的介词短语，即 de meio 和 a meio，都指"一半、对半"。
⑥ 未写汉字，当为"对我"。

De modo que（pp.从而、以至）	çie' mo jam	怎麼樣

（76a）

Demonio（n.魔鬼）	quei	鬼
Demostrar（vt.示范、表明）	can	看　觀
Demora – tardança（n.迟缓 – 缓慢）	cci – man	遲① 慢
De morte subitania（pp.猝然亡故）	ssi te quai	死得快
De muy boa vontade（pp.非常乐意）	scie fen cua' schi	十分歡喜 甚喜
De muyto maa vontade（pp.很不乐意）	scie fen mo nai ho	十分没柰何
De muyto tempo（pp.用很多时间）	cia' chieu	長久
De muytas maneira（pp.以多种方式）	schiu to jam	許多樣
De seu nacimento – ate agora（pp.自出生以来 – 到目前为止）	zu' siau se' lai	從小生來
De necesidade（pp.必须）	cai	該
De noite（pp.夜里）	je li	夜裡
De nouo（pp.重新） – outra vez（np.再一次）	zu' sin – çu' teu	從新② - 從頭
De nehú parte（pp.没有任何地方）	mo yeu su zoi	没有所在 没有處
Dente（n.牙齿）	ci – ya ci	齒 - 牙齒
Dentudo（a.长有龅牙的）	ta ya	大牙
Dente d'alho（np.蒜瓣）	suon pan	蒜板③
Dentro（ad.在里面）	li teu	裏頭　裏面
Denunciar mal（vp.显示不好的迹象）	po hau ciau teu	不好兆頭
Denotar（vt.表明、表示）	gni cu④	
D'ouro e d'açul（pp.绝美） – bela（n.美女）⑤	piau ci	嫖致　生得好　美貌

---

① "遟"，"遟"（迟）的半简化字，见于敦煌写本（赵红 2012：71）。但此处写为 遟，构件"羊"草为"丰"。
② "新"写为 新，他处多类此。可比较《宋元以来俗字谱》127 页所录：新。
③ "板"，当写为"瓣"。
④ 未写汉字，似为"議估"。
⑤ d'ouro e d'açul，直义是"如同金子和蓝天一般"。

Da parte a parte pasar（vp.从一处到另一处）	ciuo' cuo	穿過
De proça palavra（pp.用明白的语言）	min chia'	明講
De minha parte（pp.从我的方面）①	ti ngo	替我　代我
De partir（pp.有根据），praticar（vi.谈话、交谈）	chia' te hau – quei chia'	講得好 - 會講
De passada（pp.顺道、顺便）	schin cuo	行過
De palavra（pp.以口头方式）	mien chian	面講

（76b）

De parte（pp.远距离、从远处），seorsum（ad.①单独、个别地 ②有所不同地）②	cie pien	這邊　這壁　廂這傍
Depenar aves（vp.拔禽毛）	ciuon mau	撚毛③
Depenar barba（vp.拔胡子）	ciuo' siu	拴鬚
Depender（vt.悬挂）④	cua chiy	掛起　懸起
De proposito（pp.有意、蓄意）	cu y – yeu sin	故意 - 有心　主意
De perto（pp.在附近、靠近）	chijn	近　邇　僅
Depenicar, pelar（vt.拔毛，剥皮）	ciuo' mau	拴毛
De principio（pp.起初）	tam zu – cu sci cie	悉先時⑤　當初 - 古時節　先前　原先
Depositar（vt.寄存、委托）	chij	寄付　寄付　寄托　托付
De pouco em pouco（pp.一点一点、逐渐）	sciau sciau	少少
De porta em porta（pp.挨门挨户）	ye cu ye cu – yen	一戶一戶

---

① 此句的开首补有叹词"O"（哦！啊！），盖表示：请为我着想吧。

② 拉丁语副词。

③ "撚"，字也作"捻"。所标 ciuon 并非其音，是另一字，即下一条的"拴"（《康熙字典》释为"拣"）。"撚"和"拴"都没有拔义。

④ 今作 dependurar（=pendurar，悬挂）。

⑤ 三字系后手插入（"悉"，谦辞），未注音，所注之音为"當初、古時節"。

		me' – chia chia	沿門 - 家家逐家 派門①
Depois（ad.随后、以后）		ye sci chie'	一時間 翜時間② 不久時
Depois da manha（pp.早晨之后）		min zau	明早 来朝 翼晨③
De prouincia em prouincia（pp.从一省到另一省）		co sen	各免 各省 两省 两免④
Deputar（vt.选定、委派）		chian tin – fen tin	講定 - 分定 言定
De quando em quando（pp.时而、经常）		ciao' ciao'	常常 源源
De quatro maneiras（pp.以四种样式）		ssi jam	四樣
De quantos em quantos（pp.几个几个）		chij co ye toi	幾箇一堆 多少一處
De ca pera la（pp.忽而这样忽而那样）		lon	亂⑤
De que maneira（pp.以什么方式）		cen mo ja'	什麽樣 怎麼樣⑥ 怎麼規矩
Dereito ciuil（np.民法）⑦		fa tu – ciau – vue' çuj	法度 - 詔⑧
Dereito, rectus（a.笔直的）⑨		cie	直

---

① 谓挨家挨户摊派，"泒"为"派"之误。

② "翜"，此处通"霎"。

③ 犹"翌晨"。

④ 注音为"各省"，其余三词系后手补写。"各免""两免"，含意不明，或许想写"各面""两面"。

⑤ "乱"的繁体字。《干禄字书》："乱、亂，上俗下正。"

⑥ 此词先写，故有注音，再补写前后二词，就不另注音。以下凡注音对应于第二个词，也多类此。

⑦ dereito，今拼 direito（n. 法律 a. 笔直的）。

⑧ "詔"字前写有"紹"，以点墨删除。最后两个字音未见汉字，似乎是"文书"。

⑨ rectus（笔直），拉丁语形容词。因 dereito 又指法律，故有此补充说明。

葡文	注音	漢文
Derabar（vt.截尾）, cortar rabo（vp.割去尾巴）	con ui	砍尾
Derrabado（a.截掉尾巴的）	mo yeu ui pa	没有尾巴
Derradeiro（a.最后的、末尾的）	sa ui	弑尾①
Derramar（vt.倾倒、洒、溢出）	tau sie	倒些

（77a）

葡文	注音	漢文
Dorancar（vt.拔出）②	cie chij	扯起③ 豎起 扶起
De raiz（pp.连根、深入）	lien chen	連根 帶尾
Derrear（vt.压弯、殴打）	ta giuo' yau	打軟腰
Derreado（a.弯腰的、疲惫的）	yau ten	腰疼
Derreter（vt.融化、溶解）	yium	融 消了
Derretido（a.融化了的）	yium liau	融了
De revez（pp.用手挡开、往斜里）	po cai	撲開 搋開 推開
De reste（pp.其余、此外）	ta ciu	大貯④
De riba（pp.从顶部）	scia' teu	上頭
Derribar（vt.推倒）	ta tau	打倒
De riba a baixo（pp.从上到下）	scia' teu schia teu	上頭-下頭
De rosto a rosto（pp.面对面）	mie' tuj – mie' lie' – tui lien	面對-對面 覿面⑤
De rua em rua（pp.从一条街到另一条街）	tiau tiau chiai	條條街
Desabafar（vt.透气、流通空气）	cio chij	逐熱氣⑥
deshabitado（a.空无人居的、荒凉的）	len tan	冷淡
Desaccatar（vt.轻蔑、不敬）	siu gio	羞辱 慚愧 羞愧

---

① "弑"通"杀", "杀尾"即收尾。
② 今拼 desarrancar（拔出）。
③ "起", 注音原为 ghij, 后改作 chij。
④ "貯"（貯）, 疑即"注"。"大注", 指赌博时把余钱都押上。
⑤ 三条注音当写为"面对、面脸、对脸"。
⑥ 注音为"逐氣", 其中后一音原记作 ghij。

Desacostumar（vt.改变习惯、改掉恶习）	pien	变
Desacostumado（a.改变了的、不习惯的）	pien liau	变了
Desacompanhar（vt.不再陪伴、离弃）	mo yeu pon	没有伴　無侣　無伴
Desaccupar（vt.腾出空、使清闲）①	çin schian	清闲　自在
Desafrontar（vt.报仇、雪耻）	ti gin cio chij	替人出氣
Desafferrar（vt.松开、解开）	fao'	放
Desafeiçorar（vt.改变做法、弃绝旧习）	cai co – cai pien	改过 - 改变②
Desafeitar（vt.卸妆）	ssi to fen	洗脫粉③
Desafiar（vt.挑战、刺激）	chian sian ta	講相打　塞鬧　厮打

（77b）

Desagastarse（vr.和解）	cua' liao'	大度量　宽量④　弘量　大襟懷
Desagasalhar（vt.剥夺居所、不予庇护）	pon cio chiu	搬出去
Desagradeçer（vt.不报恩）	van nghen	忘恩
Desagradeçido（a.忘恩负义的）	uu gni	無義
Desayroso（a.不雅的、丢人的）– que não ter graça（cl.没有风度的人）	po scia' jen	不上眼　不堪着目
Desaliuar（vt.卸货、减轻负担）⑤	chia' chijn	减輕
Desamar a outro（vp.不再喜欢、嫌弃某人）	schien cen ta	嫌憎他⑥　悪他　惱他
Desamorevel（a.冷淡的、无情的）	sin nghen – uu nghe'⑦	性硬　性剛　性執

---

① 今拼 desocupar（腾出空、使宽心）。
② "过""变"二字均简写，不作"過""變"。
③ "脱"，"脫"的异体字，本词典上以写为者居多。另可参看词条 Afeitar（妆饰，36a）。
④ 注音为此词。
⑤ 今拼 desalijar 或 desaliviar（减负、减压）。
⑥ "嫌"，写为 嬚。
⑦ 后两个字音似可写为"无恩"。

Desamarrar（vt.解开）	*chiai liau*	解了
Desandar（vt.使退后、后撤）	*toj heu lai*	退後來 斬後來① 站退些
Desaparelhar（vt.弄乱、毁坏、拆除）	*ta lon*	打乱②
Desaparelhado（a.乱糟糟的）	*po ci*	不齐佫③ 胡亂 欠整理
Desapareçer（vi.消失、隐没）	*po chien liau*	不見了
Desapertar（vt.解开、松解）	*fan su' sie*	放鬆些 放寬些
Desapegar（vt.扯脱、揭下）	*ciu to*	除脱了 除下了
Desappartar（vt.分开、挑拣）	*fen cai*	分開
Desaquietar（vt.使恢复平静、平乱）	*cau lon*	缴乱
Desamar（vt.①卸甲 ②拆卸）		
– armas（武装）	*to quei chia*	脫鎧甲 解衣甲
– igreja（教堂）	*za ssi – ce to*	拆脫④
Desarmado（a.解除武装的、无兵器的）	*mo yeu schiu' chij*	沒有凶器⑤ 無利器
Desassado（a.折断翅膀的、垂头丧气的），não ter assas（vp.没有翅膀）	*mo yeu chij chiau – ju ciuo'*⑥	沒有計較 無机謀
Desastre（n.灾祸、不幸）	*quei chij*	費氣⑦
Desastrado（a.遭殃的、不幸的）	*scie sci – toi sci*	失時 退時 命不濟

---

① "斬"，似为"站"之误。
② "乱"（乱）为简写，下一例"亂"则是繁体。
③ "佫"写成佫，未标字音。
④ *to quei chia*，对应于"脫鎧甲"，其中的 *quei* 一音似应写为"盔"；*za ssi*（拆事?），未见汉字，前一音疑为"拆"的方言读法；*ce to*，对应于"拆脫"，即拆掉。
⑤ "凶"写为㐫。
⑥ *ju ciuo'*（愚蠢），未写出字。
⑦ 当为"晦气"。"费气"指怄气、动怒。

Desatinar（vt.使发疯）	jen qum	眼旺①
Desatar（vt.解开、松脱）	chiaj to	解脱
Desatentado（a.疏忽大意的）	po can – po siau sin	不看 - 不小心　欠提點

（78a）

Desauirse, desconçertarse（vr.不合、生龃龉，发生纠纷、混乱无序）	zo po cin	不成就　做不成②　不能為
Desaventura（n.厄运）	quei chij	廢氣③
Desaventurado（a.运气不好的）	min chium	時運相左　命窮④　造化不濟
Desbaretar（vt.脱帽）	to mau – ciu mau	脫巾　脫帽　除帽　鮮帽⑤
Desbaratar os emigos（vp.击败敌人）	sciu pay	輸敗
Desbaratar façenda（vp.挥霍资产）	pai	敗貨⑥
Desbaratado（a.挥霍一空的）	chium liau	家力不如窮了⑦　貧難消乏
Desbarbado（a.没有胡须的）	mo yeu siu	沒有鬚　無鬚
Desboccado（a.满口脏话的、言语粗鲁的）	ziu pai lan – cheu po hau	嘴敗賴⑧-口不好
Descabezar（vt.砍头）	con teu	砍頭
Descabelar（vt.弄乱头发）	sa' fa	散髮
Descabelado（a.头发蓬乱的）	pi fa	披髮

---

① "旺"（旺），疑为自造字，即"狂"。
② 注音为此三字。
③ 当为"晦氣"。
④ 注音为此二字。"穷"字简笔，不作"窮"。
⑤ "脱帽、除帽"为中士先写，有注音；"脱巾、鲜帽"似为西士补写，无注音。
⑥ 犹败家子，"貨"字缺注音。
⑦ 注音为此二字。本例"窮"字写的繁体。
⑧ "賴"误读为"懶"音。

Descair d'officio（vp.降职）	chian	降了官① 謫官
Descaido da galinha（np.鸡内脏）	chij con sin tu fi	雞肝肺心 鷄臟腑②
Descalçar（vt.脱下）	– çapatos（鞋子）to schiaj – botas（靴子）to schio	脱鞋-脱靴③
Descalço（a.赤脚的）	cie chio	赤脚　洗足
Descansar（vt./vi.解乏、休息）	schie schie	歇一歇④　暫休息
Descanso（n.休息）	çin schia'	清閑
Descaregar embarcação（vp.卸船） – de animalo（从牲畜身上卸货）	pon cum pon chin	搬空-搬輕
Descarne（vt.使消瘦）⑤	mo la' ngo	磨爛我
Descarnar（vt.剔肉）	co gio	割肉
Descubrir（vt.掀开、揭露）⑥	schie' cai	掀開
Descubrirse（vr.表白、暴露）	scio cio	説出　言来　話来
Descubrir segredo（vp.揭露秘密）	chian si, cua cai	講私⑦　話開
Descuberto（a.无遮盖的、暴露无遗的）	po cai	不盖　不曾遮掩
Descubertamente（ad.公开场合下、不加掩饰地）	ta' ciu' gin chian	當衆人講 公衆説

---

① 仅"降"字有注音。
② 注音依次为"雞　肝　心　肚　肺"。"鶏"同"雞"。
③ 两例"脱"字的右旁略异。
④ "一"字缺注音。
⑤ 拼法有疑，末尾似脱字母 r。此词与下一条当为同一词，今均拼作 descarnar（①剔肉 ②使消瘦）。
⑥ 今拼 descobrir（掀开、揭开）。
⑦ "私"（𥝠），"私"的异体字，《敦煌俗字典》"私"字条下录有数例。《干禄字书》："𥝠、私，上俗下正。"

（78b）

Desconsolar（vt.使忧伤、使沮丧）	sin çiau, çiau zau	心憔懆　心悶①
Desconcertar（vt.弄乱、破坏 vi.不和）	lun lon	弄乱
Desconfiar（vt./vi.怀疑、猜忌）	gni cuo, po sin	疑惑 - 不信
Desconhecido, ignoto（a.陌生的，未知的）	po gin ta	不認得② 不相識
Desconhecido（a.不感恩的、忘恩负义的）vide desagrad.do③		
Descompassado（a.无节制的、过分的）	uu quei chiu	麽格式④ 無規矩 不成体面
Desconcordar（vt.导致分歧、使之失和 vi. 不一致、不协调）	po tum – po ho	不相年 不同 - 不和 殊異 各另⑤
Descontar（vt.扣除、打折扣）	tui su	對数⑥
Descontentar（vt.使人不高兴、引起不满）	po ngoi – po cuao' schi	不爱-不歡喜 不樂 不悅⑦
Descortes（a.粗野的、没礼貌的）	po schiau li su, po ci li su	不曉礼数 不知礼⑧
Descorrer（vt.走过；谈及、思考 vi.漫步；漫谈、遐想）⑨	zeu pien – imaginar（想象）siao' pie'	走遍 - 想遍

---

① 注音为"心憔、憔懆"。
② ta，疑为"他"。
③ vide（参见），注释、参引时常用的拉丁语提示词。后一词当为desagradeçido（忘恩负义）的略写。
④ 与注音对应的是"無規矩"，补写于其前的"麽格式"，等于说没有格式。
⑤ 先笔写的"不同 - 不和"，有注音，其余均为后手所补。
⑥ 此例及下一例"数"，也都是简笔。
⑦ "悦"，旧"悦"字。
⑧ 注音末了有"数"字。
⑨ 此词今拼discorrer，及物、不及物通用。

葡汉词典　133

Descoroçar（vt.使气馁、使灰心 vi.气馁、沮丧）vide desanimar①

Descorar（vt.使退色 vi.变苍白）　　tan ya' se, tui pie' ja' se　　淡顔色-退色　改色②

Descoser（vt.拆开、拆线）　　za'　　拆③

Descosido（a.开线的、脱线的）　　za' liau　　拆了

Discrepar（vi.有差异、不同于）　　vide desconcordar

Descreto（a.审慎的）　　zum min　　聰明　聰慧

Descuido（n.疏忽大意）　　po siao'　　豈料　何期　不想　不料　豈想　詎意④

Descuidado（a.不留神的）　　po ti tien　　不提點

Desdanhar（vt./vi.蔑视、小看），dizer mal（vp.说坏话）⑤　　sciuo quai　　説壞

Desda qui（pp.自从）⑥　　cie li chij　　這裡起　此處起

Desda hi（pp.从这里起）　　cie li chij　　這裡起　那所在起

Desda li（pp.从那里起）　　na li chij　　那裡起

Desdentão（pp.从那时起）⑦　　na sci cie　　那時節　彼時

Desde moço（pp.从年少时起）　　zum siau chij　　從少起⑧

（79a）

Desdentado（a.没牙齿的）　　mo yeu ja ci　　沒有牙齒　無齒

---

① *vide*（参见），此处指参看词条 desanimar，但该词未见立条。
② 后四个字音当写为"退变颜色"。
③ 此例及下一例"拆"，注音有疑。
④ 这一串六个词，有白话有文言，都表示未能想到，即考虑欠周；先写的是"不想"，有注音，其余为后手所补。
⑤ desdanhar，今拼 desdenhar，及物与不及物均通用。
⑥ 今拼 desde que（从……起）。
⑦ 即 desde então（从那时起）。
⑧ "少""小"同拼，都作 *siau*。

Desditoso（a.倒霉的）	uu zau cua	無造化　勿造化
Desdicerse（vr.翻悔、另谋）	çiuo' chij	旋計　生謀　轉計① 生計
Desde principio（pp.自一开始）	ta' zu chij	當初起　起初時
Desde começo（pp.自一开始）	sien çie' chij	先前起　原先起
Desdourar（vt.剥去涂金）	ciu chijn	除金
Desdobrar（vt.打开、散开）	ta san – ta cai	打散 - 打開
Desdobrado（a.打开的、散开的）	ta san liau	打散了　釋散了
Desecar（vt.使枯干）②	cu çiau	枯焦
Desejar（vt./vi.想要、渴望）	ngoi – yo – yau	嗜愛　爱-欲-要③　欲要
Deseiado（a.想要的、愿望中的）	ngoi	爱
Deseio（n.意愿、欲望）④	sie	惜　憐惜　爱惜
Desejoso de honra（np.想望荣誉、爱面子）	ngoi gin cin chij ta	爱人稱巳大⑤
Desembaraçar（vt.清理、解除）	chiai caj	解開
Desembaraçado（a.已清理的、无阻碍的）	chiai cai liau	解開了
Desembarcar（vt.卸船、卸货）	pon scia' yai	搬上崖
Desembargar（vt.启封、发还）⑥	lin quei – ta' cuo' lin	領回 - 當官領⑦

---

① 注音为此词，
② 今拼 dessecar（弄干）。
③ 先笔写的三个单音词 "爱、欲、要"，各有注音。"欲" 字写为 欲。
④ 今拼 desejo（愿望、欲念）。
⑤ 即喜欢听人夸奖。"巳" 为 "己" 之误。
⑥ 此词有法律含意，指将没收、封存的物品发还事主。
⑦ 盖指当面领回被查扣的物品。

Desembaynhar（vt.拔出刀剑）	cai – cio siau	開 - 出鞘
Desembolsar（vt.掏出钱包、花销）	caj cuo pau – ciu cio yin zi	開荷包　取出銀子
Desembolcerse（vr.开启、显露）	schie' cai	掀開
Desembuçar（vt.揭除面纱等、使显露）	ce cai – po cai	扯開 - 不開①
Desembuçado（a.被揭开的）	cie cai liau	扯開了
Desemburulhado（a.[包裹等]打开了的）	chiaj cai liau	解開了

（79b）

Desemparar（vt.松手、放开、缓和）	po cuoa' ta	不管他　莫理他
Desemparado（a.松开的、放手的、自由的）	uu gin cia' cuoa'	無人主持　無人撐管　勿有人理②
Desempachar（vt.清障、使通畅）	sin sum	心鬆
Desempurrar（vt.教化、摆脱愚昧）③	ta to ngau sin	打脱憴性
Dessemelhar（vt.使不一样、有别于）	po siao'	不相似④　各異
Dessemelhante（a.不同的）	po siao' – po tu'	不同⑤
Desencapestrado（a.解开缰绳的）⑥	ma uu chia'	馬無韁
Desencarcerar（vt.释放出狱）	fan chie' – cio chie'	得脱縲絏　放監 - 出監　脫獄　出禁⑦

---

① "不"，疑为"剥"之误，否则意思不通。
② 注音为"無人撐管"，后补的"無人主持"。
③ 今拼 desemburrar（教育、开启智识）。
④ 注音为"不像"。
⑤ 注音为"不像、不同"。
⑥ 今拼 desencabrestado（松韁的）。
⑦ 先笔写的"放監 - 出監"，有注音，余为后笔补写，墨色较淡。"縲絏"，捆绑犯人的粗绳子。

Desancorar（vt./vi.起锚、启碇）	cie chij tin – cau tin	車起椗① - 繳椗 絞椗② 起椗
Desencouar（vt.从洞中弄出）	gua cio lai	㧯出来③ 鋤出来 取出来
Desencayxar osso（vp.骨头脱位）	cio nui	出𩩲④
Desencostar（vt.撤走支撑物、使独立）	po cau	不靠 不依
Desenfadar（vt.排遣、解闷）	schien – schie ie schie, ua' scia	閑 - 歇一歇 耍耍
Desenfrear（vt.卸套）	ciu pi teu	除轡頭
Desenfreado（a.无辔头的、难驯服的）	ngau ma	慪馬⑤
Desenforcar（vt.从绞架上放下）	chiay schia tiau ssi ti	觧下吊死的 除下縊死的
Desenfeitiçar（vt.逐蛊、驱邪）	y cu pin	醫蠱病
Desenfastiar（vt.开胃、引发食欲）	cua scie	化食 消食
Desenganar（vt.使醒悟、劝说）	chia' cin yen	講真言 説實話
Desengraçado（a.乏味的、不雅的）	mo ciu	沒趣 沒意思
Desendiuidar（vt.清偿债务）	quam zai	負借酧完 还債了 酧畢所負⑥
Desenterrar（vt.发掘）	gua cio laj	㧯出来

---

① "車"，作动词，用绞车起锚；"椗"通"碇"，即锚。《闽南方言大词典》19页，有词条"起碇"。
② "繳"，通"絞"。
③ "㧯"，同"挖"。
④ "𩩲"（骨肉），疑为自造字，即"内"。
⑤ 即骜马，不听话的马。
⑥ 注音为"还债"；"还"字简笔，不作"還"。"酧"，疑为"酬"字的误写："負借"，即债；"酧完"，指还清。

（80a）

Desentoar（vt./vi.唱跑调、走音）	*chiau lon yin*	搅乱音
Desencolher（vt.展开、伸开）	*scin chio*	伸脚
Desenquietar（vt.使不安）①	*luon*	乱
Desencerrar（vt.取出、解除）	*cai*	开
Desencalmar（vt.消暑 vi.凉爽下来）	*tien liao'*	天凉
Deserdar（vt.剥夺继承权、不予分享）	*po fen*	不分
Deserto *vide* descanpado（a.荒凉的、无人居住的）		
Desesperar（vt.使绝望 vi.失望）	*po siao' – po cau – po lia'*	不想 - 不靠②
Desesperado（a.绝望的）	*po siao' liau, po teu*	不想了　不料到③
De sete em sete（pp.七个七个[一数]）	*çie co ye chij*	七箇一起
Desfalecer（vt.使疲软无力 vi.虚弱、瘫软）	*mu' ssi*	朦死
Desfacerse（vr.融化）④	*yum – cua*	蝎⑤ - 化
Desfazerse（vr.损坏、破碎）	*ce liau*	拆了　断了
Desfeçar（vt.开启、放射）⑥	[……] *ta cai,* d'arco（指开弓放箭）*fa' cai*⑦	打開 - 放開
Desforme（a.畸形的、丑陋的）	*ceu*	醜

---

① 今拼 desinquietar（搅烦、使心乱）。
② "不想"，不再去想；"不靠"，没有指靠，意思都是指望不上。*po lia'*（不量），未写出字。
③ "不料到"（"到"字为后笔所补），无法料想，即没有希望。*teu* 一音有疑，可能将 "料" 误读为 "斗"。
④ 其后还有一词，难以辨识。
⑤ "蝎" 为 "煬" 之误。"煬"，《广韵》阳韵解为 "释金"，《集韵》解为 "烁金"（字又作 "烊"），都指熔化金属。*yum* 一音似乎指向 "融"（113a，119a），但 "煬、融" 二字本就音近，闽南话里甚至同音，都作 [iong²]（见《发音字典》）。
⑥ 今拼 desfechar（开启、开火、发射），又有不及物用法，指迸发、爆发。
⑦ d'arco，插写的葡文词，对应于 "放开"；*ta cai* 的前面也有一个葡文词，难以辨识。

Desfigurado（a.变丑了的）	lien pie' liau	面变了① 颜色更易
Desgraçada vide desgraça		
Desgraça（n.厄运、不幸）vide desastre②		
Desgludar（vt.撕开粘贴物）③	ce to	扯脱
Desgostar（vt./vi.讨厌、反感、恼火）	schien–çen ta	嫌④ 憎他
Desgabar（vt.责备、非难）	scio quai	說壞 謗言 譏諭⑤

（80b）

Desleal（a.不忠诚的）	po ciu', ma'	不忠-閩⑥
Desiguoal（a.有区别的、不一致的）⑦	po tum	不同-不一 不齊
Desmajar（vt.使昏厥 vi.昏厥）⑧	mun ssi	朦死
Desmajarse（vr.昏厥、失去知觉）	mu' ssi liau	朦死了
Desmandarse（vr.离群、跑散）	to chiu'–li chiu'	脫群-離群 脫陣
Desmandado（a.跑散的）	to liau chiu'	脫了群⑨
Desmasiado（a.过多的）	yum po çin–yu sin	用不盡-餘剩 羨餘
Desmentir（vt.揭穿、否认）	ni sciuo qua'	你說謊 汝虛言 汝謊說

---

① 注音为"臉变了"。
② 见词条 Desastre（77b）。
③ 今拼 desgrudar（开胶、脱开），也有不及物用法，指脱离。
④ "嫌"写为嬚。
⑤ "諭"为"譽"（誉）之误。
⑥ 疑为借音字，即"瞞"或"蛮"。可比较闽南话："閩"[man²]；"瞞"[mua²]、[muan²]；"蛮"[man²]。或者潮州话："閩"[mang]；"瞞"[muan⁵]；"蛮"[mang⁵]。（见《发音字典》）
⑦ 今拼 desigual，又转指不平等、不公道。
⑧ 今拼 desmaiar，及物、不及物均通用。
⑨ 这例"脫"字与先此所写的"脫"有微细差异。

Desmereçer（vt./vi.不相配、不值得）	*po coi*	不該　不着
Desminçar（vt.剁碎）	*çie sui*	切碎
Desobrigar（vt.免除义务、解除债务）	*giau*	饒
Desobedecer（vt.不服从、违抗）	*po schiau – po sciuo'*	不孝 - 不順　忤逆　悖逆
De souejo（pp.多余、过多）①	*yu scin*	餘剩
De sobresalto（pp.突然、冷不防）	*cuo gen*	忽然
Deorelhar（vt.刵刑），tirar as orelhas（vp.割掉耳朵）	*co gi*	割耳
De sol a sol（pp.起早贪黑）②	*tum pie' si pien*	東邊 - 西邊
Desonesta molher（np.下贱的女人）	*yin fu*	滛婦③　滰婦
Desonestas palavras（np.不雅的言语、流话）	*ngo cio cua*	齷齪話④　不入耳的話
Desonrar（vt.败坏名誉）	*quai min scin*	壞名声　損名譽
Desonrado（a.可耻的）	*po cia' çin*	不長進⑤

（81a）

Desordenar（vt.弄乱）	*lon*	乱
Disorden（n.纷乱无序）	*mo yeu ci si*	没有次序　不次第
Desnaturarse（vr.放弃国籍或公民权）	*pau çi' chij zu – li schia' cio chia*	抛親棄祖 - 離鄉出家
Desnecesario（a.不必要的、多余的）	*po yum*⑥	
Desparar artelarias（vp.开炮）	*fan*	放銃⑦
Despachar（vt.发送、寄递）	*fa schia*	發下

---

① souejo，今拼 sobejo（富余、多余的）。
② 直译为"从太阳 [出来] 到太阳 [落山]"。
③ "滛"（淫）写为 濰。
④ "齷"（齷），即 齷。
⑤ "長"字写为 长，左上角有调符，表示读上声。
⑥ 未写汉字，当为"不用"。
⑦ "銃"字未见注音。

Despachado（a.已发送的、已派遣的）de mandarin（指官府）	fa liau	發了
Despacho del Rei（np.来自皇帝的函件）	ciau sciu – pai piau, cau sci	詔書-牌票 告示
Despensa（n.食品储藏室）	cu fan	庫房
Despensiero（n.管事、管家）	cu zi – cuo' cu fa' ti	庫子-管庫房的
Despegar boa bofetada（vp.打一记耳光）	ta ye cia'	打一掌
Despedaçar in migalhas（vp.弄碎、撕碎）	ce suj – ce zu lia' pie'	扯做兩邊① 破開
Despedaçado（a.弄碎了的）	ce sui liau	扯碎了 挓破了②
Despender（vt.花费、消耗）	yum	用
Despesa（n.开支、费用）	yum liau	用了
Despejar（vt./vi.搬走、腾空）	po' cum	搬空
cousa de vaso（np.指坛、罐等容器）	tau cum	倒空 傾盡
Despejado（a.空空的）	cum liau	空了 尽了③ 麼有了
Despedir（vt.辞退、撵走）	can cio chiu	趕出去
Despedirse（vr.辞别）	zo ci – zo pie	相辭④ 作辭-作別 告別 相別
Desperdizar a facenda（vp.挥霍钱财）	zu yum	麁用⑤ 常用
		（81b）
Desperdizado（a.挥霍成性的 n.败家子）	pai chia gin	敗家子⑥

---

① 注音为"扯碎、扯做兩邊（边）"。
② 无注音。"挓"，疑即"挣"或"撑"。
③ "尽"字简写，不同于上一例"盡"。
④ "辭"字为繁体，不同于下一例"辞"。《洪武正韻》支韵："辭，俗作'辞'"；其下另列有"辞"字条。
⑤ "麁"，古"粗"字。
⑥ 注音为"敗家人"。

o contrairo（cp.反义词）	çin chia zi	浪荡子　不才子　進家子　創業之子　成家子
Despirse（vr.脱衣）	to y fo	脫衣服
Despir a outro（vp.给某人脱衣服、扒掉某人的衣服）	po y fo	剝衣服　去衣服
Despoer, prantar（vt.栽种，种植）①	i – zai cuo	移　栽過②
Dispozição boa（np.心情好）	cin scin	精神
Dispozição maa（np.心情不好）	po cin scin	不精爽　不精神　不爽利　不快
Despouoar（vt.迁出、腾空）	pon chiu	搬去
Despojar（vt.劫掠、抢夺）	cia' cuo	搶貨
Despouvado（a.迁出的、荒芜的）	pon chiu liau	搬去了
Despojo（n.抢来的东西）	cia' cuo liau	搶貨了
Despois（ad.随后、以后）③	ye ssi chia' – heu lai	一時間 - 後来
Despois que（adp.自某时起、在……之后）	heu laj	後來　嗣後　到後
Despois d'amanhãa（adp.从明天起）	min ge – heu ge	来日　明日 - 後日
Despontar（vt.折断尖头）	tau zui chie	刀嘴缺
Despraçer（vi.使反感）*vide* dessistar④		
Despreçar（vt.轻忽、藐视）	po li	不理　不管
Desprecado（a.疏忽大意的）⑤	po pa ta' su	不把當數⑥

---

① despoer，即 dispor（栽种、移植）；prantar，今拼 plantar（种植）。
② "栽"为"栽"之误。
③ 与 Depois（76b）是同一词。
④ 未见立条，似即 desistir（拒绝）。
⑤ 系 desprecatado（疏忽、不慎）的旧拼或笔误。
⑥ "當"字的右上角记有调符，表示读去声。

Despregar com mão（vp.用手拔出钉子等）	ciu cio tin – ta cio tin①	不着意 取出釘 - 打出釘
Desprezarse（vr.自惭、自贱）	siu quei	羞愧　惶恐
Despreçivel（a.可耻的、下贱的）	siau gin – ceu gin	醜人　不好人　歪人　歹人　邪人　恶人②

（82a）

Desquitarse（vr.离婚），repudiar（vt.休妻）	y chij çi③	
Desquitarse（vr.报复），fazer justisa（vp.伸张正义）⑤	yn cui lai	贏田来④
Desque（prep.自从）vide desde		
Destelhar（vt.拆除屋瓦）	ce gua	拆瓦
Desterrado andar（vp.远离故乡）	li schia'	離鄉　別家
Desterrar（vt.流放、发配）vide degradar		
Destelhar（vt.拆除屋瓦）⑥	ce gua	拆瓦
Destetar a crianza（vp.给孩子断奶）	ton giuj – ton naj	断乳⑦
Destemperar（vt.稀释、冲淡）	zan ho	掺和
Destapar（vt.打开盖子、塞子等）	cai – ce cai – ciu cai	除開⑧
Desta maneira（np.这种方式）	ce ja'	這樣 - 只等⑨

---

① 后三个注音的上方加写有葡文"com forza（用力），ferro（铁、枪尖）"。
② 注音为"小人、丑人"。
③ 未见汉字，当为"遗弃妻"。
④ desquitarse 有离婚和复仇二义，故分别用意义相当的葡文词对释。
⑤ "贏"为"赢"之误。
⑥ 重复的条目，唯"拆"字的读音记法略异。
⑦ 注音为"断乳、断奶"。
⑧ 注音为"開、拆开、除開"。
⑨ "只"，指代词，等于"这"。

Destra conta（np.聪明的想法、机智的主意）	zum min, quai chiau	聰明　乖巧①
Destribruir（vt.分发、分类）	fen caj	分開
Destroçar（vt.换回[已成交的物品]）	cua' quei lai	換回来
Destroçado（a.换回的）	cua' quei lai liau	換回来了
Destroydo（a.被毁的）	pai liau	傾廢　敗了-威　頹敗②
Destroir（vt.摧毁）	pai	敗
Destorcer（vt.①弄直、松开②治疗扭伤）	pi	疲③
Desuariar（vt.使发狂、引起幻觉 vi.发疯、神志不清）⑤	fa ge, cu sciuo	陽狂④　發熱糊説

（82b）

Desuiarse（vr.偏离）	schin zo lu	行錯路
Desusado（a.过时的、废弃不用的）vide desacostumado（a. 改变了的）		
De tal maneira（pp.以那种方式）	na ja'	那樣
Determinar（vt.决定、确定、下决心）	y tin	議定　説定 講定　言定
Deter pessoa（vp.拦住、拘留某人）	leu	留
Deterse（vr.停留、耽搁）	man – cci	遲⑥　謾⑦ 淹延　羈遲 遲渾⑧
Detença（n.延误）	cci	遲
Detras（ad.在后面）	heu teu	後頭　煞尾 結果

---

① "乖"写成 侉。
② 注音为"敗了"。"威"（灭），写成 㓜；"廢"（废），"废"的繁体。
③ 义不明。
④ 后写的词，无注音。
⑤ 今拼 desvairar，兼有及物、不及物用法。
⑥ 此处及下一条的"遲"，写为 廸、遟。"遲"，"遟"（迟）的省笔俗字。
⑦ 注音"遲"在后，"謾"在前，"謾"通"慢"。
⑧ 末了一字"渾"（渾），似乎有意要写得区别于"遲"。

De tres maneiras（pp.以三种方式）	sa' ja'	三様	
De tres em tres（pp.三个三个[一数]）	ye sa' ye sa'	三箇三箇①	
Deuodo coração（np.虔敬之心）	chien sin	虔心	
Deuaçar（vt./vi.审讯、调查）	scin uen	審問 研審 鞠問 審究	
Deuaçada lugar（np.恣肆放纵的场所）	nau ge	鬧熱 掀張②	
Deuaça molher（np.放荡的女人）	yn fu – po fu	婬婦③-潑婦 潑賤	
Deuagar（ad.缓慢地）	man	謾 緩	
Deuedor（n.欠债人、借方）	zai ciu)(– chien zai, scieu gin zai	財主④)(-欠債人⑤	
De venda（pp.待售、要卖的）	mai cuo	賣貨	
Deuisar por sinal（vp.凭记号划分）⑥	hau teu	號頭	
De vontade fazer（pp.乐意做）	yuon zu	願做 甘做 肯做 甘爲	
Devodo（a.虔诚的 n.虔诚之士）⑦	chien sin	虔心 誠意	
Des vezes（np.十次）⑧	scie ci	十次	

（83a）

Dia breve（np.短短的白天）	ge ton	日短
Dia grande（np.长长的白天）	ge cia'	日長
Dia ruin（np.糟糕的一天、凶日）⑨	po ge	破日
Dia brusco（np.阴天）	tien ngon	天暗
Dia claro（np.晴天）	tien caj	天開
Dia d'ontem（np.昨天）	zo ge	昨日

---

① 注音为"一三一三"。
② 无注音，可能是方言词，义近嚣张。
③ "婬"（媱），即"淫"。《洪武正韵》侵韵："婬，奸（奸）婬，通作'淫'。"
④ 其上有葡文小字 creedor（= credor 债权人）。"財""債"同拼，財主犹債主。
⑤ 符号")("似为后手补写，表示反义关系。注音分三条，依次为"債主、欠債、收人債"。
⑥ deuisar，今拼 divisar（分辨、划分）。
⑦ 今拼 devoto，名、形兼用。
⑧ des，今拼 dez（十）。
⑨ ruin，今拼 ruim（凶险、不吉）。

Dia d'amenhaa（np.明天）	*min ge*	明日
Dia seguinte（np.次日）①	*heu ge*	後日
Dia adiado preferito（np.提前选定的一天）②	*yo tin na ge*	約定那一日③ 期定何日 預期甚日
Diabo（n.魔鬼）	*quei*	鬼
Diante（ad.在前面、在对面）	*çien*	前
Dianteiro（a.前面的）	*mien çie'*	面前
Dianteira（n.前面、正面）	*çie' mien* ④	
Dieta（n.忌食、禁食）	*chiay scie*	戒食
Disipulo（n.弟子、门徒）	*tu ti*	徒弟　門人 門生
Disiprinarse（vr.自惩）⑤	*ta poi*	打背
Didal（n.顶针）⑥	*tin cin*	頂針
Difficultoso（a.困难的）	*na'*	難
Difficultosamente（ad.十分困难、难以）	*na'*	難
Digistir（vt./vi.吸收、消化）⑦	*cua scie*	化食
Dilatar（vt.推迟、延长）	*cuo chij ge – scie chij ge*	過幾日⑧
Diligente（a.勤奋的）	*chin*	勤
Diligentemente（ad.勤奋地）	*chin*	勤
		（83b）
Diminuir（vt./vi.减少）	*chia' sciau sie*	減少些　略減些

---

① 盖指"明天的次日"。"后天"是 depois de amanhã。
② 即 dia adiante preferido，或译"今后优先考虑的日子"。
③ 注音脱"一"字，或者说，汉字多写了"一"。
④ "前面"，未写汉字。
⑤ 今拼 disciplinarse（自鞭、守纪）。
⑥ 今拼 dedal（顶针）。
⑦ 今拼 digerir（消化）。
⑧ 注音尚有"歇幾日"。

Dina cousa（np.值得、应有）① coi te 該得 當得
Dinhiero（n.钱、财富） çien zai 錢財
Dirigir（vt.指引） ci in lu 指引路
Distar（vi.相距、远隔） li chij yuon 離幾遠
Dissimular（vt.掩饰、隐瞒 vi.有所保留） za guei – chie' za 詐偽 奸偽②
Discreto（a.审慎的） quai chiau 倈巧③
Discordia（n.分歧、争执） com maior（对地位高者）po ho, com menor（与地位低者）④ uu gnie 不和 - 忤逆 不恊
Distinguir（vt.区分、鉴别） fen 分
Distintamente（ad.清清楚楚、头绪分明地） fen teu ha' 分頭項⑤
Distingir（vt.使退色 vi.退色）⑥ toi se 退色
Diseguoal（a.不等同的、不一样的） po tu' – po ye 不同 - 不一 異樣
Disputar（vi.争论、争吵） siao' pien 相辯
Distrair（vt.分散注意力、使走神）⑦ sin lon 心乱
Dita（n.运气） zau cua 造化
Ditoso（a.幸运的、有福气的） hau min 好命 好際運
Dito, frasia（n.话，语句） ven chiu – tui 文句 - 對
Dito gracioso（np.诙谐的话） siau cua 笑話 戲談
Diuerso（a.不同的） po tum 不同 異樣
Deuer alienum（vp.亏欠别人的东西）⑧ chien 欠

---

① dina，今拼 digna，即 digno（值得的、相符的）的阴性形式。
② "偽" "偽"，写法略异。据注音，后二字当为"奸詐"。
③ "倈"（佲），即"乖"。
④ 两条葡文短语当对调："不和"，是就与地位相当或低于自己者的关系而言；"忤逆"，则是对位高者或长者而言。
⑤ "項"（项）读为 ha'（han），可比较闽南话 [hang⁴]，潮州话 [hang⁶]（见《发音字典》）。
⑥ 今拼 destingir，及物与不及物兼用。
⑦ 与"心乱"对应的是 distrairse，即该动词的自反式。
⑧ deuer，今拼 dever，作及物动词有二义：亏欠；应该、必须。Aliēnum（别人的东西、他人的财产），拉丁语名词，用在这里是为了明确 dever 的"亏欠"一义。

Diuidir com mão（vp.用手分开）   *fen cai*   分開
 con facha（用斧子）   *cie caj*   切開

（84a）

Divulgar（vt.传播、散布）   *ciuon cai*   傳開
Dixer（vt./ vi.说、讲、谈及）①   *sciuo*   說
Dixer de si（vp.说"是"、同意）   *chia' sci*   講是　說得是

Dixer de não（vp.说"不"、否定）   *chia' po sci*   講不是
Doar em testamento（vp.遗赠、留遗书赠与）   *quei schia*   遺下　放下

Doar pera grande o pequeno（vp.送给位高者或下级）   *sum*   送

 pera pequeno o graça（赏给下人、赏赐）   *scia'*   賞

De luto（pp.穿丧服）   *tai chia' – tai schiau*   戴孝② 穿孝　披麻　居憂

Dobrar（vt.折叠、加倍 vi.加倍、翻番）   *ce chij*   拆③
Dobrado（a.折叠的、双倍的）   *ce liau*   拆了④ 對倍　相侍　倍侍⑤

Dobar（vt./vi.绕线团、转圈）vide debar
Doçe（a.甜）   *tien*   甜　甘甜　甘味

Doença（n.疾病）   *cie pin*   疾病　病恙　厥疾

Doente（a.患病的、虚弱的）   *pin*   病　病患

---

① 今拼 dizer，及物、不及物均可。
② *chia'*（*chian*），疑为"荐"。"戴荐"，即穿草编的孝服。其后的注音才对应于"戴孝"。
③ "折""拆"同拼，此条注音当写为"折起"。
④ 同上条，当为"折了"。
⑤ "相侍""倍侍"（倍=陪），系后手补写。

Doente d'almoremas（np.生痔疮）	ci zan	痔瘡①
Doente dos olhos（np.眼睛不适）	jan ten	眼疼 - 眼疾
Doente de figado（np.肝脏不适）	con ten	肝疼
Doente de baço（np.脾脏不适）	pi pa'	脾脚② 痰核③ 瘡母④
Doente de gota coral（np.痛风病）	jam fun pin	揚風病⑤
		（84b）
Doentia cousa（np.病痛）	gue' cia'	瘟瘴⑥ 嵐 瘟疫 嵐瘴 山嵐 瘴氣 疼
Doer（vi.疼痛）	ten	
Doerse（vr.痛心、悔恨）	schien⑦	
Domestico manso（np.温顺的仆人）	ja' scien liau	善 - 養善了 供膳
Dona, Matrona（n.女主人，主妇）	lau ngon gin	老安人 老孺人 老夫人
Dona de casa（np.家庭主妇），molher（n.妇人）	guo ciu po	屋主婆
Dono de casa（np.男主人）	guo ciu	屋主 房東
Dona virgem（np.姑娘）	nu zi	女子
Domninha（n.鼬鼠）	zum sciu	鬃鼠⑧

---

① "痔"，所写为 疻。其字见于《玉篇》疒部："疻，呼来切，病也。"与"痔"不同义："痔，治里切，後病也"，谓下体不适。另一处写为 痄，可知为借音字。见词目 Almorema（40a）。

② "脚"（脚），似为自造字，即"膀"。其余各字无注音。

③ "痰核"，皮下肿块。

④ "瘡"（瘡），皮肤疙瘩。"母"字有疑。

⑤ 即羊疯病，俗名羊癫疯、羊角风，学名癫痫。

⑥ 字音之间并不点断，可能视"瘟瘴"为复合词。

⑦ 原缺汉字。读此音的字，意思接近的是"嫌"。

⑧ "鼠"写为 鼡。

Donde（ad.①从那里、从此 ②由此、因此）	na li	那裡 那處
Dor（n.疼痛）	tum	痛
Dormir（vi.睡觉、入睡）	sciuj – mien, çin	睡 眠 寢① 卧
Dorminhoco（a.爱打瞌睡的 n.嗜睡的人）	ta tuon	打鈍②
Dor de cabeza（np.头痛）	teu tum	頭痛
Dote（n.嫁妆）	chia zan	嫁粧 粧盒 嫁盒
Doudo（a.疯疯癫癫的）	tien	顛③
Doudice（n.疯癫）	chia' tien cua	講顛話 矇矓話④

(85a)

Doutrina（n.学说、教义）	chijn	經
Doutor（n.博士、学者）	giu çie	儒者 士 文士 秀才
Dourar（vt.涂金、包金）⑤	meau chijn	描金
Dourada peixe（np.金鱼）	chijn si lj	金系鯉⑥
D'outra maneira（pp.另外的方式）	pie ja'	別樣 各樣
D'outra parte（pp.他处、别的方面）	pie su zai	別所在 別處
Dous dias（np.两天）	liao' ge	兩日
Dous anos（np.两年）	liao' nien	兩年 二載
Dragão（n.龙）	chiau	蛟
Driza（n.吊索）	pon lan	篷纜

---

① "寢"写为寢。
② "鈍"为"盹"之误。
③ 即"顛"，参看词条 Caduco（衰老的，55b）。
④ 即"懵懂"，"矓"为自造字。
⑤ 今拼 doirar，包金、镀金、贴金、烫金等均可用此词。
⑥ 可能是锦鲤的别名。注音原记为 chijn si yu lj，将"鯉"字分作"魚"和"里"，发现有误后删去了 yu 一音。

Drogas（n.药材）

Dura cousa（np.坚固的东西）	nghen	硬　坚固
Duravel vestido（np.耐久的衣服）	chijn çion	金穿①
Durar, de fogo, arcos（vp.持续、经久、如火光、弧光）	chijn	金點②
Duvidar（vt.怀疑、不信 vi.犹豫、无把握）	gni cuo	疑惑　疑難
Duvida（n.疑问）	gni	疑
Duzia（num.十二）	scie gi	十二

（87a）③

E

Echacoruo – transfuga（n.化缘修士、冒牌教士–叛徒、叛教者）	poi cuo	悖囯④
Essa（n.灵台、衣冠冢）	sa' si	丧事
Edificar casas（vp.盖房子）	chi fao' zi	起房子　造居　竖造
Edicto（n.法令、告示）	cio pai	出牌⑤
Egua（n.母马）	co ma	騍馬⑥
Egualmento（n.一致、均衡）		正⑦
Eyua – manha（n.裂缝、残疾–缺陷）	pi pin	疲病　残疾
Eyra（n.打谷场）	cuo cia'	禾塲
Eyrado – discouerto（n.露台–敞开的空地）	cum ti	空地　餘地

---

① "金"为"經"之误。"经穿"，即耐穿。
② 似指金光闪烁。"點"（点）字缺注音。
③ 85页反面、86页正反面均为空白。
④ "囯"字为异体，不作"國"或"国"。
⑤ 盖指官方颁发的布告之类。
⑥ "騍"（騍），疑为自造字，即"騍"。
⑦ 此条系补写后插入两行之间，未给注音。

Eyxo de carro（np.车轴）	*chiu lia'*	車梁①
Eyxo de carpenteiro（np.木匠用的轴线）	*pau*	抓②
Elegante falla（np.优雅的言语）③	*ven si*	文 詞 文章
	chia' te hau	講得好
Eligir（vt.挑选）④	*chien – suo'*	揀-撰⑤
		揀擇 選擇
Eloquente（a.有好口才的）	*cui chian*	會講 善論
		好講
Embaixador（n.使臣）	*cin cu' gin*	進貢人 外国貢使⑥
Embainhar（vt.把刀剑插入鞘中）	*scian siau*	上鞘
Embaydor（a.行骗的 n.骗子），prestigiator（n.弄妖术者）	*sie fa*	邪法 異端 妖術
Em baixo（pp.在下面）	*schia*	下
Embassado（a.惊慌的）– empedido（a.碍事的）	*cuan*	慌忙
Embalar（vt.摇晃）– anacar menino（vp.抱摇孩子）	*yau lan*	人摇篮⑦
Em balanças（pp.平衡、平稳）	*pin*	平
Em balde（pp.徒劳）	*qua' fi*	徃费⑧
Embarcar（vt.装船 vi.上船）	*scia' ciuo'*	上舡
Embandeirar（vt.张挂旗帜）	*cie chi*	扯旗
Embaraçar（vt.设障、阻碍）	*cuon lon*	混乱
Embarar（vt.涂抹灰泥）– atapar com barro（vp.用黏土填封）	*fun ni*	封泥

---

① "梁"写为梁。
② 写为抓，据注音似为"刨"。
③ falla，今拼 fala（说话能力、讲话）。
④ 今拼 eleger（挑选、选取）。
⑤ "撰"通"選"（选）。
⑥ "国"，注意写法有别于今"国"字。
⑦ "人"字未见注音。
⑧ "徃"为"枉"之误。

(87b)

Embargar（vt.阻止、查封、扣押）	teu ciu	揽住①
Embraveçer（vt.激怒 vi.起风浪、发怒）	pien li hoi	变利害
Embranqueçerse, o home（vr.发色变白，指人）	po fa	白髪 班髪 班白
Embraços（n.拥抱、搂抱）②	pau	抱
Embeuedarse（vr.喝醉、陶醉）	çiu zui	酒醉 酒酣 酣飲
Embeuer（vt.吸收）③	schi co' liau	噏乾了④
Embeuer o arco（vp.拉弓），tender（vt.伸手、展开）	cai cum	開弓 張弓 拽弓
Embeuido（a.专注的、入迷的）⑤	chien sin	心勤 殷勤 虔心⑥
Embicar（vi.碰到、磕绊）	cua ciu	掛住
Em breue tempo（pp.迅速）	quai	快
Embrenharse（vr.藏进树林），meterse nos matos（vp.躲入荆棘丛）	zao' sa' lin zao' scin san	山林⑦
Embigo（n.肚脐）	tu ci	肚脐⑧
Embolsar（vt.装进口袋或钱包）	tai liau	袋了
Emburulhar（vt.包起、裹上）⑨	chiuon	捲
Emborcar（vt.倾倒、倒空）	fa' cion pu cion	翻轉 撲轉

---

① "揽"（挽），即"搣"（兜）。
② 今拼 abraço(s)（搂、抱）。
③ 今拼 embeber（浸泡、吸入水分）。
④ "噏"（噏），似为自造字，即"噏"（吸）。"噏""吸"均通用，反不见书写。《广韵》缉韵："吸，内息，许及切"；"噏，上同"。
⑤ 今拼 embebido, 本义为"吸满、浸透的"，转指"沉浸""全神贯注"。
⑥ 注音为"虔心"。
⑦ 注音为"藏山林、藏深山"。"藏"字注音有异，他处作 za' 或 zan。
⑧ "脐"（脐），"臍"（脐）的半简化字。
⑨ 今拼 embrulhar（包装、裹扎）。

Embuxar（vt.半遮面）①	*cie lien*	遮面②
Embudo, funil（n.漏斗）	*leu*	漏
Emagreçer（vt.使消瘦 vi.变瘦）	*seu*	瘦③
Emanqueçer（vt.致残、使跛行 vi.瘸拐、跛行）	*chiuo*	痲脚④ 脚疾
Emendar（vt.修改、改善）	*coi*	改
Emendado（a.已改进的）	*coi cuo liau*	改過了
Emudeçer（vt.使安静 vi.沉默、变哑）	*ya liau*	啞了
Empachar o stamago（vt.装载过多、吃撑）	*sin cia'*	心浪⑤
Empada（n.馅饼）	*gio pau*	肉包⑥
Empapellar（vt.用纸包起来、裱糊）	*cci pau liau*	紙包了

（88a）

Emparar（vt.用浆糊糊住）	*cie*	遮 盖 掩
Em par（pp.齐平、并肩）, ir equilibradamente（vp.齐头并行）	*pin*	平
Em parte（pp.一部分）	*ye pien*	一邊
Emparelhar（vt.配齐、使一致）	*ye çi*	一齐 一總
Empantorar, replere（vt.喂饱，装满）⑦	*cuon muo'*	灌满 入满 溢 满 盈
Empeçar（vt.弄乱、阻碍 vi.撞、碰），enchapar（vi.阻拦）	*tie cio*	踢着
Empeçer（vt.阻碍、损坏 vi.受阻、受损）– fazer mal（vp.干坏事）	*hoi*	害
Empeçonhentar（vt.下毒）	*schia to*	下毒 致毒

---

① 今拼 embuçar（遮住脸的下半部、掩盖）。
② 注音为"遮脸"，官话词。参见"变面"（75a）。
③ 注音为"瘦"。
④ 注音为"瘸"。可比较词条 Coxo，对应词也作"痲脚"（63a）。
⑤ "浪"，即"漾"。胃不舒服，俗称心口疼。
⑥ 原写还有第三个字音 zi（子），被画线删除。
⑦ empantorar, 今拼 empanturrar（= empanzinar），又有欺蒙、戏弄之义，故以拉丁语动词 replere（装满、充满）补充说明。

Empedrar（vt.用石块铺路）	*ci scie*	砌石
Empegar（vt.使沉没、使坠入深渊），meterse no pelago（vp.沉入海底）	*tie schia hoi mue'*	跌下海門
Empennar（vt.用羽毛装饰 vi.长出羽毛）	*sen mau*	生毛
Empenhar（vt.典当、抵押）	*tam*	當
Em pedaços（pp.成块、一块一块）	*ye quai ye quai*	一塊一塊
Em pernas（pp.光着脚）	*cie chio*	赤脚　洗足
Emperrar（vt.阻碍、使变硬 vi.僵硬、顽固）	*au sin*	傴性[1]
Em peso（pp.全部）	*ti chi*	提起[2]
Empetrar（vt.恳求、求得）[3]	*tau yeu liau – te*	討有了 - 討得　覓得 求得
Empedir, estoruar（vt.阻止，阻挠）[4]	*zu tan*	阻當
Empige（n.湿疹）[5]	*sien*	癬
Empinar – erigo（vt.竖直 – 竖起）[6]	*fu ghi*	扶起[7]
Empiorar（vt.使恶化 vi.恶化）	*ye fa po hau*	一発不好
Empoar（vt.沾尘、扬尘）	*fi cin*	飛塵[8]　塵埃
Empobreçer（vt.使贫穷 vi.变穷）	*çia' chium*	將窮[9]
Em seu poder – em sua mão（pp.在他掌控之中 – 在他手里）	*scieu li = pin ta* *yeu ta = sui ta*	手裡　憑他 由他　隨他 任他

---

[1] "傴"（伛）为"慪"（怄）之误，后一字见 79b。
[2] 与葡文词目不对应，除非理解为称重量（peso）时把东西一举抬起。
[3] 今拼 impetrar（请求、求得）。
[4] empedir，今拼 impedir（阻止、妨碍）。
[5] 今拼 impigem（湿疹、皮疹）。
[6] erigo（竖起、竖立），拉丁语动词。
[7] "起"字的注音，他处多为 *chi*。但拼作 *ghi* 亦非孤例，见下。
[8] "飛塵"（飞尘），可理解为动宾结构。
[9] 二字都简写，不作"將窮"。

(88b)

Empola（n.水疱）	*scioj pau*	水泡
Empollar（vt.使起水泡 vi.起水泡）	*ghi pau*	起泡
Emportante（a.重要的）	*chin chie*	緊急　緊要
Emportar（vi.要紧、事关重大）①	*chin cua'–siu–yum*	緊関②　須用
		緊關③
Em postas（pp.[鱼、肉等]成块地）	*ye quai*	一塊
Emportuno（a.纠缠不休的、不合时宜的）	*çien cia'*	偷帳④
Empuxar（vt.推、拉、拖）	*sum–tui*	搮⑤-推　進
Em pubrico（pp.公开）	*min zo*	明做
Empunhadura d'espada（np.剑柄、剑把）	*chien teu*	劍頭
Empurrar（vt.推开、撞），duitar（？）	*cia'*	撞
Emprasto（n.膏药）⑥	*cau yo*	膏藥
Empregar（vt.用、花钱）	*mai cuo*	買貨
Empreitar（vt.雇工、承包）	*y tin, pon tuo'*	議定-判斷
		講定
Emprenhar（vt.使受孕 vi.怀孕、受精）	*yeu yin, yeu toi,*	懷孕　有孕-
de home（指人）	*yeu zi*	有胎　有姙
de quadrupede（指四足动物）		姙娠　有子⑦
de alias（指其他生物种类）		
Emprensa pera cortar liuros（np.用来裁	*sciu za*⑧	

---

① 今拼 importar（对……重要）。
② "緊関"原写于上一行，接在"緊要"之后，据注音当在此处。
③ 重复的词，但"關"（关）字的写法有别于上一例"関"。"關"，《玉篇》释为"以木横持门户"，即门闩、户扃，"関"为其俗字。
④ "偷"，古"前"字，当为"欠"，因欠账而遭讨债者纠缠不放。
⑤ "搮"（搮），《篇海》手部收有此字，释为"推"。《闽南方言大词典》457页："搮[san³]，推送。"
⑥ 今拼 emplastro（膏药）。
⑦ 三条注音依次对应于"有孕""有胎""有子"："有孕"指人（"懷孕、有姙、姙娠"为后写）；"有胎"指牲畜，"有子"指虫鸟之类。
⑧ 未见汉字，比照下面的"油揸"（油榨），大概是"书揸"（书铡）。

书的器具）①
    d'azeite（用来榨橄榄油的）   *yeu za*   油揸
Emprensa de taffita（np.塔夫绸的压制）   *chia ceu chiuo'*   夾綢絹②
Em presentia（pp.当面、在场）   *tan mien*   當面 三面③
Emprestar（vt.出借、借给）   *cie*   借
Emprestado（a.借来的）   *cie lai ti*   借来的 移来

Emprimir（vt.印书）④   *yn sciu*   印書
Empressor（n.印刷商）   *yn sciu ti*   印書的

E Ante N⑤

Encabeçar（vt.劝说）   *chiau so*   教唆 唆使 串唆

Encabestrar（vt.套笼头）⑥   *pi teu*   轡頭
Encadear（vt.制作铁链；用铁链锁住）   *cie so lien*   接鎖錬 錬子

（89a）

Encaixar（vt./vi.嵌入、入榫眼）   *teu suon*   擱笋⑦
Encadernar（vt.装订）   *tin sciu*   釘書
Encadernador（n.装订工）   *tin sciu ti*   釘書的
Encalmar（vi.趋于平静、风平浪静）   *fun cin – fun ciu liau*   風静-風住了 風晴

Encalhar d'embarcação（vp.船只搁浅）   *cio' co liau*   舡閣了⑧
    d'outras cousas（或其他东西滞塞）   *chiu zan ciu*   車撞住
Encaminhar（vt.指路、引导）   *cci in lu*   指引路

---

① 今拼 imprensa（压制机、印刷机）。裁纸只是印刷书籍的工序之一。
② 似指印制精装书时夹入绸布面，属于西洋印刷及装订工艺。
③ 盖指三头六面，当面说清。
④ 今拼 imprimir（印刷）。
⑤ "e 在 n 之前"，也即前缀 en-。
⑥ 今拼 encabrestar（给牲口套缰绳）。
⑦ 谓对榫眼。"擱"（擱），即"閗"（斗），指拼接；"笋"，即榫、榫头。
⑧ "閣"通"擱"。

Encantar（vt.施魔法）	nien ceu	念呪①
Encantador（n.魔法师、巫师）	sie fa	邪法
Encanizar（vt.围上竹篱、树篱等）	cio li	竹籬
Encaramelar（vt.使凝固 vi.凝固）	pin	氷
Encartado, homiçiado（n.被流徙者，逃犯）	fan gin	犯人 罪人 囚人
Encareçer, encomendar（vt.强调、夸张，托付、请求）	cio fu	叮囑 叮寧 囑付 分付②
Encarentar（vt.抬价、涨价）	quei chia	價高 貴價 上價③
Encarnar（vi.伤口结痂、开始愈合）	sen gio	生肉④ 鮮肉
Encarcerar（vt.关押、囚禁）	scieu chien	收監
Encarcerado（a.在押的 n.囚犯）	chien li teu	縲絏之中 監裡頭 獄中⑤
Encaregar（vt.委托）	chiau ta cuo'	叫他管 听伊理⑥
Encastrar pedraria（vp.镶嵌珠宝）	siao' pau sci	箱宝石⑦
Ençerrar（vt.收藏、存起）	so liau	鎖了 封了
Ençerar（vt.打蜡、涂蜡）	ta la	打蠟
Encenso（n.香）⑧	giui schia'	乳香
Encensar（vt.焚香、熏香）	sciau giui schia'	燒乳香
Encensayro, turribulo（n.香炉）	schia' lu	香炉⑨

---

① "呪"，"咒"的异体字。
② 先笔写的"囑付"，有注音，另外三个词为后手补写，其中的"囑"字为简笔。"分付"，即"吩咐"。
③ 先笔写的"貴價、上價"，前者有注音；"價高"为后手插入。
④ 当理解为动宾结构，指伤口长出新肉芽。"鮮肉"为后手补写。
⑤ 注音对应于"監裡頭"，为日常用语；后写的"縲絏之中"，属文言表达。
⑥ 即听由其打理，"伊"为方言代词。此例"听"字简笔，不作"聽"。
⑦ "箱"为"镶"之误。"宝"字简写，不作繁体"寶"，但误为"穴"字头（㝉）。
⑧ 今拼 incenso（祭献时烧的香）。
⑨ "炉"字简写，不作"爐"。《篇海》火部："炉，俗'爐'字。"

Ençer（vt.装满、填满、充满）①	*tau muon*	倒满 - 糁② 倾满
Ençimento（n.大量、充足）	*zan muon*	粧满③ 满贮
Ençente（n.上涨、泛滥）	*scioj cia'*	水涨 水泛 水洪

（89b）

Ençer a mare（vp.涨潮）	*ciau cia'*	潮涨 潮溢 潮生
En cima（pp.在上面）	*scia' teu*	上頭
Encobrir（vt.遮盖、掩藏）	*coy – zan*	盖 - 藏
Encolher（vt./vi.收缩、缩小）	*so*	束④
Encolhido（a.①缩小的 ②胆怯的）	*so liau*	束了
Encolhido home, bom genio（np.识分寸的人，好脾气）	*lau scie*	老實 誠確 忠厚
Encomendar（vt.委托、托付）⑤	*cio fu*	嘱付
Encomendas dar（vp.祈福、求神保佑；委托、托付）	*pai scia'*	拜達 拜上 拜福 申意 致意⑥
Encontrarse（vr.相遇）	*çia' iu*	相遇 相逢 適逢
Encostarse（vr.挨近、倚靠）	*cau*	靠 依 倚靠 依倚 倚恃
Encosto de spaldas（np.椅子的靠背）	*cau poi*	靠背
de mãos（靠手）	*cau scieu*	靠手
Encouar（vt.放进地洞）	*fa' zoi cuo li*	放在窟裡 放在地孔裏

---

① 今拼 encher，也作不及物动词，指涨潮、上升。
② "糁"，碎谷粒、粥汤，此处似为"渗"之误。
③ "粧"为"装"之误。
④ 束手束脚的"束"，有退缩义。本词典上未见"缩"字。
⑤ 此词在 89a 出现过。
⑥ 先写"拜上"，有注音，其余均为后手补写。

Encourar（vt.用皮甲护身）	pi cai	皮盖
Encubertamente fallar（vp.暗地里讲）	ssi schia chia'	私下講　私議
Encuberta cousa（np.隐秘的事情）	ssi ssi	私事　密事　密竊事
Encubar（vt.把酒装入桶里），agasalhar vinho（vp.贮藏葡萄酒）	scieu chij ciu	收起酒① 酒漱
Encurtar（vt.弄短、改短、减少）	zu ton sie	做短些
Encuruar（vt.弄弯、屈膝 vi.弯曲、躬身）	chio yau	曲腰
Encrauar（vt.钉钉子、钉住）	tin tin	釘釘
Encrauado（a.已钉上的）	tin liau	釘了
Encrespar（vt.使卷曲、起皱）	çeu	皺
Encriuel（a.不可信的）②	po sin	不信
Encrinar（vi.具有某方面的天性、倾向于）③	sin quai	性快　情性爽利
Encoquinhar（vt.藏匿、躲藏）	tuon tau	踎倒④
Encruzilhada（n.交叉路口）	scie zi chiay	十字街 - 四條街
Endemoninhado（a.中邪的、入魔的）	quei mi liau	鬼迷了　妖崇所惑　邪使
Enderzitar（vt.弄直）⑤	zu cie	做直

（90a）

Endereito（n.方向）⑥	tui mien	對面　當面
En demasia（pp.太、过度），plus nimio（adp.过多）⑦	iu scin	餘剩

---

① "收" 写为牧。
② 今拼 incrivel（难以置信）。
③ 今拼 inclinar（生性如何、偏好）。
④ 当写为"遁逃"。
⑤ 今拼 endireitar（弄直、竖起）。
⑥ 今拼 endireito（方向），可组成介词短语 ao endireito de（迎面、朝向）。
⑦ 拉丁副词短语。

Endeuidarse（vr.负债）①	çia' chien zai	将欠债②
		少债　負欠
Endinarse（vr.愤怒）③	fan nau	發怒④　生嗔
Endino（a.不值得的、配不上的）⑤	po con d'honra（指有幸）, po cai grau（指逾越）⑥	不敢 - 不該
Endoudeçer（vt.使发疯 vi.发疯）	fa tien	發癲 - 狂⑦
Endro（n.莳萝）		
Endureçerse（vr.硬起来）	çia' nghen	将硬
Endureçer（vt.使变硬）	zu nghen	做硬
Endustrioso（a.勤奋的、能干的）	cui zo se' li	善於貿易
		會做生理
		會佐買賣⑧
Enducer（vt.引诱）⑨	yn yeu	引誘　詁誘
		唆引
En duuida（pp.存有疑问）	vi tin	未定
En duas maneiras（pp.以两种方式）	liao' jam	兩樣　二式
Enfadar（vt.惹恼、烦扰）	yen	厭
Enfadamento（n.恼火、厌烦）	schien	嫌
Enfadonho home（np.讨厌的人）	u sy	惡肆
Enfamar（vt.诋毁）	schiui pan	毀謗 - 讒言⑩

---

① 今拼 endividarse（负债、欠情）。
② "将"字及其注音均为后笔添写，并无时间义，而是表示动作的自反性。可比较本页的另一词目 Endureçerse（硬起来），也是自反动词，译为"将硬"。
③ 今拼 indignarse（愤怒）。
④ 注音为"煩惱"，见"把煩惱"（115b）。
⑤ 今拼 indigno（不相称、不值得）。可比较词目 Dina cousa（83b）。
⑥ grau（级别、等级），拼法有疑，或非此词。
⑦ "任"（狂）为"狂"之误。"任"，音同"往"，指急行；《玉篇》《广韵》均收有此字，释为"急行"。
⑧ 先写"會做生理"，有注音，其余二词为后手补写。做生理的是生意人，佐理买卖的可能是买办。
⑨ 今拼 induzir（引诱、诱使）。
⑩ "讒"写为"誔"。

Enfamado（a.败坏声誉的）	*quai liau te schin*	壊了德行 污了行齿①
Enfarinhar（vt.撒粉、抹粉）	*za fen*	搙粉② 抹粉 搭粉
Enfardelar（vt.装入行囊、包装）	*ta pau*	打包
Enfastiar（vt.使人恶心、让人厌烦）	*yen*	厭
Enfeitar（vt.装点、粉饰）	*çion pan*	粧辨 粉篩③
Enfeitado（a.经过装饰的、打扮好的）	*ta pan lien li*	打辨怜悧④ 爽利
Enfeitiçar（vt.施魔法、用巫术）	*yum sie fa*	用邪法 為妖術
Enfeitizado（a.会巫术的）	*yeu sie fa*	有邪法
Enfeixar（vt.捆扎、堆集）	*ta pa*	打把
		（90b）
Enfermar（vt.使患病、致病 vi.生病）	*pin*	病 不自在
Enfermidade（n.疾病）	*cie*	疾
Enferugarse（vr.生锈）	*scia' siu*	上鏒⑤
Enferugado（a.生锈的）	*scia' siu liau*⑥	
Enfermaria（n.诊疗所）	*jam pin su zoi*	養病所在 將息之所
Enfermeiro（n.诊疗、医护）	*tiau li pin*	醫治 療病 調理病 醫病⑦
Enfim（ad.终于、最后）	*cium*	終
Enfinido（a.无穷的、无数的）	*uu cin – schiu to*	無盡 許多

---

① "汚"，"污"的异体字。
② "搙"（搙），似为自造字，借"圖"（图）之音以表示"涂"。注音对应于"搭粉"。
③ "篩"，即"飾"。
④ "怜悧"，犹"伶俐"。
⑤ "鏒"（鏒），疑为自造字，即"锈"。
⑥ 未见汉字，即"上锈了"。
⑦ 先笔写的"調理病"，有注音，其余三词为后手补写。

Enfiar（vt.穿针、穿过街、进门 vi.进入）	ciuon	穿
Enfiel（a.不忠实的 n.异教徒）	po cium	不忠
Enforcar（vt.吊死、绞死）	tiau	吊
Enformar（vt.教导、告知）①	chiau tau – scio iu ta	教道 - 说与他
Enformarse（vr.询问、得知）	tum ven	啟問 敢問 動問 借問②
Enformar çapatos（vp.楦鞋）	schia chiuo'	下櫛③
Enfornar（vt.放进炉子、添燃料）	schia cuo lu	下火炉 落炉④
Enfusa, garafa（n.带柄水罐，细颈水瓶）⑤	gu lu	葫芦⑥
Enfuscar（vt.使黑暗 vi.变黑暗），obscuro（vt.使昏暗、使模糊）⑦	tien cuo'	天昏 天暗
Enframar（vt.点燃、引着火）⑧	cuo yen	火焰
Enframado（a.燃烧的）	sciau cio	烧着
Enfraqueçer（vt.使衰弱 vi.变衰弱），corpo frago（np.身子弱）	scin soi	身衰
Enfrear（vt./vi.套笼头、戴辔头）	pi ma	轡馬
Enfronhar（vt.套枕套）	fan cin teu y	放枕頭衣
Enganar（vt.欺骗）	qua' pien	誆騙
Enganador（n.骗子）	cua' cuon – pien zi	光棍 - 骗子
Engano（n.骗局、谎言）	pien	騙
Engatinhar（vi.爬行、蠕动）	pa	爬 搲⑨

---

① 今拼 informar（告诉、通知、教导、教育）；enformar 另有其词，指"形成、成形"。
② 先笔写的"動問"，有注音，其余为后手补写。
③ "櫛"（櫛），右侧有叉号，似乎对字的写法有怀疑。
④ 两例"炉"字都简写，不作"爐"。
⑤ enfusa, 今拼 infusa（有柄的水罐）。
⑥ "芦"（芦）为简笔，不作"蘆"。
⑦ obscuro, 拉丁语动词。但也可能是葡语形容词 obscuro "昏暗、模糊"。
⑧ 今拼 inflamar（点燃、使燃烧）。
⑨ "搲"（搲），似为借音字，表示"趴"或"扒"。

(91a)

Engrandeçer（vt.使变大、增强、增光 vi.地位、荣誉等升高）	scin cuon	陞官① 遷官②
	fun cuon	封官
	toi chij	擡举③
Engeitar（vt.嫌弃、抛弃）④	schien	嫌 憎
Engeitar molher（vp.抛弃妻子）	chij çi	棄妻 抛妻
Engeitar criança（vp.遗弃孩子）	tiu tiau hoi gi	丢吊孩兒⑤ 棄子
Engenho（n.聪明、才智）	quai – chiau	俙⑥ 巧
Engenhar（vt.发明、构思、谋划）	chij chiau	計教⑦ - 生活
Engenhoso（a.聪明的、巧妙的）	chij ci	計智
En grande maneira（pp.大量）	schiu to	許多 這多
Enguia（n.鳗、鳝）	muon iu	鰻魚
d'aguoa doce（淡水的）	scie' iu	鱔魚
Em giolhos（pp.屈膝、跪倒）	qoui	跪
Engodar, enviscar（vt.下饵，诱捕）	fan ci	放䊆⑧
Engodo, visco（n.食饵，粘鸟胶）	ci	䊆
Engolfar（vt.驶出港湾）	scia' ta hoi	上大海
Engordar a outre（vp.把某某喂肥）	guei fi	餵肥⑨
Engordar（vt.喂肥、养肥、vi.长肥、发胖）	jam fi	養肥

---

① "陛"为"陞"（升）之误。
② 后手补写，无注音。"遷"（迁），调任，多指升职。
③ "举"写为 㪯，《宋元以来俗字谱》白部录有 㪯 字。注音原为 ghiu，改作 chij。
④ 今拼 enjeitar（嫌弃、拒绝）。
⑤ 表示掉落一义，"吊"通"掉"。
⑥ "俙"（侎），即"乖"。
⑦ 犹计较，指行事有方、善于谋生，故而并列有"生活"。
⑧ "䊆"（攦），似为自造字，即"黐"。《广韵》支韵，"黐"字两见："黐，黏也"，丑支切；"所以黏鸟"，吕支切。参看词目 Visco（黏鸟胶），其下所写的"黐"字不误（155a）。
⑨ "餵"（喂），原写之字为"爲"（为）。

Engomar（vt.涂胶、上浆）	scia' chiau scioj	上膠水
Engrossar（vt.增大、使粗壮 vi.变大、变粗）	zo zu zo ta	做麤 - 做大
cousa molle（软的东西）		
cousa dura（硬的东西）		
Engulir（vt.吞、咽）①	tuon yen schia	吞 - 咽下②
Em jeium（pp.[处于]禁食）③	cum sin	空心
Enjoar（vt.使恶心、呕吐 vi.恶心、作呕）	zui cion tu lon	醉舡 - 吐浪 醉浪
Enjoado（n.恶心、呕吐）	yuon	眩④
Eniuriar（vt.侮辱）⑤	siu gio ta	羞辱他 恥他
Enlaçar（vt.结扎[头发]、交织）	tie ciu	轍住⑥
Enlaçado（a.结扎成的、交织起来的）	tie liau	轍了
Enlamar（vt.使泥泞、沾泥 vi.变得泥泞）⑦	tu la' ni	塗爛泥

（91b）

Enleger（vt.选择、挑拣）⑧	chien suon	揀選 擇
En lugar de mi（pp.代替我）	ti ngo	替我 待我 候我
Enemigo（n.敌人）	ceu gin – yuo' chia	售人 - 寃家 仇狭⑨

---

① 今拼 engolir（吞下、吞没）。
② "咽"（呭），"咽"的异体字。
③ jeium，今拼 jejum（禁食、斋戒）。
④ "眩"，围头话今读为 [yŭng⁶]，广州话读为 [jyun⁶]（见《发音字典》）。
⑤ 今拼 injuriar（侮辱、辱骂）。
⑥ "轍"（𨍳），疑为自造的借音字，可能想写"叠"（叠）。
⑦ 今拼 enlamear（沾上泥浆、玷污）。
⑧ 疑即 eleger（选择、推选）。
⑨ 注音为"仇人、寃家"。"售"通"雠"（仇）；"寃"，旧同"冤"，误写为"穴"字头。"仇狭"系后手补笔，"仇"写为优。

En nehua maneira（pp.无论如何不）	po nen cheu	不能勾①
Enobreçer（vt.使人高贵、使成为人杰）	pau quei②	
Enquanto（conj.在……之时）	na sci	那時
Enquirir（vt./ vi.询问、探听、了解）③	ngon za	採察　暗察-
	fan za	訪察　密察④
Enramar（vt.用树枝铺搭）	pu cin	鋪青
Enredar（vt.设网捕捞）	pau van	抛網　抛絆⑤
		撒網
Enredada（n.[捕捞起的]一网）	ye uan	一網
Enristar（vt.持矛攻击）	chie cia' çia'	挾長鎗　持戈
Enriqueçer a outre（vp.使人富有）	fu zu fu quei	扶助富貴
En riba（pp.在上面、岸上）	scia'	上
Enrodilhar（vt.卷、绕、缠）	chiuon	捲
Enriqueçerse（vr.富裕起来）		致富⑥
	fa zai	發財 - 起家
	ghi chia	- 発跡⑦
	fa cie	
Enrouqueçer（vt.使嘶哑 vi.变嘶哑）	scie yn	失音 - 喉啷
	cuo lu' ya	啞
Ensaboar（vt.打肥皂、用肥皂洗）	fan chien	放淫⑧
Ensanharse（vr.发怒），irascor（vd.愤怒）⑨	fa sin	發性　激怒

---

① "勾"通"够"，见 Abasta（足够，32b）。

② 未见汉字，即"宝贵"。

③ 今拼 inquirir，及物、不及物均可。

④ 先写"暗察、訪察"，各有注音，余为后手添加。

⑤ "絆"（𦁒），《玉篇》系部收有此字，释为"結縈"，指缠绕。此处似借音为"罾"，一种带支架的伞状渔网。

⑥ "致富"，后手补写的词，无注音，"富"字写得也不同（他处多作"冨"）。

⑦ "發"、"発"（发），写法不一。"跡"通"迹"，《干禄字书》入声卷："跡、迹，并正。"

⑧ "淫"（淫），当为"碱"。

⑨ irascor（愤怒），拉丁语异相动词（Deponent Verbs）。

Ensanhar a outre（vp.使人发怒）	lun ta fa sin	弄他發性　激發他怒
Ensanguentado vestido（np.沾上血的衣服）	gen cio schio	染着血　血污了
Ensayar autos（vp.排练程式）	sci schi ven	試戲文
Ensajo（n.试验）	sci co	試過
En saluo（pp.处境安全）①	pin ngon	平安
Enseada（n.港湾）	chian cheu	港口

（92a）

En segredo（pp.私下）	ssi	厷②
Enseuar（vt.涂兽油）③	za gneu yeu	搓牛油④
Ensinar（vt.教导、教授 vi.教书）	chiau tau	教道　訓誨
Ensino（n.教导、教育）	hau chiau	好教　可訓
Ensistir（vi.坚持）⑤	chijn ta – zan	緊他 - 趙催他
Ensobercer（vt.使骄傲、傲慢），grande（a.伟大的）	chiau ngau	驕傲
Ensofriuel（a.难以忍受的）⑥	gin po te	忍不得　何以忍
En somnos（pp.梦中）⑦	mum	夢⑧
En soma（pp.全部）	y zum	一總
Ensopar, molhar（vt.浸透，弄湿）	cin – sce	湿 - 漫⑨
Ensoportauel（a.无法忍受的）	ti po te	抵不得　難當

---

① 今拼 em salvo（平安无事）。
② 写为 厷。
③ 今拼 ensebar（涂抹动物油脂）。
④ "搓"，潮州话二读：[co¹]、[ca¹]（见《发音字典》）。
⑤ 今拼 insistir（坚持、非要……）。
⑥ 今拼 insofrivel（难忍、不堪忍受）。
⑦ 今拼 em sonhos（在梦里）。
⑧ "夢"（梦）的异体字。
⑨ 注音"浸"在前，"湿"在后。

Ensordeçer（vt.使聋 vi.变聋）①	çien çien lu'	漸漸聾
Ensoso（a.淡），não com sabor（np.没味道）	mo yeu ci ui	没有嗌味
Ensoualhar（vi.晒太阳）②，por ao sol（vp.放在太阳底下）	sai	晒
Então（ad.在那时、当时）	na sci çie	那時節
Entanto（ad.在这时、同时）	cie sci çie	這時節
Entapar（vt.堵住、围起）③	sie	塞
Entapado（a.堵住的、围起来的）	sie liau	塞了
Entauoar（vt.铺木板、用板围起）④	scia' pan	傷板⑤
Enteado（n.前妻或前夫之子）		
Entender（vt.理解、明白）	tum–min–schiau	通-明-曉
Entendimento（n.明白、领会）	zum min	聰明
Entenção（n.意图）⑥	yi ssi	意思⑦
Enterrar（vt.掩埋、安葬）	mai	埋
Enteresse（n.利润、利息）	li çien	利錢　利息
Entesar（vt.绷紧、拉直）	ghin	緊

（92b）

Entesourar（vt.储藏财宝）	scia' cu	上庫
Entoada boa（np.优美的歌乐声）	hau scin	好声
Entornar（vt.倾倒、倒空）	tau sie	倒些
Entortar（vt.弄弯、使变弯 vi.偏离、越轨）	yo chiuo	欝曲⑧-湾轉⑨

---

① 今拼 ensurdecer（使耳聋、失聪）。
② 今拼 ensoar（暴露于阳光下）。
③ 今拼 entaipar（用土墙、板墙等围起）。
④ 今拼 entabuar（用木板铺地、护壁等）。
⑤ "傷"为"鑲"之误。广州话"伤、镶"同音，都读为 [soeng¹]；围头话里二字也同音，读作 [söng¹]（见《发音字典》）。
⑥ 今拼 intenção（意愿、企图）。
⑦ "思"（恖），调符在左上角，即上声。疑为误标，参见"好意思"（75a）。
⑧ "欝"（郁），当写为"迂"。
⑨ "湾"字为简笔，其上补写有注音 gua'，即"弯"。

Entortado（a.弄弯了的、偏离的）	chiuo liau	曲了
Entulhar（vt.装仓、堵住、塞满）	tien sie	填塞
Entupir（vt.堵塞、阻碍）	sie chijn	塞緊
Entrar（vt./vi.进入、加入）	cin lai – ge	進來 - 入
Entrada（n.入内、门口）	cin muo'	進門　入門
Entramentes（ad.那时、当其时）	chiuon çie	權且　時下
		暫且　姑且
Entranhas（n.内脏）	con sin tu fi cia'	肝心肚肺腸
		五臟
Entranhauel amor（np.挚爱、厚谊）	ci sin	知心 - 相知
		同心
Entrecozer（vt.烧开、煮沸）	ciu ye cuo'	煲一滾　煮沸①
Entrecosto（n.排骨肉）	lo tiau	胳條②
Entregar（vt.交付、委托）	chiau fu	交付
Entrelunho，interlunium（n.无月，月初）③	yuo cium yuo cin	月終　月尽 月尾　月盡④ 月尾
Entre lusco e fusco（pp.昏黄之际） 　crepusculino（n.拂晓） 　vespertino（n.黄昏）	çin zau cua' cuon	清早 - 黃昏
Entrelocutor（n.对话者）⑤	schi zi ci tj	戲子 - 子弟 黎園⑥
Entremeter, misturar（vt.插入，混合）	zan	摻
Entremeterse（vr.置身其中、干预）	ciuon lai	穿來⑦

---

① "煲""煮"，是同一词，而写法不同。
② "胳"，当写为"肋"。广州话"胳"字两读：[gaak³]，[lok³]（见《发音字典》）。
③ entrelunho，疑即 interlunio（无月亮的日子，阴历月底及月初）；interlunium（月初，新月初生之时），拉丁语名词。
④ "尽"与"盡"，一简一繁，写法有别。其后的"月尾"为重复书写。
⑤ 今拼 interlocutor（对话人、交谈者）。
⑥ "园"字简写，不作"園"。
⑦ 盖指穿来穿去、穿插其间。

Entrepor（vt.置于中央、居间调解）	zai ciu' chia'	在中間 在中央 適中
Entrepesar（vt.撞、碰撞）①	zan' ye schia	撞一下
Entretexer（vt.用各种线编织、交织）	çiu' chia' çie cu'	中間織紅
Entretanto（ad.其间、与之同时）	cie sci	這時
Entreuir（vt.隐约看见、猜想）		

（93a）

Entreuado dos pes（np.两脚麻痹）	chio pi	脚疲
Entretalhar（vt./vi.作浮雕画、雕刻）	tiau cua	彫花②
Entresachar, intersero（vt.掺杂，嵌入）③	fan zoi ciu' chia'	放在中間 致之於中
Entrestercerse（vr.悲伤）	zeu	愁 恨 悶
Entrestecer a outre（vp.使人悲伤）	yeu zeu	憂愁 掛慮
Entreduçir（vt.引进、采用）④	si' chij li	新起例
Enterceder aguoal（vp.向某人求情）⑤	chiuo' se	勸赦 求宥
a mandarin（向官员诉求）	cau	告
Em treuas（pp.黑暗中）	he liau	黑了
	ngon zo	暗坐
Entrouxar vestido（vp.把衣裳包起来）	pau fo	包服⑥
Em uão（pp.徒劳）	gua' fi	徃費⑦ 空勞⑧ 辜負
Enueja（n.嫉妒）⑨	tu çen	妬憎 妬忌
Enueja ter（vp.有嫉妒心）	chij tu çen	起妬憎
Enuelheçer（vt.使衰老 vi.变老）	çien çie' lau	漸漸老

---

① 疑与 atropelar（撞倒、碰撞）为同一词。
② "彫"，"雕"的异体字。
③ intersero（嵌入、插进），拉丁语动词。
④ 今拼 introduzir（引进、输入）。
⑤ enterceder，今拼 interceder（说情、调解）。
⑥ "服"为"袱"之误。
⑦ "徃"为"枉"之误。
⑧ "劳"（旁）字简写，不作"勞"。
⑨ 今拼 inveja（妒忌、羡慕）。

Enuelheçido（a.衰老的）	lau liau	衰残　老了　老耄①
Enuentar（vt.发明、创造）	chij chiau	計較②　智謀
Enuenção（n.发明、创造力）	sen fa	生活③　生涯　生理
Enuentairo（n.财物清单、清点）		
Enuergonharse（vr.羞愧）	ci siu	自羞　自愧
	zan quei	自慚　自赦　慚愧④
Enuergonhado（a.羞愧的）	siu liau	羞了
En uerdade（pp.真确无疑）	cin	真
Enuerdeçerse（vr.植被变绿）	çie' çie' mu çin	漸々木青⑤
Envernar（vi.过冬）⑥	ciu ye tum guej	住一冬季⑦
Enuidar（vt.添加赌注、尽量使用）	tien	添　增
Enuiuuar（vt.使丧偶 vi.守寡、鳏居）		
molher（n.女人）	cua fu	寡婦　鰲婦⑧
home（n.男人）	cu fu	孤夫

（93b）

Enuiar a outra gente（vp.寄送给别人）	chij	寄 - 遣僕
mandar moço（vp.派遣仆人）	chien po	
En uoltas（pp.弯转、返回）	ciuon van	轉弯

---

① "老了"，口语，与上一条呼应，有注音。其余二词为书面语，系后手补写。
② 参见"計教 - 生活"（91a）。
③ fa，今客家话读"活"为 [fat⁶]（见《发音字典》），最接近所注之音。
④ 中间三词为后手补写，无注音。
⑤ 符号"々"原写为 ⿱，表示重复某字。
⑥ 今拼 invernar（越冬、入冬）。
⑦ 闽南话、客家话、广东话等，今读"季"字之音都近于 guej；南京话有两读：[guei⁴]，[ji⁴]（见《发音字典》）。
⑧ "鰲"为"嫠"之误。影本上，"寡婦　孤夫"写为一行，"鰲婦"则另起行，此处根据注音调整排序。

Enxacoco（a.说话含糊不清的）①	chia' po lai	講不来　說不得　難以言
Enxada（n.锄头）	zu teu	鋤頭
En xadres（pp.棋盘格式、田字格）	chij	碁②
Enxaltar（vt.抬升）③	chij	起
Enxalçado（a.抬升起的）	chij liau④	
Enxame de consciensia（np.自省、反思）	ssi siao'	思想　思憶
de outras cousa（np.考虑其他事情）	sci	試
Enxaquequa（n.头痛）⑤	teu ten	頭疼
Enxarcia（n.帆索、缆绳）	scin so	繩索
Exempro（n.榜样）⑥		
Enxaguar a boca（vp.漱口）	ssi cheu	洗口　素口⑦
Enxergar（vt.隐约看见、察觉）	çiau chie'	眇見⑧
Enxertar（vt.嫁接）	cie sciu	接樹
Enxerto（n.嫁接）	cie co liau	接过了
Enxequeas（n.殡仪、葬礼）	tiau san	吊喪⑨　吊香　吊慰⑩
Enxofre（n.硫磺）	leu qua'	硫磺
Enxotar, asuajar（vt.赶走，击退）⑪	con	赶　逐
Enxoual, supellex（n.嫁妆，资财）⑫	chia cuo	家貨　家財　家赀
Enxugar ao sol（vp.靠太阳晒干）	sai con	晒乾

---

① 尤指外国人。
② "棋"的异体字。
③ 疑即 exaltar（提升、抬高）。
④ "起了"，未写汉字。
⑤ 今拼 enxaqueca（偏头痛）。
⑥ 今拼 exemplo（榜样、模范），缺注音和汉字。
⑦ "素"为"漱"之误。
⑧ çiau，当为"瞧"。"眇見"，眯眼看。
⑨ "喪"（丧）写为喪。
⑩ 《干禄字书》："吊、弔，上俗下正。"
⑪ asuajar，疑即 açuar（赶逐、击退）。
⑫ supellex（家具、裝饰、资财），拉丁语名词。

ao fogo（用火烤干）	cum con	烘乾①
Enxuto（a.干燥的）	con liau	乾了
Enxundia（n.油脂）	cau, fi‑yeu	膏‑肌關油②
	tutano（骨髓）	
Enxurrada（n.湍流）	pau yu	暴雨　驟雨
Enzol（n.鱼钩）③	tiau cheu	釣鈎

（94a）

Era das paredes hedera（？）		
Erguerse（vr.起立、挺立、升起；响起）	chij	起　興起
Erguer a outre（vp.竖起、抬起、扶起某人）	fu chij	扶起
Erguerse o revolta（vp.反叛、起义）	zo fan	作反
Ergueiro（n.芒刺）④	zau	草
Ermitão（n.隐士）	siu schin	修行　脩道
Ermo（a.荒凉的）	quam ye	曠野⑤　荒郊
Errar（vt./vi.犯错、出错）	zo	錯　差了
Erro（n.错误）	zo	
Erua（n.草）	zau	草
Erua pessonhenta（np.毒草）	to zau	毒草
Erua doçe（np.茴香）⑥	quei schia'	茴香⑦
Erua absintij（n.苦艾）	ngai	艾

---

① "烘"，"烘"的异体字。《篇海》卷十三火部："烘，呼东切，火气貌。"此释义同于《集韵》。《集韵》东韵，"烘""烘"并作呼东切，释义则有别："烘，《说文》寮也"（寮＝燎）；"烘，火气兒"。但在送韵之下复列有"烘"，释为"火兒，一曰火乾物"。按："烘"与"烘"似为同一词，写法不同而已。

② 注音所记为"膏，肥‑油"。"肌關油"系误写，当为"雞（鸡）冠油"。

③ 今拼 anzol（鱼钩）。

④ 今拼 argueiro（芒刺），喻指微不足道之物。

⑤ "曠"（曠）为"曠"（旷）之误。

⑥ 今拼 erva-doce（茴香），直义为"甜草"。

⑦ "茴"写为 茴。

Erua bobosa（np.芦荟）①	*lu guei*	蘆葦②
Eruaço, cicer-ris（n.豌豆）③	*cum teu*	紅荳④
Esbofetar（vt.打耳光）	*pa cia'*	巴掌　手掌
Esburgar（vt.剥皮、脱壳），tirar a casca（vp.剥去皮或壳）	*po pi, po co*	剥皮 - 剥殼　去皮
Esburacar（vt.打洞、钻孔）	*ciuj*	錐
Escabello dos pes（np.搁脚的凳子）	*chio te'*	脚凳
Escabello d'assentar（np.坐的凳子）	*pa' ten*	板櫈
Escada（n.扶梯）	*ti*	梯
Escada de caracol（np.盘梯），escala（n.阶梯、梯子），scala（n.阶梯）⑤	*chiai ti*	堦梯
Escafeder – fugir（vi.逃跑 – 逃走）	*tau zeu*	迯走⑥
Escalar（vt.爬梯、攀登）	*scia' ti*	上梯
Escalão, degrao（n.梯级，台阶）	*chie – pu*	級 - 步
Escalaurar（vt.打伤、擦破）	*ta po teu*	打破頭
Escaldar（vt.烫伤）	*tan*	湯⑦　涌

（94b）

Escaldado（a.烫伤的）	*tan pa liau*	涌怕了⑧
Escalfado（a.用滚水烫过的、煮得半熟的）	*ciu tan sin*	羹糖心⑨
Escamhar（vt.刮、刮光），scoregar（vi.滑、滑脱）⑩	*gua*	滑

---

① 今连写为 erva-babosa（芦荟）。

② "蘆"原写为 葦。

③ cicer（豌豆），拉丁语名词，复数为 ciceris。

④ "豆"与"荳"原有区别，《广韵》候韵："豆，穀豆"；"荳，荳蔻"。本词典上，凡"豆"字均写为"荳"。

⑤ 拉丁语名词，多取复数形式 scalae（楼梯、扶梯、台阶）。

⑥ "迯"，"逃"的异体字。见于敦煌写本，写为 迯（《敦煌俗字典》399 页）。

⑦ 注音为"湯"（汤），指热水，字通"烫"；又指温泉，由是带出"涌"，与葡语词义关系不大。

⑧ "涌"系误写，注音首字为"湯"，动词义，即烫。

⑨ 指鸡蛋煮得嫩，蛋黄半熟，今写为"溏心"。

⑩ escamhar，今拼 escanhoar（刮[脸、胡须]）；scoregar，今拼 escorregar（滑、滑脱）。

Escamar（vt.刮鳞）	ccij lin	迴鳞①
Escama（n.鳞片）	lin	鳞
Escamado（a.去鳞的）	ccij lin liao②	迴了鳞 去鳞
Escapar（vi.逃脱、逃避）	zeu	走 趨 奔走 趂走③
Escaramuzar（vi.争斗）	cen	戰 征伐 争戰
Escarrar（vt.吐出 vi.吐痰、吐口水）	cheu za'–tu	口液④-吐口水 噴水
Escarneçer（vt./vi.嘲弄、挖苦）	chij fu	欺負
Escarnar（vt.剔肉）	co gio	割肉 切肉 剖肉
Escascar, tirar a casca（vt./vp.剥皮，去壳）	chij pi – chij co	棄皮-棄壳 去皮
Escasso, auarus（a.拮据的，吝啬的）	scie po te yum	捨不得食⑤
Escassamente（ad.勉勉强强地）	nan	難
Escauar（vt.挖、刨）⑥	tiau	彫
Escaua terra（np.鼹鼠），talpa⑦（n.鼹鼠、田鼠）	tu sciu	圡鼠⑧
Escraua（n.女奴）⑨	nu	奴 丫⑩
Escrauo（n.奴隶）	pi	俾 頭
Escramar（vt./vi.喊叫）⑪	chiau ha'	叫嗷

---

① "迴"（逈），似为借音字，即"剢"（褫），本义为剥去外衣或外皮。

② 原写如此，据汉字当调整为 ccij liao lin。

③ "趂"，古"趨"字。

④ 据注音，似应写为"口馋"，即口涎。

⑤ 注音末了一字为"用"。

⑥ 今拼 escarvar（挖、刨、打眼、开槽）。

⑦ 拉丁语名词。

⑧ "圡"，古"土"字。"鼠"（鼡），俗"鼠"字。

⑨ 今拼 escrava（女奴）。

⑩ 此条与下一条的汉字，原为直书，即"奴俾　丫頭"。

⑪ 今拼 exclamar（喊叫、欢呼）。

Escrareçer（vi.天晴、天亮）①	tien cai	天開　天晴
Escrauelho, scarauasto（n.蜣螂，屎壳郎）	sci ciu'	屎虫②　糞蛆
Escrever（vt./vi.写、书写）	sie	寫
Escrever de corrimão（vp.快速书写）	zau sie	草寫　草書
Escriuano de historia（np.史书的著者、撰史者）	ssi cuon	史官
Escrivano sumpto（np.记账的书记员）	sciu scieu	書手　先生

（95a）

Escritura（n.文书、契约）	sciu chij	書記
Escritorio（n.书桌）	scia' zi	廂子③
Escriuaninho, lugar dos pingeis（n.文具匣，即置笔的器具）④	pie chia	笔架⑤
Escoarse（vr.流逝、溜走）, scoregar（vi.滑、滑倒）⑥	gua tie	滑跌
Esquadrão（n.①骑兵队②一群）	ye tui	一隊　一陣　一起
Escoadrinhar（vt.观测、调查）⑦	siao'	想　憶
Escola（n.学校）	schio ta' – sciu tan	孝堂－書堂　書館
Escolar pequeno（np.小学生）– estudante（n.学生）	schio se', sciu sen	學生－書生
Escolher（vt./vi.挑选、选择）	chien ze	揀擇
Esconder（vt.藏、藏匿）	zan	藏　收
Escondidamente（ad.偷偷、悄悄）	teu teu	偷偷

---

① 今拼 esclarecer（①vi.变晴朗、天亮 ②vt.说明、弄清）。
② "虫"，"蟲"（虫）的省笔俗字。《龙龛手镜》（高丽本）上声卷，有部首"虫"。《敦煌俗字典》录有 𧈅、𧈅 等形。
③ 即"箱子"。
④ pingeis, 今拼 pincel（毛笔、画笔）。
⑤ "笔"字简写，不作"筆"。
⑥ scoregar, 今拼 escorregar（滑、滑脱、滑倒），下面有此词单立的条目。
⑦ 今拼 esquadrinhar（分析、观察）。

Escontar（vt.拆分、分摊）①	ce su – tui su	折数 - 對数
Escopro（n.凿子）	zo	鑿 穿
Escornar（vt.用角顶、用头撞）	zan co	斬角　鉅角
Escorchar colmeas（vp.从蜂房上割蜜）	co mie ta'	割蜜糖　蜂糖　蜂蜜
Escoregar（vi.滑、滑脱）	gua	滑
Escorregadia cousa（np.滑溜的东西）	gua lu	滑路
Escoua（n.刷子）	sau ceu	掃箒②
Escovar（vt.刷、洗刷）	sau can çin	掃乾净 - 揪③ 潔净
Escoçer, queimar（vt./vi.烧、热，燃烧、烫）	tan	燀④
Escudo（n.盾牌）	pai scieu	牌手
Escudella（n.木钵）	za cium	茶鍾⑤
Escuma（n.泡沫）	pau	泡
Escumar（vt.撇去泡沫 vi.起沫子）	yau tiau scioj pau	摎吊水泡⑥
Escumar da bocca（vp.嘴里起泡）	yeu cheu pau	泡多⑦

（95b）

Escusar（vt.宽恕、辩白）	ti ngo chia'	替我講　為我説
Escureçer（vi.变黑暗、入夜 vt.使黑暗）	tien cia' ngon	天將暗　天要黑了
Escuro（a.暗、黑暗的）	he, ngon	黑 - 暗

---

① 疑当拼 escoter，可比较同根的名词 escote（份额、股份）。
② "箒"，即"帚"。参看 Basoura（扫帚）。
③ "揪"（sōu），拿取，这里当指拾掇，行间补记有注音 so。
④ "燀"（燀），疑为自造的借音字，即"烫"。参见 Escaldar（94a）。
⑤ 可比较词目 Copa（61b），也释为"茶鍾"。
⑥ "摎吊"（摎吊），即"舀掉"。《龙龛手镜》上声卷手部录有"摎"字，无切音，注为"旧藏作'標'"。此注为《篇海》"摎"字条袭取，与这里借音为"舀"的"摎"字似无关联。
⑦ 注音为"有口泡"。

Português	Romaniz.	中文
Escutar（vt./vi.听、倾听）	quej tin, cui cin①	窺聽 竊闻
Escutar, espiar（vt.探听，窥探、侦查）	ta tin	打聽 打探聞
Escuta do campo（np.哨兵），spia（n.密探）	ta tin ti – fan ze	打聽的 - 訪察
Esculpir na pedra（vp.在石头上雕刻）	che scie	刻石
Esculpidor（n.雕刻匠）	che çia'	刻匠
Esculpido（a.雕刻的）	che liau	刻了
Escrupulo（n.疑虑）	gni	疑
Escrupuloso home（np.谨慎认真的人）	scie' gin	善人 好人
Esfamear（vt.使饿死），morer de fome（vp.因饥饿致死）②	guo ssi	餓死
Esfajmado（a.饿）	guo schie' ssi	餓險死 餓餒幾死
Esfarappar（vt.扯破、撕开）	cie po	扯破 扯開
Esfarappado（a.衣衫褴褛的）	lan leu	爛縷 繿縷③
Esforçar（vt.激励、鼓舞），dar ãio（vp.为某人打气、加油）④	cia' cci	長志⑤ 助志
Esforçarse（vr.努力）	mie' chia'	勉強⑥
Esforzado（a.强壮有力的）	yiu' çia', mio' çia'	勇將 - 猛將 豪將
Esforçadamente（ad.竭力、全力以赴地）	fun lie	奮力 發奮
Esfolar（vt.剥兽皮）	po pi	剝皮
Esfregar（vt.搓、擦）	mo	摸
de palmas（pp.用手掌）	geu	揉
Esfriar（vt.使冷却 vi.变冷、变凉）	tan len	攤冷⑦

---

① 缺汉字，似为"窥情"。
② esfamear，今拼（使挨饿）。
③ "縷"（缕），半繁半简的写法，即"縷"（缕）；"繿縷"（繿縷），即"褴褛"。
④ ãio，今拼 ânimo（精神、勇气）。
⑤ "長"（長），左上角有调符，表示读上声。
⑥ "強"（強），左上角也有调符，读为上声。
⑦ 应是动补结构，指把热物摊开，使之冷却。

Esfriarse（vr.冷起来）	len liau	冷了　寒了　凍了
Esgrauatar（vt.抓、挠、搔）	pa	爬　挠①

（96a）

Esgotar（vt.倒空、使干涸），correr（vi.流动）	leu	流
Esgrimir（vt.挥舞刀剑）	uu tau	舞刀
Esgrimidor mestre（np.剑术教练）	chiau ssi	教师
Esguichar（vt./vi.喷射、溅射），emistir celerimente（vp.快速发射）	cien	濺
Esguicho（n.喷泉）	scioj yen	水眼
Esmaltar（vt.上釉、上珐琅）		
Esmeralda（n.祖母绿）	io pau	玉寶
Esmerarse（vr.精心、认真）	ngoi – yium sin	爱②- 用心
Esmecharse（vr.弄伤自己）	ciu' po teu	撞破頭
Esmechar a outre（vp.击伤某人）	ta po teu	打破頭
Esmigalhar（vt.弄碎）	nien sui	捻碎
Esmoer o comer（vp.咀嚼食物）	cua cie	化食　乞丐　花子③
Esmondar（vt.修剪、除草）	po cin pi	剥青皮
Esmoreçer（vt./vi.憋死）	mu' ssi	朦死
Esmoreçido（a.憋死的）	mu' ssi liau	朦死了④
Esmolar（vt./vi.赈济、乞讨），dar grandesa（vp.大度施舍）	pu sci	布施　賑濟　賙濟
Esmola pedir（vp.乞讨）	chiau cua	叫化
Esmoleiro（n.赈济、救济）	cia' cia' scie sci	常常捨施　平素賙急

---

① "挠"（撓），可能想写"扒"，指抓挠。
② 简写，不作"爱"。
③ 与葡语动词短语对应的是"化食"。但"化食"或另有化缘、乞讨之义，于是牵出了后二词。
④ "了"字只写了一横，据注音补全。

Espaço（n.空间、场地）	cuo	過
Espaçoso lugar, de fora（np.空旷处，外面）	cua' ye	曠野① 野處
	ta chiai	大街　當道
grande praça（np.广场）		
Espaçar（vt.推迟）, alongar o tempo（vp.延长[时间]）	tien chij cie	添幾日　再數日②
alongar lugar（vp.增加[空间]）	tien chij ge	添幾尺
Espada（n.剑）		劒③
Espada montante（np.[两手握持的]大剑）	san scieu chien	双手劒
Espalda（n.侧面、椅背）	poi	背
Esponja（n.海绵）		
Espalhar, dissipar（vt.撒散，消失）	tiu san	丢散了
dar o saper（vp.使人知道）	ciuo' cai	傳開

（96b）

Espanar（vt.拂除）, puluis abstergo（vp.掸灰）④	cua	拂 - 拂净 拂乾
Espancar com pau（vp.用棍子打）	na cuo' ta	拿棍打
Espantarse（vr.惊恐）, pasmar（vi.惊愕）	chijn gua'	驚惶　恐惧
Espantar a outre（vp.使人惊恐）	hoi	駭
Espantado（a.吃惊的、害怕的）	qua' liau	慌了　忙了
Espantalho（n.稻草人）	zau gin	草人
Espantadiço（a.胆小的、易惊的）	chijn pa	驚怕　駭然 驚駭
Esparegar（vt.炖、炖烂）, cozer inteiro（vp.烧熟、煮透）	ciuo' ciuo' ciu	全全羮　全烹
Esparegado（a.炖熟的）	ciu liau	羮了　烹了
Espargo（n.芦笋）	la suon	蒴笋⑤

---

① "曠"字同前，也误写为"目"旁。
② 后手所补，无注音，"再"写为𠕂。
③ 未写注音，可参考下一条。
④ puluis abstergo（拂除灰尘），拉丁动词短语。
⑤ "蒴"（𦭎），似为自造字，取"艹"为形符，"剌"为声符，但少写了一横。

Espevuitar（vt.拨烛花）, cortar pavio（vp.剪灯芯）	tie ten	剔燈　挑灯①
Especies（n.香料、调料）	zo liau	遭料②
Especular（vi.思索）	siao'	想
Espedeçar（vt.撕碎、弄碎）	cie sui	扯碎
Espelho（n.镜子）	chijn	鏡
Espelharse（vr.照镜子）	ciau chijn	照鏡　對鏡
Esperar, confiar（vt./vi.希望、信赖）	van – cau – sin	望 - 靠 - 信
Esperar expecto（vp.期待）	ten	等一等③
Espera de sol（np.日球）	ge um	日旺④
Esperienza（n.试验、经验）	sci	試
Espertar（vt.唤醒 vi.睡醒）	sin	醒
Espeto per assar（np.烤肉用的铁钎）	tie tiau	鐵條
Espetar（vt.用铁钎穿肉、穿透）	ciuo'	刬⑤
Espesso（a.浓密的、稠厚的）	gniu'	濃
Espraiar（vt.冲上海滩、弃留于滩涂 vi.退潮）	con cio ceu	乾出洲
Esprimentar（vt.试验、尝试）⑥	sci	試

（97a）

Esprimentado（a.试过的）	cen sci co schiu to	曾試過許多
Espremer（vt.挤压、榨）	gnien	捻
Espremido（a.挤榨过的）	gnien liau	捻了
Espreitar（vt.窥视、探查）	quei ta'	窺探
Espia（n.密探）	fan ze	訪察
Espiar（vt.暗探、侦查）	fan	訪

① "燈"、"灯"，繁简不一。
② 注音为"作料"。
③ "等"简写为 等、等，敦煌写本中有此字形（赵红 2012：126—127）。
④ "旺"写为 旺，右上角有调符，表示读去声。似为借音字，即"望"，满月称为月望，推而言之，太阳便称日望。
⑤ 当写为"穿"。
⑥ 今拼 experimentar（试验、实验、尝试）。

Espiga（n.穗）	ye to – chie zi	一楪① - 結子
Espigar（vi.抽穗、长大）	cio toi	出胎 生出 產下 生產
Espinafre（n.菠菜）	po lin zai	菠薐菜② 扯根菜③
Espingarda（n.火枪、长铳）	niau ciu'	鳥銃
Espingardeiro（n.火枪手）	cium scieu	銃手 裊銃
Espinha de pexe（np.鱼刺），espinho d'outra cousa（其他东西的刺）④	iu ci	魚莉⑤
Espinhoso lugar（np.荆棘丛生之地）	na co su zoi yeu chin chie	那箇所在有荆棘⑥
Espirar（vt.吹气、呼气 vi.存活）	zuo chij	絕氣 斷氣⑦
Espirrar（vi.打喷嚏、喷涌；发火）	ta cij	打喇⑧
Espir, despir（vt.脱衣）	to y fo	脫衣服 解衣
Esprito（n.精神、灵魂）	uu schin – scin cuo'	無形 - 神魂
Esprital（n.休养所）	jam ci juo'	養濟院
Espriguiçarse（vr.伸懒腰）	tan schin	弹身
Esporam da nao（np.船鼻）		
Esposa（n.妻子、未婚妻）	sin chia, sin ziu	新娶⑨
Esposo（n.丈夫、未婚夫）	sin cuo'	新嫁 - 新婚⑩
Esposorio（n.订婚、婚约）	cai pin	開聘

---

① "楪"，即"朵"。
② "薐"写为薩。
③ "扯"为"赤"之误。"赤根菜"，菠菜的俗称。
④ 在这一短语与 iu ci 之间有一道画线。
⑤ "莉"写为莉，古指草木荆棘，此处通"刺"。
⑥ "棘"写为棘。
⑦ 这两个词的意思与葡文词义正相反。
⑧ 可能想写"打嚏"，但字音 cij 有疑。
⑨ 注音为"新嫁、新娶"。
⑩ 注音为"新婚"。

Esposar（vt.结婚、嫁娶）	schiu çin	許親　定親
Esqueçer（vt.忘记 vi.遭遗忘）	van	忘
Esqueçido（a.忘了的）	van chij, po chij te	忘記 - 不記得　忘了

（97b）

Esqueçediça cousa（np.健忘）	van ssi	忘事
Esquentar（vt.加热）	ce	炒①
Esquife, scapha（n.轻舟，小船）②	chio çion	脚船　小艇
Esquentador（n.取暖器具）	cuo pon	火盆　火炉
Escarlate（a./n.鲜红）	ta hum	大紅
Esquina（n.角、外角）, corno do exercito（np.军中的号角）		
Esquivo（a.执拗的、难交的）	schien	嫌　憎
Esquerdo（a.左边的）	zo	左
	yum zo scieu	用左手
Estaca,［……］（n.插枝、枝条）	ci tiau	枝條　幹枝③
Estalagem（n.客栈、旅店）	fan tien	飯店　飯鋪
Estalajadeiro（n.旅店主人）	tien chia	店家　主人家
Estaleiro, porto（n.船坞，港口）	gua' li teu	湾裡頭
Estamago（n.胃、上腹）④	sin teu	心頭　心中
Estancar（vt./vi.止住、不再流淌）, acabar de uriar sangue（vp.止住尿血）	ciu liau – po leu	不流 - 住了⑤
Estancia（n.居住地）, casas de soldado（np.军营）	ze yin	扎营　駐匝
Estandarte（n.军旗）	ghi	旗　旌
Estanho（n.锡）	sie	錫

---

① "炒"（炙），似即"炙"。
② esquife，古指小船，今义为棺材、灵柩；scapha（小船），借自希腊语的拉丁词。盖编者所在之世，esquife 已非单义词，故加写 scapha，以示区分。
③ "幹枝"写为 幹枒。
④ 今拼 estômago（胃、上腹部）。
⑤ 注音"住了"在前，"不流"在后。

Estanhar（vt.镀锡、包锡）	pai sie	摆錫①
Estanhado（a.镀锡的）	pai liau sie	擺了錫
Estampar（vt.模印、印刷）	yn sciu	印書
Estar em pe（vp.站着）	zan – lie	站 - 立
Estar assentado（vp.坐着）	zo	坐 - 在那裡坐
Estar de giolho（vp.屈膝跪着）	quei zoi	跪在
Estar dependarado（vp.悬挂着）	tiau chij	吊在②
Estar pera cair（vp.欲坠、将倒）	yau tau	要倒

（98a）

Estar ao sol（vp.在太阳底下）	zoi ge schia	在日下
Estar ao sereno（vp.在户外）	lu tien schia	露天下
Estar à mesa（vp.在饭桌上、就餐时）	zoi sie scia'	在席上
Estar a cauallo（vp.骑着马）	zoi ma scia'	在馬上
Estar absente（vp.不在场）	zoi juon ciu	在遠處
Estar ao redor（vp.在周围）	zoi ceu guei	在週圍
Estar em ponto（vp.正好、不多不少）	sciau po to	少不多 少不遠 不爭多
Estar de baixo（vp.在下面）	zoi schia mien	在下面 在下頭
Estar en cima（vp.在上面）	zoi scia' teu	在上頭 在下頭③
Estar doente（vp.生病）	yeu pin	有病 有疾 有恙
Estar em seu siso（vp.清醒、明理）	po tien	不蹎
Estar fora de si（vp.精神失常）	tien liau	蹎 任④

---

① "摆"字简写，与下一例不同。
② 注音为"吊起"。
③ "下"为"上"之误。
④ 注音为"蹎（癫）了"。

Estar deitado（vp.躺卧着）	zoi na li sciui	在那裡睡 何處睡
Estar triste（vp.忧伤）	yeu su	有愁① 有心焦
Estar cansado（vp.倦乏）	chie' liau	惓了
Estar alegre（vp.高兴）	zoi qua' schi	在歡喜 正喜悅
Estear com esteos（vp.用支架撑住）	cen ciu	撐住
Esteira（n.席子）	sie	席
Estender（vt.伸展、铺开 vi.变长、延伸）	tan cai	攤開
Estendido（a.铺开的、伸长的）	tan cai liau	攤開了
Esteo（n.支柱）②	ciu teu	柱頭
Esterco（n.粪便）	fen – ssi	糞-屎
Estercar（vt.施肥 vi.排泄、拉屎）	schia fen	下屎③
Esterqueiro, esterquilinio（n.粪坑、肥堆）	fen cia'	糞場
Esterile terra（np.贫瘠的土地）	ti seu	地瘦 土瘠 地磽
gorda（a.肥沃的）	ti fi	地肥
Esterildade（n.贫瘠、歉收）	quam nien	荒年 飢歲 飢饉年程

（98b）

Estilar folha（vp.蒸馏花瓣）	pie schia' scioy	逼香水④
Estimar（vt.敬重）	ngoi sie – ciu'	愛惜-重他⑤
Estio, Æstas（n.夏季）⑥	schia tien	夏天
Estima（n.敬重）	ngoi	愛⑦ 敬

---

① "愁"字注音有疑，他处作 ceu 或 zeu。
② 今拼 esteio（支柱、支撑物）。
③ 注音为"下糞"，当指施肥。
④ "逼"，"滗"的借音字。
⑤ 注音无"他"。
⑥ Æstas（夏天），拉丁语名词。
⑦ 此例"愛"为繁体，与上一例简写不同，但部件"心"误为"必"。

Estirar（vt.拉伸）	cie cia'	扯長
Estirado（a.拉长的）	scin	伸
Estocada（n.剑伤）	zan – cci	劗 - 莉①
Estoque（n.长剑）	tau li – li chien	刀利 - 利劍
Estoriar（vt.讲述）②	chian cu ssi	講故事
Estoria（n.故事、历史）	cu ssi	故事
Estoriador（n.讲述者、历史家）	si chiuo'	史官③
Estortegar o pe（vp.扭伤脚）	tie cio cu	跌出胎④
Estudar（vt./vi.学习、研究）	to sciu	讀書 - 看書 觀書
Estudante（n.学生）	sciu tan – tu ti	書堂 - 徒弟⑤
Estudioso（a.用功的）	ngoi tu sciu	愛讀書
Estrado（n.台）	ti toi, zo toj	地樓 - 座樓
Estrada（n.大路），uia regia（np.通衢）	ta lu	大路　大道
Estranjeiro（n.外国人）	chie chiu – pie cuo gin	客居 - 別國人
Estrea boa（np.开市大吉）	hau min	好命　命乖
Estrea maa（np.开市不利）	po hau min	不好命　命醜
Estrebaria de cauallos（np.马厩）	ma fa'	馬房
Estreita（a.狭窄的）	ça	窄
Estreitar（vt.弄窄）	zo ça	做窄
Estreito de mar（np.海峡）	chian	港
Estrela（n.星星）	sin	星
Estrelado（a.布满星星的）	sin mie	星密

---

① "劗"（chán），写为劗，指用剑斩或刺；"莉"（莉），犹刺，也用为动词。
② 今拼 historiar（讲述、叙事、编史）。
③ 注音似"史撰"。此条注音及汉字原写于"講故事"之上，有删画之迹。
④ 注音为"跌出骨"。"胎"（胎），疑为自造，即"臼"，谓脱臼。
⑤ 盖指教书先生门下的徒弟，而非手艺人收的学徒。

（99a）

Estremada cousa（np.绝好、妙极）①	miau	妙 好 玅②
Estremeçer（vt./vi.摇动、震动）	cien tum	戰動
Estreuerse（vr.勇于、敢为），audeo（vi.敢于）③	tan ta	膽大
Estribar（vt./vi.打基础、建基于）	cau	靠 倚
Estribo – staffa（n.马镫）	ta ten	踏鐙
Estribeiro（n.马夫）	scieu schia	手下
Estripar（vt.开膛取出内脏、剖腹）	ciu chen	除根
Estrondo fazer（vp.喧闹）	gia', lau zau	冗④ - 鬧噪⑤
Estremensos d'artifice（np.精湛的[家传]技艺）	chia ho – chia ssi	家貨 - 家輸⑥
Estrouar（vt.妨碍）⑦	tan co	耽各 悮子⑧
Exame（n.考试），ou examinar（vt.赴考、考试）⑨	cau, sci	考 - 試
Excellente（a.优秀的、卓越的）	hau ti chin	好得緊 甚妙 甚好
Exercito（n.军队）	gin ma – chiu' ma	人馬 - 軍馬
Exercitar（vt.从事、实施、训练）		
Escarlata（a./n.鲜红）⑩	ta cum	大紅
Esguelhada cousa（np.倾斜），torta（a.歪斜的）	pien	偏
Esquerdo（a.左边的）⑪		左

---

① estremada，今拼 extremada（非凡、出众）。
② "玅"，"妙"的异体字。
③ audeo（敢于），拉丁语动词。
④ "冗"为"嚷"之误。
⑤ "鬧"，闽南话读 [lao⁶]，客家话读 [lau⁴]（见《发音字典》）。
⑥ 一家一户的捐献。
⑦ 今拼 estorvar（阻碍、阻止）。
⑧ "耽各"，即"耽搁"。"悮子"，耽误了孩子，"悮"通"误"。
⑨ ou（或者），其前为名词，其后为动词。
⑩ 与 Escarlate（97b）是同一词。
⑪ 重复的词条，见 97b。

（99b）

F

Fabula（n.神话、谎言）	cua' yen – qua' yen	泛言 - 謊言
Fabrica（n.①制作、生产 ②工场、机制、结构）	chij fan – zo fan zi	起房子 - 做房子 起屋
Façanha（n.伟绩、壮举）	ta ssi	大事 大機関
Face, facies（n.脸，容颜）	lien – mien	臉 - 面
Facil cosa（np.容易的事情）	yum y	容易 不难①
Facha de fogo, pao de fogo（np.火把，火器）②	zai cio cuo	柴着火
Fadiga（n.疲惫、操劳过度）	sin cu	辛苦 - 艱辛
Faixa de marar os pes（np.包脚的布带）	co chio	裹脚③
Faixas de comer（np.吃东西用的小木棍）	quai zi – ciu	快子 - 筯④
Faym, picca（n.轻剑，长矛）⑤	cia' çia'	長鎗
Fallar（vt./vi.说、说话、谈论）	chia' cua, sciuo cua	講話 - 說話 說 日 云 言 論 語 辯 奏 道
Fallar alto（vp.大声说话）	ta scin chia', cau scin chia'	大声講 - 高声講
Fallar baixo（vp.小声说话）	ti scin chia'	低声講
Fallar（vi.发话、下命令）	fa fan	發放
Falla mandarin（np.官府的语言）	cuo' cua – cin yin	官話 - 正音
Fallador（a.能说的），falla muyto（np.很多话、话多）	to zuj	多嘴 饶舌

---

① 此例"难"字简写，不作"難"。
② pao de fogo，像是补写的词，疑即 pau-de-fogo（火器）。
③ "裹"写为裹。
④ "筯"（筯），即"箸"，筷子。
⑤ faym，今拼 faim（轻剑、练习用剑）；picca，今拼 pica（长矛、标枪）。

Fallador（a.能说的）, falla bom（np.口才好）	quei chia'	會講 能言 會語 高談
Falcão（n.游隼、猎鹰）	quam yin	黄鷹
azior（n.苍鹰）①	lau yin	老鷹
sparauieri（n.雀鹰）②	yau yn	鷂鷹
volette（n.猎鹰）③	sum ciu④	
Faisca de fogo（np.火花、火星）	cuo sin	火星
Faiscar（vt./vi.冒火花、闪亮）	cuo sin pau	火炭爆⑤
	cuo sin san	火星散
Falecer（vi.死）	ssi, uan－cu	死-亡-故殁
Falso（a.虚假的、伪赝的）	chia, guei	假-偽

(100a)

Falser chappa（vp.制造假徽号、假票子）	chia pai	假牌 假票
Falsamento（n.伪造行为）	chia	假 不是真
Fama（n.声誉）	ta min scin	大名声 有名望 大声價
Famoso, afformado（a.著名的，有美名的）	ciuo' min	傳名 揚名
Faminto（a.饿、饥饿的）	chij guo	飢餓 餒餓莩⑥
Familia（n.家）	ye chia－sin	同宗 一家-姓 同姓
Familiarmente（ad.诚挚、亲热地）	ca' tai ta hau	看承他 看待他好 待

---

① 今拼 açor（苍鹰）。
② 今拼 sparvieri，意大利语词。
③ 拼法有疑，比较现代葡语 volatil（飞禽）、volataria（鹰猎）。
④ 未见汉字，似为"松鹫"。
⑤ 注音为"火星爆"。此处原写有注音 pau cuo ta' "爆火炭"。
⑥ "莩"，同"殍"。

		他好①
Faome（n.饥饿）②	guo	餓 飢
Fantasia（n.幻想、任性）	chijn po	輕薄
Fantasma（n.幽灵、鬼怪）	yau quai schien schin	妖怪現形 妖精
Fanhoso（a.有齆声的）, fala com nariz（np.说话带鼻音）	miau giu scin	猫兒声③
Faca（n.刀）	tau	刀
Faca piquena（np.小刀）	siau tau	小刀
Faqueiro [……]（n.刀匣、餐刀盒）	siau	鞘 刀
Faccada（n.刀击、一刀）	con ye tau	砍一刀 斬
Farello de trigo（np.麦麸）	me cu	麥麩④
Farello（n.麸皮）, casca de nelle（np.稻糠）⑤	tau ca'	荳糠
Farello d'aros（np.米糠）⑥	mi can	米糠
Farinha（n.面粉）	mien fen	麵粉
Fardo（n.一捆、一包）	pau	包
Fartar（vt.充饥、使吃饱）	pau	飽
Fartura（n.丰足）	fun nie'	豐年
Cosas que não se farta（np.吃不饱的东西）	po te pau	不得飽
Farnesis [……]（n.发狂、胡言乱语）⑦	cu sciuo	糊說 亂講 胡言
Fastio（n.厌食）– fastidioso（a.令人厌倦的）	yen	厭
Fato d'ouelhas（np.羊群）, gado（n.牲畜群）	ja' chiuo'	羊群 羊隊

---

① 注音为"看待他好"。
② 今拼 fome（饥饿、饥荒）。
③ giu，似非"兒"（儿）字，疑为"嚅"。
④ 写为 亥麸。
⑤ nelle，今拼 nele（稻子、谷子）。
⑥ aros，今拼 arroz（稻米）。
⑦ 今拼 frenesis（发狂、歇斯底里）。

(100b)

Fato ou gado de bois（np.牛群或成队的牛）	gneu cin chiuo'	牛成群 牛成隊
Fato de casa（np.家里的财产）	chia cuo	家貨 家當 行履 行李
Fatia（n.薄片）	subtil（细长的）ye ton, fração（碎片）ye quai	一段① 一塊
Fateixo, anchora（n.锚爪，锚、系锚处）	mau – tin	舒-碇②
Faua, faba（n.蚕豆）③	gua' teu	湾荳④
Fauo de mel（np.①蜂巢 ②和善可亲的人）	mie za	蜜渣
Fauor（n.恩惠、宠爱）– fauoreçer（vt.厚待、偏袒）	toi chiu	擡举⑤ 扶持
Fazer（vt.做、制造、实施）	zo – zau cci – guei	做 造 制 爲 作⑥
Fazer amizade（vp.友好相待）	siao' chiau	相交 相知 相厚 相爱
Fazer a vontade（vp.任由、听凭）	pin ta zo	憑他做 隨他做 任他爲
Fazer calar（vp.令在场者保持肃静）	chiau so cin, po yau gia'	叫肅静 - 不要冗⑦
Fazer viraçao（vp.微风阵阵）	f'un liao'	風凉 風清 風微

---

① "段"写为叚，比较《敦煌俗字典》所录字形：叚；《宋元以来俗字谱》121页也收有叚字。

② "舒"（舒）、"碇"（碇），均为自造字，即"锚""椗"。"椗"字多次出现，见 Ancora（锚）、Ancorar（下锚）等条（42a）。

③ 属于一词而异拼，今作 fava（蚕豆）。

④ 当写为"豌豆"。

⑤ "举"，写为 举。

⑥ "作"字未见注音。

⑦ "冗"，当为"嚷"。

Fazer companhia（vp.陪伴）		
[……]	sum	送 - 随伴
fazer companhia（陪伴）	sui pon	
Fazer vida（vp.一起生活）	tum ciu – tum cuo cie fa'	同住 - 同夥 食飯　同居
Fazer voto（vp.许愿、祈求）	schiu juon	許願
Fazer traquinada（vp.喧闹、闹嚷）	lon giam	乱冗①　喧嘩 唠嚷②
Fazer fincape（vp.踩实、站稳），innixus（a.有支撑的）③	cau	靠　依　倚
Fazer juramento（vp.起誓、宣誓）	fa sci – tu ceu	發誓 - 覩呪④
Fazer carranca（vp.愁眉苦脸）	zu lien	皱面⑤　愁臉
[……]		
Fazer mao rosto（vp.脸色难看、翻脸）	pien lien	变面⑥　反臉
Fazer bom rosto（vp.面有喜色）	siau lien	笑面⑦　鬼面
Fazer meneios, gestio.is.（vp.摇晃、摆架势，打手势）	uu scieu, yau teu	舞手 - 搖頭⑧
Fazer que não ve（vp.假装没看见）	chia po can – ja' po ciau	假不看 - 佯不昭⑨
Fazer guerra（vp.打仗）	cin cen	征戰　伐
		（101a）
Fazer calo（vp.起茧子）	chij pau, scieu cin	起泡 - 手振⑩
Fazenda（n.货物）	cuo	貨

---

① 即"乱嚷"。
② "嚷"，即"嚷"。
③ innixus，拉丁语动词 innitor（支撑、倚靠）的过去分词。
④ "覩"，古"睹"字，此处为"賭"之误。
⑤ 注音为"皱臉"；"皱"字简写，不作"皺"。
⑥ 注音为"变臉"。"臉"与"面"的关联，见"变面、反臉"（75a）。
⑦ 注音为"笑臉"。
⑧ "摇"写为搖，他处多同此。
⑨ "昭"，明白。
⑩ "泡"（泡），即"泡"。"振"（振），似为"疹"之误。

Fazer as çegas（vp.瞎抓）, titillicar（vt.搔痒）	liu ja' – cio ja'	撩痒 - 撼痒①
Fazer proueito a meçinha（vp.药物有效）d'outro（pp.对人有益）	yeu schiau yeu ye	有効 - 有益 有利
fazer honra（vp.尊敬、敬奉）	chijn – can cu – fu' cin	敬 - 看顧 - 奉誠
Fazer bem（vp.厚待）, auxiliar（vt.支援、救助）	fu ci	扶持　維持
Fazer mal（vp.薄待、损害）	yen	怨恨
Fazer audiencia（vp.审讯）	fan cau	放告　坐堂
Fazer camara（vp.解手、泻肚）	chiai scieu – ta pien	解首② - 大便 大恭
Fazer o que deue – bona conscientia（vp.做应做之事 - 有良心）	cum tau	公道
Fazer o que não deue（vp.做不该做的事）	po cu' tau	不公道　不公平
Fazer pazes（vp.和解）	chia' ho	講和
Fazer calma（vp.天热）	ye' ge	炎熱　暑
Fazer frio（vp.天冷）	tie' len	天冷　天寒
Fazer tarde（vp.天色晏、近黄昏）	van te lai	晚得来
Fazer sol（vp.出太阳）	yeu ge	有日
Fazer bom tempo（vp.天气好）	tien çin	天晴
Fazerse erego（？）		
Fazer a saber（vp.使人知道） 　　a maior（对地位高者） 　　a minor（对地位低者）	pau ccij chiau cci tau	报知③ 教知道
Fazer concerto（vp.确定、落实）	chian tin – chia' ton	講定 - 講斷 説定
Fazer aggrauo（vp.犯法、诉告）	guei fa	違法　犯法
Fazer oração（vp.[宗教]祷告）	nien chjn	念經　誦經

---

① "撼"（撼），可能想写"捉"。
② 当为"解手"。"解首"是解元的别称。
③ "报"字简写，不作"報"。

Fazer prisa（vp.抢劫）	cia' to	搶奪
Fazer facenda（vp.做生意），creçeiar（vi.增加、壮大）①	tien cuo	添貨
Fazer cabidal（vp.积累资本）②，acreditar（vt.担保）	pon çien	本錢

（101b）

Fea cousa（np.丑陋的东西）③	ceu	醜
Febre（n.发烧）	scia' han, fa ge	傷寒 - 發熱
Fechar（vt.关闭 vi.停业、终止）	cua' chin	関緊
Fechar a carta（vp.封上信）	fun sciu	封書
Fechar a bocca（vp.关闭出入口）	pi muen	閉門　関門
Fechatura（n.锁）	muen so	門鎖
Fedor（n.臭味）– feder（vi.发臭）	ceu	臭
Fedorento（a.恶臭的）	lan ceu	爛臭
Fee（n.相信、信赖、信用）	sin	信
Feição（n.外形、面貌）	jam	樣
Feição do corpo（np.体形）	schin sia'	形像
Feixiha（n.芸豆）④	cum teu	紅荳
Feira – emporium（n.集市 – 贸易市场）⑤	schiu – zo sci	墟 - 作市
Feito de scriuão（np.文案）	ngan chiuo'	案卷
Feitio（n.劳力）	cum çien	工錢
Feitar da nau e casa（vp.有船有房）	zai fu	財付⑥
Feitiço（n.巫术、魔法）	yiu' sie fa	用邪法
Feitiçeiro（a.有魔力的 n.巫师）	ssy fa	使法
Fel（n.胆汁）	cu tan	苦膽
Feixe（n.捆、束）	ye pa	一把

---

① creçeiar，疑即 crescer（增加、成长、发达）。
② cabidal，即 capital（资本、本钱）。
③ fea，今拼 feia（a.丑陋的）。
④ 原词写为 𠴪，疑即 feijão（菜豆、芸豆）。
⑤ emporium（市场、商业区），借自希腊语的拉丁词。
⑥ "付"为"富"之误。

Felugem（n.烟垢）	yen	烟①
Felpa（n.绒毛），pelos d'ouelhas（np.羊的细毛）	ja' giu'	羊絨
Felpuda cousa（np.毛茸茸的东西），peloso（a.多绒的）	giu' to	絨多
Femea（a.女性的、雌的）		
d'animaes（指动物）	mu	母
d'home（指人）	nu②	
macho（a.公的、雄性的）	cum	牞③
Feno（n.干草、草料）	con zau	乾草
Feneçer（vi.死亡、终结）	scieu çiu'	寿終④
Fender（vt.劈开、划破）	lie cai	裂開
Fendido（a.开裂的）	lie cai liau	裂開了

（102a）

Fenda（n.裂缝）	lie fun	裂缝
Ferir（vt.打伤、伤害 vi.受伤）	scia'	傷
Ferida（a.受伤的）	scia'	傷
Ferido home（np.受伤者）	cio liau scia'	着了傷　被傷
Ferias, vacantio（n.假期，休假）	fan schio	放學
Fera（n.猛兽）	me' scieu⑤	猛獸
Feroz home（np.凶残的人）	me' çia'	猛將　勇將
Ferro（n.铁）	tie	鐵
Ferros dos pes（np.脚镣）	tie leau	鐵镣
Ferrolho（n.插销、门闩）	tie cu	鐵釩⑥
Cousa de ferro（np.铁制器物）	tie ghi	鐵器

---

① 他处又写作"煙"。
② "女"，缺字。
③ "牞"（牞），似为自造字，即"公"。
④ "寿"字简写，不作"壽"；他处同此。
⑤ 原写为 ngo scieu，即"恶兽"（恶兽）。
⑥ "釩"（釩），可能想写"鋼"。

Ferrar（vt.包铁、钉马掌）	*schia chio sie*	下脚鑼[1]
Ferrar animaes（vp.给牲畜烙火印）	*chij hau*	記號
Ferradura（n.马掌）	*chio sie*[2]	
Ferramenta de carpenteiro（np.木匠工具）	*mu cia' chia cuo*	家貨[3]
Ferrão d'abelha, [……] d'ape[4]（np.蜜蜂的蛰刺）	*mie fun – to ciu'*	蜜蜂-毒蚕[5]
Ferrette（n.火印、烙印）, sinal de feridas（np.创伤的痕迹）	*pa*	疤
Ferreiro（n.铁匠）	*tie çia'*	铁匠
Ferraria（n.铁匠铺、铁器店）	*tie çia' chiai*	铁匠街
Ferrugem（n.铁锈）	*tie siu*	铁鏉[6]　鈕[7]
Ferrugento（a.生锈的）	*scia' liau siu*	上了鏉　鈕
Fertile terra（np.肥沃的土地）	*fi tien*	肥田
Ferver（vt.煮沸 vi.沸腾）	*cuon*	滚
Feruor（n.沸腾）	*ciu ye cuon*	羹一滚
Feruente cousa（np.煮开的东西）	*cuon liau*	滚了

（102b）

Festa（n.节日）– festiual（a.喜气洋洋的）	*schi ssi*	喜事　好事
Fez, borra（n.酒滓，酒渣）	*çiu chio*	酒脚　酒底
Fiar linho, algodão（vp.纺织亚麻、棉纱）	*fan mien sa*	纺綿紗
Fiado（n.纱线）	*mien sa*	綿紗
Fiar（vt.托付、担保 vi.信任）– spondeo（vt.保证、作保）[8]	*zo pau gin*	做保認
Fiador（n.保人）	*pau gin*	保認

---

① "鑼"（鑼），似为自造字。"脚塞"，可能是"马掌"的方言说法。
② 未见汉字，注音同于上上条"脚塞"。
③ 注音为"木匠家伙"。
④ d'ape（蜜蜂的），意大利语词组，其前的一个词难以辨认。
⑤ "蚕"，"虫"的异体字。可比较词条 Escraruelho（蜣螂）。
⑥ "鏉"（鏉），即"銹"，前面出现过（Enferugarse，90b），义同本条。
⑦ "鈕"，指器物的鼻鈕，与金属生锈无关。《龙龛手镜》平声卷金部："鈕，女九反，印也。"《洪武正韵》有韵："鈕，印鼻、镜鼻、弩鼻。"
⑧ spondeo（保证、作保），拉丁语动词。

Fiar no crime（vp.为罪犯担保）	*pau cia'*	保状　保給
Fiador no crime（vp.罪犯的保人）	*pau chia*	保家　保人
Fiquar, d'home（vi.在、处于，指人）①	*zoi*	在
d'outra cousa（指东西）	*fan zoi*	放在
Fidalgo（n.贵族）	*cuo' chia zi ti*	官家子弟
Fiel（a.忠实的、忠诚的）	*ciu' cie*	忠直　良
de mandarin（指官员）	*cium cin*	忠臣
Fielmento（n.忠心）	*cium sin*	忠信
Figado（n.肝脏）	*con*	肝
Figadinho（n.动物肝脏）	*siau con*	小肝
Figo de［……］（np.无花果）	*uu cua cuo – fan çiau*	無花菓‐番蕉②
Fuguera（n.无花果树）	*çiau sciu*	蕉樹
Figo da India（np.印度无花果）③	*pa çiau*	芭蕉
Figo passado（np.无花果干）	*çiau con*	蕉乾
Filho（n.儿子）	*gi zi*	兒子
Figura d'auto（np.扮演的角色、戏剧演员）④	*schi zi*	戲子
Filho bastardo（np.私生子）	*sciu zi*	庶子
Filha（n.女儿、女孩）	*nu zi*	女子
Filhinho（n.幼子）	*siau gi zi*	小兒子
Filhar（vt.收为养子）	*ja' zi*	養子

（103a）

Filosomia（n.相面）⑤	*sia' mien*	相面
Filhoos（n.油炸蜜糖蛋饼）	*çien mi ton*	熒米團
Fim da vida（np.生命的尽头）	*scieu cium*	壽終

---

① fiquar，今拼 ficar，用于指人时表示"住、停留"，用于指物时表示"处在、位于"。
② "番蕉"是铁树的别名，此处似作说明语（铁树之花，状如果实），并非与无花果等义。
③ 可参看《汉法词典》上的 *Pā ciaō*（芭蕉）一条，释为"印度无花果"。
④ auto，古即 acto（剧、幕）。
⑤ 系 fisiognomonia（相面）的误拼或旧写。

Fincar（vt.嵌入、支撑）	*tin ciu*	榏住①
Fingir（vt.虚构、伪造 vi.假装、虚伪）	*chia*	假
Fingidamento（n.虚假），idem（义同上）		
Finarse（vr.死亡）	*ssi*	死 薨
Finado（n.死者）	*ssi gin, ssi sce*②	死人
Final cousa（np.最后的事情、收尾），derradeiro（n.最终）	*se ui – lin liau*	弑尾③ - 臨了
Finalmente（ad.最后）	*ui teu*	尾頭
Fina cousa（np.纤细的东西）	*yeu si*	纫細④ 小
Firme（a.坚决的、稳固的）	*tin – guo'*	定 - 允
Firir（vt.弄伤 vi.受伤）⑤	*scian*	傷
Firido（a.受伤的）	*scian liau gin*	傷了人
Firida（n.伤口）	*cio liau scian*	着了傷 被傷
Fisico（n.医生、内科医生）	*y sen*	醫生
Fisico mor（np.资深医师）	*tay y*	太醫
Fisgar（vt.用鱼叉扎鱼）	*piau iu*	彪魚
Fisga（n.鱼叉）	*iu za*	魚乂⑥
Fitta（n.带子）	*tai*	帶
Fito（n.目标、靶）	*ba zi*	把子⑦
Finça（n.支柱）	*cau*	靠依
Fixa（a.稳定的、固定不变的）	*tin, po tum*	定 - 不動
Fogo（n.火）	*cuo*	火
Fogão（n.炉灶）	*zau*	竃⑧
Fole（n.风箱）	*fun sia'*	風箱 風匱⑨

---

① "榏"（抲），似为自造，即"頂"。
② 后两个字音为"死尸"。
③ 参见另一例（76b），"弑"字注音不同。
④ "纫"（幻），"幼"的俗字。
⑤ 今拼 ferir（打伤、伤害）。
⑥ "乂"为"叉"之误。
⑦ "把子"，即"靶子"。注音 ba 系笔误，当为 pa。
⑧ 古"灶"字，写为竃。
⑨ "匱"（匮），犹柜，大箱子。

Folia（n.伴乐舞）	*tan cia'*	弹唱
Folião（n.艺人、演员）	*cui ta' cia'*	会弹唱①
Folhia（n.叶、页）	*ye*	葉
Folhia de papel（np.一张或一页纸）	*ye cia' cci*	一張帋②
Folgar（vt.放松、宽心 vi.休息、消遣）	*cuon schi*	歡喜
Folgar（vi.消遣、娱乐），ir a folgar（vp.去玩耍）	*gua' scia*	遊宸 飯耍 耍子③

（103b）

Folgação（n.清闲、开心）	*yeu gua'*	遊飯 賞
Folgadamente, comodante（ad.绰绰有余，大小适宜）	*cin hau – cuo'*	正好 - 寬
Follego（n.呼气）④	*tu ghi*	吐氣
Fome（n.饿、饥）	*tu chij*	肚飢 餓了
Fonte（n.泉眼）	*çiuo' gniuo'*	源頭⑤
Fora（ad.在外面、外地、国外）	*guai mien*	外面 外象
Forasteiro（n.外乡人、外国人）		
d'outra terra（从别处来的人）	*chie gin*	客人 賓
d'outro ramo（其他族裔的人）	*pie cuo gin*	別国人 外国人⑥
Foro, loghieri（n.租金，利率）⑦	*zu sciui*	租税
Foreiro che paga foro（np.租户、付租金者）	*tien fu*	佃户 佃丁

---

① 此处的"会"字简写，不作"會"。《宋元以来俗字谱》曰部收有"会"字。
② "帋"，"纸"的异体字。
③ 注音为"飯（玩）耍"。"宸"，高楼深宇，借指帝王寓所；"遊宸"，狭义指游皇城，泛言之则指游城，等于说到城里玩儿。"耍子"，即玩耍，口语词，元明白话作品中颇多见。
④ 今拼 fôlego（呼气、气息）。
⑤ 注音为"泉源"。
⑥ 两例"国"字均有别于"国"。
⑦ loglieri，拼法有疑，词根似为 logro（古词，指利率、利润），关联词如 logreiro（放高利贷者）。

Forão（n.灯塔）, vigia de lanterna（np.设有灯火的瞭望塔）①	cau ciau	高照
Força（n.暴力）	ciao' to	搶-奪
Forçar molher（vp.强暴女人）	chia' chia'	強姦②
Forçoso（a.强大有力的）	yeu ta lie	有力-大力③
Forças（n.力量）	lie	力
Forca（n.绞刑、绞架）	tiau	吊
Forcada, bilingue（n.长柄木叉，双齿叉）	mo za	木乂④
Forma de zapatos（np.制鞋的模子）⑤	chiaj chiuo'	鞋勸⑥
Forma de zappeos（np.制帽的模子）⑦		帽魁
Forma d'outras cousas（np.制作他物的模子）	mu	模
Formar（vt.用模子制作、使成形）	schia mu	下模
Fermento（n.酵母）	son mien	酸麵
Formigas（n.蚂蚁）	ma y	麻蟻⑧
Formigueiro（n.蚂蚁窝）	ma y zau	麻蚁窠
Forno（n.烤炉、炉子）	cuo lu	火炉
Forneiro（n.烤炉匠）	mien pau pu	麵包舖
Fornalha de telhas（np.砖瓦窑）	yau zau	窑窜
Fornada（n.一窑[砖]、一炉[面包]）	ye yau ciuo'	一窑磚
Forneçer（vt.供给、供应）	pi pa' chia cuo	俻辦家貨⑨
Fornecido（a.已备齐的）	ci pi	俻辦⑩
Forar escrauo（vp.释放奴隶）	fan cio	放出

---

① forão，今拼 farol（灯塔）。
② "姦"，旧时"奸"的正字。
③ 注音为"有大力"。
④ "乂"为"叉"之误。
⑤ zapatos（鞋子），他处拼作 sapato(s) 或 çapato(s)。
⑥ "勸"为"楦"或"圈"之误。另一处写为"櫢"，参见 Enformar çapatos（90b）。
⑦ zappeos，疑即 capelo(s)（制服的帽子，如博士帽、主教帽）。
⑧ "麻"，当为"螞"。"蟻"为繁体，别于下一例简笔的"蚁"。
⑨ "俻"（偹、俻），即"备"。《玉篇》人部："偹，預也"；"俻，同上，俗"。《闽南方言大词典》2 页，有复合词"备办"。
⑩ 注音为"齐备"。

(104a)

Forrar vestidos（vp.给衣服上衬里）	fan li	放裏
Forro de vestido（np.衣服的衬里）	li	裏　内
Forro de tauoas（np.木板镶里）	siao' pan	傷板①
Forrar casas（vp.给房子上木板）	coi pan	盖板
Forrado vestido（np.有衬里的衣裳）	yeu li	有裏
Forada casa（np.上了板的房子）	ye pon sciao'	有板傷②
Forrar, escusar, sparmiar（vt.节约，减免，节俭）	yum sin sie	用省些
Forte cousa（np.坚固的东西）	chien cu	堅固
Fortaleçer（vt.巩固）	zo cin chien cu	作城堅固
Fortaleza（n.要塞、城堡）	pin yn	兵營　兵塞
Fouce, falx（n.镰刀）③	zau lien	草鐮
Fugir（vt.逃避 vi.逃跑）	zeu	走
Fugidio（a.逃走的）	poi cuo	背国④
Fujão（n.在逃者）, seruas fugitiuas（np.逃走的奴仆）	tau zeu	逃走
Fugueira（n.火焰）⑤	yen cuo	烟火
Fugareiro（n.炭盆）⑥	cuo pen	火盆
Fumo（n.烟）	yen	烟
Fumeiro（n.烟道）	yen cuo	烟筒⑦
Fumegar（vi.冒烟）	sciau yen	燒烟⑧
Fundo de vaso（np.器皿的底部）	ti	底
Fundo cousa（np.深邃）, profundas（n.深底）	schim	深
Fundar casa（vp.给房子打地基）	chij çia' chio	起墙脚

---

① "傷"（伤）为白字，"傷板"即"鑲板"。参见 Entauoar（铺木板，92a）。
② "傷"为"鑲"之误，参见上条注。
③ fouce，今拼 foice（镰刀）；falx，意思相同的拉丁语词，又指钩镰式兵器。
④ "国"，口内为"王"而非"玉"。
⑤ 今拼 fogueira（火焰、火舌）。
⑥ 今拼 fogareiro（火炉、炭盆）。
⑦ 注音为"烟火"。
⑧ "烟"（烟），即"烟"。

Fundamento, aliçeçes（n.基础，地基）	cia' chio	墙脚
Fundador（a.创始的 n.创始者）	tan zu chij	當初起　初時起
Fundir（vt.熔冶、铸造 vi.生利润、有好处）, render（vi.有收益）	yeu ye	有益　有利
Fundir geralmente（vp.铸造一般的东西）	ciu	鑄
de prata（铸银子）	chiuon yin	傾銀①
Fundidor（n.铸匠）		
de prata（铸银子）	yin çia'	銀匠
d'outras cousas（铸其他东西）	ciu tu' çia'	鑄銅匠
Funil（n.漏斗）	leu	漏
Furo（n.洞、孔）, pertuço（？）	ciui yen	錐眼

（104b）

Furador de carpenteiro（np.木匠用的钻子）	çiuon zi ciuj	鑽子
de mão（手钻）②	ciuj	錐
Furar（vt.打孔、钻眼）		
Furia（n.暴怒、猛烈）	schjium	凶③
Furioso（a.凶暴的）	schiu' can	兇僕④　惡人
Furtar（vt./vi.偷盗、窃取）	teu	偷　盜
Furtada（a.偷来的）	teu lai ti	偷来的
Furtatamente（ad.偷偷）, vide escondidamente（偷偷、悄悄）		
Fuso（n.纱锭）	sien chiuo'	綫捲
Fustigar（vt.抽打）	ta	打　撻
Fusil, fucil（n.火镰）	cuo lien	火鐮
Fraco（a.虚弱的）	scin soi	身衰　身弱

---

① "傾"拼为 chiuon，可比较潮州话，读作 [kuêng¹]（见《发音字典》）。
② "手钻"即锥子，故其注音同于下一条"锥"。
③ 写为 涛䍿，前一字似有划痕删除。
④ 此处的"兇"写为 兇，与上一例不同。

Fragueiro, inquieto（a.游走山野的，动荡不安的）	yeu tum	遊蕩　浪蕩①
Fraita de pastor（np.牧笛）②	siau cuo'	簫管③
Frama（n.火焰）④	cuo yen	火焰
Frangão（n.小公鸡）	siau chij	小鷄⑤
Franja（n.流苏），cinta de seda（np.丝带）	si tay	系带
Fraoxa（a.软弱的），vide fraco（a.脆弱的）⑥		
Frasco（n.细口瓶）	pin	瓶
Frauta（n.笛、哨子）⑦	schia' chij	響器　鳴器
Frecheiro（n.弓箭手）	cum cie' scieu	弓箭⑧
Frecha（n.箭）⑨	cien	箭
Fregar（vt.擦、摩擦、擦洗）⑩	ce – mo	拆 - 磨
Freima（n.黏液、痰）⑪	cheu yen – cheu ye	口涎 - 口液　口水
Freimatico（a.迟缓的、冷静的），lente operar（vp.做事慢）⑫	ci man	迟谩
Freigues（n.顾客、主顾），venda a sua tenda（np.摆摊卖货）	ciu cu	主顧

---

① 此例"蕩"字的注音同于"动、通、童"等字。可比较：广州话二读，[dong⁶] 或 [tong³]；闽南话读为 [dong⁴]，音同"动"（见《发音字典》）。
② fraita，今拼 flauta（长笛）。
③ 此例"管"写的正字，他处多为"罒"字头。
④ 今拼 flama（火焰）。
⑤ "鷄"，他处多写为"雞"，二字并为"鸡"的繁体。《干禄字书》："鷄、雞，并正。"
⑥ fraoxa，今拼 frouxo 或 froixo（松、软）。
⑦ 与 fraita 似为同一词，见上。
⑧ 注音为"弓箭手"。
⑨ 今拼 flecha（箭），比较：frecha（箭矢），集合名词。
⑩ 即 esfregar（95b），又转指责备、痛打。
⑪ 即 fleuma（黏液、浓痰）。
⑫ freimatico，今拼 fleumatico（冷静、冷漠、慢性子的）。

Freo com redinas（np.马嚼子）①	pi teu	轡头
o ferro de pes（np.脚上的铁具、蹄铁）	an tie	含鐵②
Freyra（n.修女）	ni cu	尼姑
Fresca cousa（np.新鲜的东西）	cin sien	新鲜
Fresco lugar（np.清新凉爽的地方）	cin liao' – hau cua' chin	清凉 - 好光景
Fermoso（a.漂亮的、秀丽的）③	piau ci – mi	嫖致 - 美

（105a）

	fi con sin fi	肝心肺④
Freites（n.运费）⑤	ciuo' cien – ciuo' scioj	船錢 - 船税 舡租
Fretar（vt.①出租 ②租用）	cu ciuon	雇船　寫船 桩舡⑥
Fresta, janella（n.天窗，窗户）	zan	窻⑦
Fria aguoa（np.冷水）⑧	len	冷 - 凉　清
Fresca（a.凉、清凉的）	liao'	
Frialdade（n.寒冷）	len	冷
Friamento（n.寒冷）		
Friorento（a.怕冷的）	pa len	怕冷　畏寒
Frigir（vt./vi.煎、油炸）	çien	煎
Frigideira, sartago（n.煎锅，平底锅）⑨	tie scio	铁杓

---

① freo，今拼 freio（马勒、刹车）。
② "含"（𠚪），义不明。
③ 今拼 formoso（漂亮、优美）。
④ 注音为"肺肝心肺"。未见对应的葡文词目，可参看 Descaido do galinha（78a）。
⑤ 今拼 frete（船租、运费）。
⑥ 后二词当写为"卸船、装船"。
⑦ "窻"写为"窗"。
⑧ 惯常的词序应为 agu(o)a fria（冷水），形容词后置于名词。由这一条往下，左侧页缘添写有"寒　陳陳寒"四字，其中的"陳陳"当为"陣陣"之误。
⑨ sartago（平底煎锅），拉丁语名词。

Fritto peixe（np.煎炸的鱼）①	cien iu	煎魚②
Frisar（vt.①使卷曲、弄皱 ②加缘饰、镶边）, guarneçer no bordo（vp.镶边）	sia' pien	傷邊③ 殺逢④
Frol（n.花）⑤	cua	花
Froreçer（vt.使开花 vi.开花）	cai cua – se' cua	開花 - 生花
Frorido lugar（np.种花的场所）	cua yuon cua tin	花園⑥ 花庭
Fronha（n.枕头、枕套）	cin teu y	枕頭衣
Frontal（n.门楣、过梁）	toy chiuon toy guej	臺裙 臺圍
Frontaria（n.[房子]正面）	mien çien	面前
Frota（n.舰队）	pin ciuon	兵船
Froixo（a.松软的、松散的）	zui – sum	碎 - 鬆
Frouxamente（ad.松松散散地）	sum yum	鬆容
Fruito（n.果实、果子）	cuo zi	果子 - 結果子
Frutuoso（a.盛产果子的）	chie cuo zi	

（105b）

G

Gabar（vt.称赞、夸奖）	pau çia' – cin cu	褒獎 - 稱呼稱美
Gabada cousa（np.值得赞赏的事情）	scio ssi ta hau yeu min	說事他好有名声⑦

---

① 正常的词序当为 peixe fritto（煎炸的鱼）。
② 此例"煎"字，与上一例"煠"写法不同。
③ "傷"为"鑲"之误，参见 Entauoar（92a）。
④ 另一处写为"逢殺"（32a），即"縫煞"，指缝边。
⑤ 今拼 flor（花、花卉）。
⑥ "园"字简写，不作"園"。
⑦ 注音并无"声"字。

Gabarse（vr.自夸）	ci cin	自稱	自謂
		自誇	
Gado d'ouelhas e bois（np.牛群和羊群）	ja' cin chiuo' gneu, ma cin chiuo'	成群	成隊①
Gafo（a.生疥疮的、患麻风病的）	lai	癩	
Gafanhoto（n.蝗虫、蚂蚱）	zau cium	草虫	
Gago（a.口吃的 n.结巴）	tuon scie	短舌	
Gaguejar（vt.含含糊糊地说话 vi.口吃、结巴）	chia' po min ciuon	講不明轉②	
Gayola（n.鸟笼）	çio lu'	雀籠	鳥籠
Gauea da nau（np.船上的桅楼）	van teu	望斛③	
Gaiuota（n.海鸥）	pa lu	白鷺	
Galante（a.优雅的）	ci çin	齊整	
Galardoar（vt.酬劳、奖赏）	pau nghen	報恩	報德
Galardão de grande（np.得自位高者的奖赏）	scia' ci siao' sum	賞賜 相送	頒賜
de minor（得自位低者的报酬）			
Galheta（n.小瓶子[如调味瓶]）	siau pin	小瓶	細壺
Gallinha（n.母鸡）	chij	雞	
Galinhero（n.鸡窝）	chij zau	鷄窠④	
Gallo（n.公鸡）	schiu' chij	雄雞	
Galo de cabeza（np.脑袋上的鼓包）	zan cium	撞腫	
Galope（n.奔跑）	tiau zeu	跳走	
Gamo, beado（n.鹿）⑤	lo	鹿	
Gamella（n.木盆、木槽）	puon	盆	
Ganho（n.利润、盈利）	li cien	利錢	

---

① 当写为"羊成群、牛马成群"。
② 字音 min 有删痕。当理解为"讲不明""讲不转"，二语同义。
③ "斛"（斛），疑为自造字，即"斗"。"望斗"与"观星"同义，借指高处，而这里是指桅楼，故"斗"字添有"舟"旁。
④ "鸡"，"鷄"的繁体字。注意前后两例"雞"，写法有别。《六书辨正通俗文》81页："鷄、雞虽同，而经典多从佳。"
⑤ beado，今拼 veado（鹿）。

Ganhar（vt.挣得、赢得 vi.获利、得益）	yin	嬴[1] 趡[2]
Gancho, enzol（n.钩子，鱼钩）	cheu	鈎
Garfo（n.叉子[餐叉、鱼叉等]）	za	乂[3]
Gargantão（n.饕餮者），grande comedor（np.大食客）	ta cie	大食

（106a）

Garganta（n.嗓音）	scin yin	声音
Gargantear（vt./vi.发颤音、用颤声唱）		
Garafa（n.细颈玻璃瓶）	po li pin	薄璃瓶[4]
Gastar（vt.消耗、用尽 vi.花钱、挥霍）	ssi yium	使用 使唤
Gastador（a.浪费的）	ta yium	大用 粗用
Gasto façer（vp.花费、开销）	cio ssi yum	出使用[5]
Gasalhado（n.栖身处；款待）	chiu ciu	居住
Gasalhado fazer（vp.留宿）	cuon tai	管待
Gato（n.猫）	meau	猫
Gata（n.雌猫）	meau zi	猫子
Gatear（vt.抓牢、扣住）	pa	抓[6]
Guardar（vt.看守、照管、收藏）	scieu ghi	收起
Guarda de gente（np.家族的卫兵）	chia pin	家兵
Guardador（a.防护的 n.防护者）	cin scieu	镇守
Guardarse（vr.提防；回避）	quei pi	迴避
Guarda del Rei（np.皇帝的卫兵、御林军）	chiu' ma	軍馬
Guarda nappo（np.手巾、餐巾）[7]	scieu chijn	手巾
Guarda roppa（np.衣柜）[8]	y chia	衣架

---

① 当写为"嬴"。
② "趡"通"攒"，指积累。
③ "乂"为"叉"之误。
④ "薄"为"玻"之误。
⑤ 犹出钱，"使用"为名词。
⑥ 原字写为 扒，与注音不合。可能想写"扒"字。
⑦ 今连写为 guardanapo（餐巾）。
⑧ 今写为 guarda-roupa（衣柜、衣帽间）。

Guarda porta（np.门帘）	muoe' lien mue' cia'	門簷①- 門帳
Guai di vos（interj.多亏您、亏得诸位）	quei ni	虧你
Guarneçer de prata（vp.饰银、涂上银色）	sia' yin	傷銀②
Guarnição de gente（np.驻防军）	cin scieu	鎮守
Gauião（n.雀鹰）	yau yin	鷂鶯③
Gazua（n.假钥匙），chaue falsa（np.偷配的钥匙）	chia so④	
Geada（n.霜冻、冰冻）	lu scioj	露水
Gear（vt.使冰冻、冻伤 vi.降霜、结冻）	cin pin	成冰
Geira da terra, que pode lavrar un dia（np.地积单位、一块耕地，一天可以耕完）⑤	ye mau tien	一畂田⑥
Geito ter（vp.有模样、有架势、有风度）⑦	yeu sci	有勢
Geitoso de tirar（ap.善射的）⑧	hau scie	好射
Gemer（vt.哀叹 vi.呻吟）	hen⑨	

（106b）

Gemeo（a.孪生的 n.孪生子）– gemini（a.成双的、成对的）	san sen	双生 - 孖⑩
Gema d'ouo（np.鸡蛋黄）	tan qua'	胆黄⑪
Genro（n.女婿）	nu ssi	女婿　門婿

---

① "簷"（檐），注音 lien，当为"簾"（帘）。
② "傷"为"鑲"之误。
③ "鶯"（鸎），当为"鷹"。参见"鷂鷹"（99b）。
④ 未见汉字，当写为"假鎖"。
⑤ geira，今拼 jeira，古指一对耕牛一天能翻耕的田亩，为约莫估算的土地面积，用作量词。
⑥ "畂"，古"亩"字，所记之音 mau 系出粤语。
⑦ geito，今拼 jeito（形象、模样）。
⑧ geitoso，今拼 jeitoso（熟练、灵巧）。
⑨ 未见汉字，当写为"哼"。
⑩ 缺注音，其字有 zī（双生子）和 mā（成双对的）两读，用在这里都通。
⑪ "胆"字简写，不作"膽"，此处为"蛋"之误。

Gente（n.[总称]人、人们）	gin	人
Gente de pe（np.步兵）	can pin – lu pin	㫰兵① - 陸兵
Gente di cauallo（np.骑兵）	pin ma	兵馬　兵卒
Gente de guarnição（np.守军）	scieu cin pin	守城兵
Gentil home（np.温文尔雅的人、绅士）②	piau ci	嫖致　生得好
Geração（n.生育繁养）	ciuo' zi yin suo' – sen zi ciuo' suo'	傳子蔭孫 - 生子傳孫
Geral（n.教长、首领）	teu gin	頭人
Gesto（n.手势）		
Guareçer, sarar（vt.使康复 vi.痊愈）	çia' yau hau	將要好
Guela – gola（n.衣领）	cheu lu'	喉嘟③
Guerra（n.战争）	cen	戰
Guerrear（vt./vi.作战、打仗）	zo cen④	
Guerreira（a.善战的）	cuei cen	會戰　能戰
Guerra de mar（np.海战）	scioi cen	水戰
Guerra de terra（np.陆战）	hon cen	㫰戰⑤
Gibboso（a.隆起的 n.驼背）	po pin	不平　不均
Gigante（n.巨人、伟才）	çia' chiun	將軍　將帥⑥
Gineta（n.良马）, cauallo di guerra（np.战马）	cen ma	戰馬
Ginciure（n.生姜）⑦	chian	薑
Giolho（n.膝）	cie	膝
Girgilim（n.芝麻）⑧	ci ma	芝麻⑨

---

① "㫰"（㫰），《敦煌俗字典》收有其形（㫰），指干旱。或认为，此字是"旱""汗"的记音俗字或增旁俗字（于淑健2012：343）。

② 今连写为gentil-homem（绅士、贵族）。

③ 注音为"口咙"，犹喉咙。可比较"喉嘟哑"（91b）。

④ 即"作戰"，未写汉字。

⑤ "㫰"（㫰），注音不同于前。

⑥ "將"（將）、"將"（將），同一字写法有异。

⑦ 今拼gengibre（生姜）。

⑧ 今拼gergelim（芝麻）。

⑨ "芝"，"芝"的异体字。

Guiar（vt.带领、导引 vi.通往……）	yn lu	引路
Giunco（n.巨型帆船）①	ta cion – chiu lan②	大船 - 巨艦
Guindar, alleuantar（vt.起吊，升起）	ce cau	扯高　提高
Guiçar（vt.炖、烧），comer（vt./vi.吃、进餐）③	tiau li	調理
Golfo de mar（np.海湾、远海）	ta hoi	大海　巨海
Golfinho（n.海豚）	pa chij	白鯯④
Goloso（a.贪吃的、嘴馋的），faminto（a.饿）	guo zaij⑤ – tan cie	貪食
Golpe（n.击打），pancadas 3（np.打三记）	ta sam schia	打三下

（107a）

com pao（pp.用棍子）	ta ye cuon	打一棍
Gonços（n.合页、铰链）		
Goma（n.树胶、树脂）	sciu çia'	樹漿
Gomil que hão l'aguoa（np.盛水的窄口罐）	scioj pin	水瓶
Gorra（n.便帽）	mau zi	帽子
Gordo（a.肥胖的）	fi	肥
Gordo de carne（np.猪油）– seuo（n.动物脂肪）	yeu	油
Gosto（n.味道、乐趣）	ngai	爱　欲
Gostosa cousa de comer（np.美味的食品）	cci ui	嗞味　甘旨
d'outras cousas（其他有趣味的东西）	yeu çiu	有趣　清
Gostar（vi.喜爱），deleitar（vt.使快乐、满足）	ngai	爱　欲

---

① 今拼 junco（中式帆船）。

② "艦"（舰）之音记为 *lan*，系本于粤闽方言以及客家话里该字的读音 *lam*（见《发音字典》）。

③ guiçar，今拼 guisar（①炖煮 ②策划）。

④ "鯯"（鯯），疑即"鰭"，指白鰭（豚）。

⑤ 未写汉字，似为"餓仔"。

Gostar, prouar（vt.品尝，体味）	scia'	嘗曾①
Gotteira（n.檐沟、水落管）	ye tien	一點 一滴
Gottejar（vt./vi.滴落、滴水）	tien tie	點滴
Gota a gota（np.一滴接一滴）	tien tien	點點 滴滴
Gota dos pes（np.脚痛风）	chio sin ten	脚心疼 脚掌疼
Gota das maos（np.手痛风）	scieu si' ten	手心疼 手掌疼
Gota coral（np.痛风）	fun cin	風症
	jam gi pin	羊兒病②
Gozar（vt.享有、拥有 vi.愉快、喜悦）	cuon schi po scin	歡喜不胜 甚喜
Gozo（n.快乐）	cheu zi –	狗子-兔狗③
Gula（n.贪嘴、暴食）	tan cie	貪食 爱食
Gargalho（n.浓痰），osso da gola（np.喉结）	chie cu	結喉
Gusto（n.味道），gustar（vt.尝味道）	cci ui	嗞味
Graa pano, melhor vermelho（np.猩红色的布料，比绯红还要红）④	ta cum	大紅
Graça（n.恩宠、潇洒、风趣）	ta y	得意
Graça de fallar（np.言语幽默）	siau cua	笑話 講笑
Gracejar（vt./vi.打趣、说俏皮话）	chia' siau cua	講笑話
Gracejador（a.风趣的）	cuei chia' siau cua	会講笑話
Grade（n.栅栏、围栏）	lan con	欄杆

（107b）

Gral, morteiro（n.研钵，臼）- pesadoro	cium han	椿鐼⑤-椿杵

---

① "嘗"（尝）又有曾经之义，但已是另一词。
② 参见"揚風病"（84a）。
③ 与葡语条目难以对应。"狗"写为狗、狗；全稿中，偏旁"犭"多写成"亻"。
④ graa, 今拼grã, 本义为胭脂虫, 转指猩红色。
⑤ "椿"，"春"的借音字，可比较"春軟"（33a）、"春臼"（40a）。"鐼"（锹），恐系自造，当写为"夯"。

（a.称重的）①	cium chiu	
Gral de pedra（np.石臼）	scie cium chieu	石樁臼
Gralha（n.乌鸦）	u ja	烏鴉
Gralhar（vi.①呱呱、嘎嘎叫 ②吵嚷、发嘈杂声）	chiau	叫 啼 鳴 呼 喚
Grande（a.大、硕大的）	ta	大
Grandeza（n.巨大）	ta te chin	大得緊
Grande idade（np.年纪大）	nien chij ta	年紀大 有年了
Grao（n.贵族），gradus officij（np.官阶、品级）	ye chie, ye pin	一級 一品 一等
Graos（n.豆、谷粒），species liguminis（np.豆类）②	teu zi	荳子
Grato（a.感激的）	gin y – nge' y	仁義 - 恩義
Graue（n.严肃、庄重）	chiu' chiu' giu je	恭恭如也③
Grettas de porta（np.门上的裂缝）	me' fun	門縫
Grelha（n.炉箅子）	tie za'	鐵床
Gretar（vt./vi.冻裂、裂开），fender（vt.劈开、破开）	lie cai	裂開 鬪開 破開
Grifo, hypogrifo（n.[神话]狮身鹰头兽、半鹰半马的怪兽）	fi ma	飛馬
Grillo（n.蟋蟀）	si so	蟋蟀
Grilhos das maos（np.手铐），ferros（n.铁链）	scieu ceu	手杻④
Grilhos dos pes（np.脚镣）	chio leau	脚鐐
Grito（n.喊叫声）	han – gin han⑤	嘁

---

① 可能指秤砣，也是石制的。
② species liguminis，拉丁短语。
③ 潮州话"恭、穹"同音，闽南话"恭、緪"同音。
④ "杻"音"丑"，古时铐手的器具。《广韵》有韵："杻，杻械。"
⑤ "人嘁（喊）"，与下下条所见的注音重复，短语"gente que gritta"（喊叫的人）本写于其上方。葡语的 grito/gritar 不仅指人喊叫，还指动物嚎叫，而汉语的"喊"只用于人，故有此扩充释义。

gente que gritta（np.喊叫的人）
Gritar（vt./vi.喊叫、疾呼）	*chiau*	叫
Gritta muytoi home（s.许多人喊叫）	*gin han*	人嗷
Gloria（n.荣光）	*hau min scin*	好名声
Gloriarse, alabarse（vr.自夸、自负）	*ci cin*	自稱
Grosso（a.粗、厚、浓）	*zu*	麁① - 厚
Grosseiro（n.粗糙、粗鲁）	*zu pen*	麁笨
Grosar（vt.注释）②	*chiai zu*	觧註
Gru（n.鹤）③	*pa schio*	白鶴④
Grude（n.胶）	*gu çia'*	糊漿
Grudar（vt./vi.粘贴、粘住）	*gu*	糊
Grunhir（vt./vi.哼哼、嘟哝）	*ciuy scia' nien*	嘴上念

（108a）

I / J

Ja mais（adp.绝不）	*zoi po*	再不⑤
Ja aguora（adp.现在、即刻）	*giu chin*	如今
Ja muyto a（adp.很久）	*schiu chieu*	許久　這久
Ja entançes（adp.就在此时）	*na sci cie*⑥	
Ja a pedaço（adp.有一刻、刚才）	*yeu ye quei – chio zai*	有一會 - 却才
Ja a dias（adp.已经多日）	*ge chieu liau*	日久了　遠日
Jantar（n.晚餐、正餐 vt./vi.吃晚饭），verbo（n.动词）⑦	*cium fa' – u fa'*	中飯 - 午飯

---

① 旧字，即"粗"。
② 当拼为 glosar（注释、评注）；grosar 另有其词，指用锉刀锉。
③ 今拼 grou（鹤）、grua（雌鹤）。
④ "鶴"，另注音 *guo*（129a）。
⑤ "再"写为 冄，他处所写多类此。
⑥ 未写汉字，当为"那時節"（78b、92a）。
⑦ 说明这里作动词解，盖为区别于下一条，因有数量词限定而用为名词。

Jantar hum（np.一顿晚饭或正餐）	ie zan ciu' fan	一湌中飯①
Janeiras, strenas（n.新年礼物）②	pai chio cien	拜脚錢
Janella（n.窗户）	zan	窓
Janella de grades（np.格栅窗）	cha yen zan	隔眼窓③
Janelinha（n.小窗）	siau za'	小窓　閑窓
Janella de jenebosia（np.纱窗）	sa zan – lien	紗窓 - 簷④
Jaca fruita（np.木菠萝）	po lo mie	菠蘿蜜⑤
Jaca, marsupium（n.钱袋）⑥	ho pau	荷包
Jarro（n.水罐）	scioj pin	水瓶
Jardin（n.花园）	cuo mo juo'	菓木园　花菓园⑦
Jaspe（n.碧玉）	lo pau scie	綠宝石⑧
Jace, jacet（vi.[他]躺卧、倒下）⑨	tau	倒　瀉
Jejum（n.斋戒、禁食）	ie ge cie ie zan	一日食一湌⑩　日用
Idade（n.年龄）	nien chij	年纪
Idolo（n.偶像）	scin sia'	神像
Iguarias duas（np.两种美食）	schia fa' – liao' ui	下飯 - 兩味
Igual cousa（np.齐平的东西）	pin	平
Igualar（vt.弄平整、使平等 vi.相同、一样）	zo pin	做平

---

① "湌""餐"的异体字。《龙龛手镜》入声卷食部，将"餐""湌"并列为正字。
② strenas（年赏、新年礼物），拉丁语名词。
③ "隔"，他处多标为 che。
④ "簷"（檐），注音为"簾"（帘）。
⑤ "菠"写为 蒎。
⑥ jaca，词义不详；marsupium（钱包），源自希腊语的拉丁词。
⑦ 两例"园"字均简写，不作"園"。
⑧ "宝"（宝）字简写，不作"寶"。《宋元以来俗字谱》宀部，所据通俗小说十余种，均简写为"宝"，可证此字在民间已相当稳固。
⑨ jace，今拼 jaze，动词原型为 jazer（躺、卧；安息、长眠）。jacet，同源同义的拉丁语动词，还可指物价下跌。
⑩ 短句，即一天只吃一顿饭，为西教守斋的一种方式。"日用"系另手补写，盖指节约，与守斋无关。

Igresia（n.教堂）	ssi	寺
Joyo, lolium（n.毒麦、野草）①		

（108b）

Joeirar（vt.筛、簸）	sai	篩
Jogo（n.游戏、赌博）	tu－po	覩賻② - 覩錢
Jogo de en xadres（vp.玩棋）		下碁　着棊圍③
Jogral－parasitas（n.丑角－逗乐的食客）④	chia' siau cua	講笑話　笑話
Jornada（n.日程、行程）	lu cin	路程　途
Jornada di tres dias（np.三天的路程）	sa' ge lu cin	三日路程　水路
Jornal de hum dia（np.一天的工钱）	ie ge cum cien	一日工夈⑤
Jornaleiro（n.日工、短工）	scieu cu	受雇
Jubão（n.男式上衣）⑥	tui chijn	對襟
Jubanete（n.古时用铁丝缠成的盔甲），armas（n.盔甲）⑦	tie chia	鉄甲
Jugo（n.轭、辕）	gneu gua'	牛轅
Juga de bois（np.一对公牛）	lia' tiau gniu	兩條牛
Jugar（vt./vi.玩、游戏、赌博）⑧	tu	賭⑨
Jugador（n.赌徒）	qua' tu	慣賭

---

① lolium（毒麦，稗子之类野草），拉丁语名词。此条未见汉译。
② 系"赌博"之误。
③ "碁、棊"，二字写法不一，均为"棋"的异体。实则"棋"字晚出，《干禄字书》平声卷，"碁、棊，上通下正"，未见"棋"字。又，"棊圍"，字序疑有误。一块棋的形状称为棋围，非此处所用之义。
④ parasitas，今指寄生虫，古时本指攀附豪门、陪酒逗乐的食客，源出希腊语。
⑤ "夈"（夈），俗"钱"字。
⑥ 今拼 gibão，指古时男人穿的一种紧身短上衣。
⑦ jubanete，今拼 gibanete。
⑧ 今拼 jogar，及物、不及物均可。
⑨ 此例及下一例"赌"字，原写成"覩"，为后手改正。

Juiz（n.法官）	cuon	官
Juiz, aluidro（n.仲裁者、公断人）①	ton cum tau	断公道
Julgar（vt./vi.审判、判决）	pon	判
Julgador（n.审判官）	pon cuon	判官
Junco, erua（n.灯芯草，牧草）	schia' zau	鹹草②
Juncar（vt.铺草、把草摊开）	san zau	沿草③-摊开草
Juntamente, tambem（ad.一起，也）	ye	亦
Junto（ad.挨近）	siao' chin	相近
Juntura dos membros（np.四肢的关节）	cuo çie	骨節
Juramento（n.誓言），jurar（vt./vi.起誓、盟誓）	fa sci, sci yuo', tu ceu	發誓-誓願-覩咒
Juramento falso（np.假誓）	schiu sci	虛誓
Jurisdição（n.司法管辖权、职权）	cuo' ti fa'	管地方
Justo（a.合适的、公平的）	cin hau	正合④

（109a）

Justiça（n.公平、合理）	po' cum tau	判公道 公平
Jniustiça（n.不公平、不合理）	tuo' po cum tau	断不公道
Justiçar com pancadas（vp.判棍刑）	ta ssi	打死
Justiçar com catana（vp.判斩决）	zan	斬 砍
Justamente（ad.公平合理地）	y li	依理 憑理
Justiar（vt./vi.对决、比武）⑤	pi chiau ssi – pi scieu mien	比教⑥-比手面⑦
Ilharga（n.体侧、胁）	yau pien	腰边⑧

---

① aluidro，今拼 álvidro（裁判、法官）。
② "鹹"（咸）写为 䤴。"咸草"，即灯芯草、藺草。
③ "沿"，注音原作 yen，删涂后补写的 san，似对应于"散"字。
④ 注音为"正好"。
⑤ 今拼 justar，古时犹指骑马比枪、对决。
⑥ 注音实含"比教""比试"二词。
⑦ 即比试动作，如枪棍、拳法之类。
⑧ "边"字草作 边。

Ilha（n.岛屿）	hoi ssi – sa'	海燠① - 山
Ilha（n.沙洲）	ceu	洲
Ilho（n.鞋眼），burraco de vestido（np.衣服的扣眼）	y fo yen	衣服眼
Imagem（n.像[肖像、画像、塑像等]）	siao'	像　形　模
Imaginairo（n.画匠）	cua cia'	畫匠　畫工
Imaginar（vt./vi.想象、猜想、思索）	siao'	想
Imaginatiuo（a.富于想象的）	luo' sia'	乱想　乱思量
Imigo（n.敌人）②	yuon ceu, yuo' chia	寃家-寃售③
Incitar（vt.诱使、煽动）	yin yeu	引誘
Incansavel（a.不疲倦的、尽心尽力的）	po coei chien – po sin cu	不会悓④ - 不辛苦
Enciar（vt.使肿胀、增大 vi.鼓起、涨大），farse grande（vp.鼓胀起来、变大）⑤	cia'	漲
Enciarse（vr.肿胀）	ci chij ciu'	自己腫
Enciado（a.鼓起的）	cium	
Enciacho（n.肿大）	cium ye to	腫一堆⑥
Enchocho pequeno（np.微肿）	cium sie sie	腫些些　畧腫
Enchimento（n.充满、填满）	sie muon	塞满　堆满
Encrinarse（vr.倾斜、弯腰）⑦	chio yau	曲腰
Incrinado（a.倾心于……的），affeisado（倾向于……的）⑧	tan	貪　慾
Incriuel（a.不可信的、难以置信的）	po sin	不信

---

① "燠"写作㠼。注音似为"海市"。
② 即 inimigo（敌人、对头）。
③ 注音为"冤仇、冤家"，参见"售人"（91b）。两例"冤"也都写为"穴"字头。
④ "会"字简写，不作"會"。
⑤ Enciar，今拼 inchar（肿起、使鼓起）。
⑥ to，对应之字为"多"。
⑦ 今拼 inclinarse（弯腰、鞠躬）。
⑧ Incrinado，今拼inclinado（倾斜的、倾心于）；affeisado，今拼afeiçoado（偏爱某人某物的）。

Inda não（adp.还没有、尚未）①   *qua' po cen – scia'*   还不曾② - 尚未③

Inda bem não（adp.幸亏还没有）

Inda agora（adp.刚刚）   *chio zai tau*   却才到　纔到④

Indifferentemente（ad.无关紧要地）   不論　勿論　都好

（109b）

India（n.印度）   *si an*   西洋⑤

Indiano（n.印度人 a.印度的）   *si fan*   西番

Indouto（a.没上过学的、无知的）   *po scie zi – po gin te zi*   不認得字　不識字⑥

Industrioso（a.勤奋的、能干的）⑦   *quei zu mai mai*   會做買賣

Indusir alguem（vp.引诱某人）   *ciau yeu*   招誘　引

Infante（n.王子），filho del rej（np.国王之子）   *gua'*   王

Infanta（n.公主）   *cum ciu*   公主

Infantaria（n.步兵）   *han pin, nga' pin, lu pin*   㧬兵⑧ - 岸兵 - 陸兵　水兵⑨

Infamar（vt.诋毁、中伤）   *scio quai ta ti min scin – fi pa'*   說壞他的名声　誹謗

Infame（n.声名狼藉者）   *ceu gin*   醜人

---

① inda，今拼 ainda（还、仍）。
② "还"字简写，不作"還"。
③ 注音只记了"尚"，其后有葡语说明：de livro（用于书面）。
④ "纔"（才），写为半简的 纔。
⑤ "洋"，他处拼为 yan（117a）。
⑥ 注音两条次序相反。
⑦ 与 Endustrioso（90a）为同一词。
⑧ "㧬"（㧬），参看词条 Gente de pe（步兵，106b）。
⑨ "水兵"为西士补写，无注音。

Inferior d'aquele（ap.比其小）	siau co ta	小過他　是他小
maior（a.更大的）	ta co ta	大過他
Inferno（n.地狱）	ti yo	地獄　p.陰府
Infernal fogo（np.地狱之火）	ti yo cuo①	
Infinido（a.无穷的、无止境的）	uu cin	無盡　無邊　無窮
Inguento（n.药膏）②	cau yo	膏藥
Ingrime（a.倾斜的、陡峭的）	chij – se	踦③ - 斜④
Ingrato（a.没良心的、忘恩负义的）	ua' nghe' – fu y	忘恩-負义⑤　背德
Inhame（n.薯蓣类）	tie' sciu	甜薯
Iniuria（n.辱骂、伤害）	ngo iu	惡語傷人⑥
	ngo iu scia' gin	不好說　得罪人
Iniuriar（vt.辱骂、伤害）		罵詈⑦
Iniusta（n.不公平、不合理）⑧	mo yeu tau li	沒有道理　沒理
Injusto（a.不公平的、不合理的）	po cu' tau	不公道　不公平
Impeto correr（vp.疾流）	leu chie	流急
Impossiuel（a.不可能的）	mo yeu cij çin	沒有此情
Importuno（a.纠缠不休的、令人讨厌的）⑨	çien cia'	揃帳⑩

---

① 即"地狱火"，未写汉字。
② 今拼 unguento（软膏、香脂）。
③ "踦"（踦），疑为自造字，即"畸"或"崎"。
④ 注音有疑。
⑤ "乂"字简写，不作"義"。
⑥ 注音为"惡語、惡語傷人"。对应于葡语名词。
⑦ 动词对应于动词，但无注音。
⑧ 疑即 injustiça（n. 不公正、不合理）。
⑨ 与 Emportuno（88b）实为同一词，汉语对译所用的词也一样，都是"欠账"，写法不一而已。
⑩ 即"欠账"。"帳"，通"賬"；"揃"音"剪"，指剪除、剪断，此义可参看 Pelar（128b）。

Importunar（vt.纠缠、打扰）	cia' cia' tau	常常討 只管来討
Inquietar（vt.搅扰、使忧虑）	luo'	乱

（110a）

Inquirir（vt.调查、审查）	fan za – za yen	訪察①
Inteiro（a.整个的、全部的 n.整数、整体）	çiuo'	全
Inteirar（vt.补足、完成、使成一体）	cie cuei	接囬②
Intitular（vt.命名、称之为）	hau	號
Imbrolhado（a.纷乱的）	luon	乱繁
Inabil（a.笨拙的、不中用的）	quam pi	頑皮
Ipocrita（a.伪善的 n.伪君子）	zo zam, chia mo ja'	作狀 - 假模樣
Ir（vi.去、走去）	chiu	去
Ir de baixo（vp.从底下走）	zoi schia mien	在下面
Ir con impeto（vp.疾行）	cuo' schia chiu	袞下去③
d'aguoa（指流水）	leu schia chiu	流下去
Ir por mar（vp.走海道）	gua' ciuon chiu	往舡去
Ir por terra（vp.走陆路）	gua' hon chiu	往㟋去 起㟋④
Ir de uagar（vp.缓行、闲步）	ma' schin	謾行
Ir por aguoa abaixo（vp.顺水下行）	leu schia chiu	流下去
Ir auante（vp.往前去）	çien mien chiu	前面去
Ir ter（vp.往某处去）	chiu tau	去到 至
Ir a fallar（vp.去说说）	chiu chian	去講 去說
Ir longe（vp.走得远、发迹了）	chiu te yuon	去得遠 去遠了
Ir em bo hora（vp.去得及时）	cie cuo' chiu	即管去

---

① 注音为"訪察、察驗"。
② 义不明。疑为"接会"，指男女交合，以成就人事。
③ "袞"通"滚"。
④ "㟋"（㟋、㟋），即"旱"。

Ir a tras（vp.往后去）	toi heu chiu	退後去　後面去
Ira（n.愤怒）	nau	怒① 嗔
Irmão（n.兄弟）	schiu' tj	兄弟　昆弟
Irmão inteiro（np.同胞兄弟）	tu' pau schiu' tj	同胞兄弟
Irmaomente（ad.如同兄弟一般）	giu schiu' ti	如兄弟
Irmaã pequena（np.妹妹）	çci moj	姊妹
Irmaã grande（np.姐姐）	ta ci	大姊
Irmão grande（np.哥哥）	co zi	哥子
Irmão pequeno（np.弟弟）	tj lan	弟郎
Irmaa de pai e maj（np.同父同母的姐妹）	tu' pau moi zi	同胞妹子②

（110b）

Irarse（vr.发火、愤怒）	fa nu	發怒　生嗔
Irado home（np.暴怒的人）	nu chie liau	怒極了
Irto – leuantado（a.立起的，升起的）	za chi laj	站起来③　立
Isca de peixe（np.鱼饵）	gi	餌
Isca do fogo（np.导火索）	cuo yn	火引　引綫
Istoria（n.历史）	si	史

La

La（ad.那里、在那边）	na li, na pie'	那裡 - 那邊
Lattão（n.黄铜）	quam tum	黃銅
Laço（n.绳结、套索）	cheu, zan tie	笱④ - 裝踢⑤
Ladeira（n.山坡）	cau lu	高路
Lado（n.边、侧）	pan pien	傍边⑥

---

① 注音为"恼"。
② "妹"字写为 㛖。
③ "站"，当拼为 zan，见"站 - 立"（97b）。
④ "笱"（狗），音同"狗"，一种捕鱼用的竹器。
⑤ "裝踢"，疑为白字，不明所指。
⑥ 旁边、靠边，方言词。

Ladrar（vi.吠叫）	*foi*	吠
Ladrão de caminho（np.劫道者）	*ta chie – ton lu*	断路贼 - 拆盗①
Ladrão de noite（np.夜盗）	*ce tau*	竊盜
Ladrão de mar（np.海盗）	*hoy ce*	海賊
Ladrilhos（n.方砖）	*fan ciuo'*	方磚
Ladrilhar（vt./vi.用砖铺地）	*ci ciuo' – pu ciuo'*	砌磚 - 鋪磚
ladrilhada（a.铺了砖的）	*ci liau*	砌了
Lagar（n.榨油房）, casa d'azoite（np.油坊）	*yeu cie*	油車
Lagareiro（n.油坊主）,［……］	*ta yeu ti*	打油的
Lagarto（n.蜥蜴）	*ngo yu*	鱷魚
Lagartiço（n.小蜥蜴）	*pie scie*	壁蛇
da terra（土蜥蜴、壁虎）	*si chio scie*	四腳蛇
Lago（n.湖）	*gu*	湖②
Lagostas（n.龙虾）	*lun schia*	龍蝦③
Lagem（n.石板）④, pedra chim（np.中国石）⑤	*pin scie*	平石
Lagrimas（n.泪）	*jen luj*	眼淚

（111a）

Lagrimar（vi.哭、掉泪）	*tiau luj, co*	吊淚 啼泣⑥
Lagrimosa cousa（np.悲催的事情）	*cu – zam yeu – hau chie*	苦 慘 憂 - 號 泣 悲
Laja – feição（n.种类 – 容貌）	*jam*	樣
Lama（n.烂泥）	*la' ni*	爛泥

---

① 注音为"打劫、断路"。"拆盗"，指拆下并盗走。
② 先写有注音 *iu tan*（鱼塘），被删涂。
③ 其前写有"墨魚"及注音 *mo iu*，一并被删涂。
④ 今拼 laje 或 laja（石板）。
⑤ 盖指板石或石碑。
⑥ 注音为"吊淚、哭"。

Lameiro（n.泥沼）, lugar de lama（np.烂泥溏）	la' ni ciu	爛泥處
Lamber（vt.舔）	tien	嗔① 怒
Lança（n.长矛）	cia' çia'	長鎗
Lançada（n.[长矛]一刺）	ciu ye çia'	刺一鎗②
Lanzar（vt.抛、扔）③	tiu	丟
Lanzar rais（vp.发芽、生出根须）	sen chen	生根
Laã d'ouelhas compras（np. 购买的羊毛）	ja' giu', ce' giu'	羊絨 - 氊絨
Lanudo（a.多绒的）	ja' cen to	羊氊多
Cousa de laã（np.羊毛制品）	gium ve	絨④
Liberal（a.慷慨的、好施舍的）	ta ssi, ta yum	大使 - 大用
Larga cousa（np.宽阔的东西）	cuon	寬
Lapa（n.岩石、岩洞）	scie nga'	石岩
Lapidario（n.珠宝匠）	jo çia'	玉匠
Largamente（ad.宽松地）	cuon	寬
Laranze（n.甜橙）	con zi	柑子
Laranceira（n.甜橙树）	con sciu	柑樹
Lastro da nao（np.船上的压舱物）	zan ciuo' ti	裝舡底
Lastrar（vt.装压舱物、装满）		
Latão（n.黄铜）⑤	quam tum	黃銅
Lattaero（n.铜匠），[……]	tum cia'	銅匠
Lauar（vt./vi.洗、洗涤）	ssi	洗 滌 濯
Lauatorio（n.澡堂）, lugar onde se lauar（np.洗浴的场所）	tan si	湯子

---

① 注音为"舔"字。误作"嗔"，是因为其字形近于"填 tien"（92b）。"怒"是补写的字，与"嗔"同义，属于错上加错。
② "剌"（剌）为"刺"之误，注音有疑。
③ 今拼 lançar（抛、扔），又有"撒种、发芽"等义。
④ 注音为"絨物"。
⑤ 重复的词目，见本字头开首第二条，葡语词拼写略异。

(111b)

Português	Pinyin	中文
Lauandeiro de paos, branquear（np.洗衣匠，使用木杵并加漂白）	piau çia'	沛匠① - 洗衣服的
Laurar a terra（vp.耕田）	li tien	犁田②
Laurador（n.农民）		農夫
Laurar d'agulha（vp.干针线活）	tiau cua, siu cua	挑花 - 绣花
Lazaro（n.麻风病人）	fun çie	瘋疾③
Leal（a.忠诚的、忠厚的）	cium cheu	忠厚④
Lepre（n.野兔）⑤	tu	兔
Lebreiro cão（np.猎兔狗、猎狗）	lie chiuon	獵犬⑥
Licença pedir（vp.请求准许、告假）	cau pin	告禀 - 告准
Licença dar（vp.准许）	ciuon	准
Licença ter（vp.获准）	ciuon liau	准了
Ledo（a.快乐的）	cuo' schi	歡喜
Legitimo（a.合法的、婚生的）	te çin	得親⑦
Legumes（n.豆类）	teu zi	荳子
Lej（n.法律）	fa tu	法度 - 律 紀 綱
Lincenço（n.疖子）⑧	yu' çie – çie zi	癰癬 - 癬子⑨
Leitão（n.乳猪）	siau ciu	小猪
Leitão peixe（np.海豚）⑩	hoi ciu	海猪
Leite（n.奶、乳）	nai giuj	妳乳⑪

---

① "沛"，注音似为"漂"字。
② "犁"写为 犂。
③ "疾"写为 疾。
④ "厚"，他处标为 heu，这里是误认作"臭"了。
⑤ 今拼 lebre（野兔）。
⑥ "獵"（猎）写为 獦。
⑦ 犹"嫡亲"。
⑧ 今拼 leicenço（疖子）。
⑨ "癬"（疖）写为 癣。
⑩ 直译为"猪鱼"。
⑪ "妳"，"奶"的异体字，见 Dar leite（73a）。

Cousa de leite（np.乳制品）	giui zo te	乳做的
Leito（n.床）	zan	床榻
Leme（n.舵）	to	舵
Lembrar（vt.想起、记得）	chi cio	記着
Lembrança（n.记录、备忘）	sciu chj	書記
Lenço（n.手巾）	an chin	汗巾
Lenzoes（n.床单、被单）①	pa tan pi	白单被②

（112a）

Lendeas de piolhos（np.虱卵、虮子）	sie tan	虱旦③
Lenho（n.木材）	mu	木
Lenha（n.柴）	zai	柴
Lenheiro（n.打柴的人）	çiau fu	樵夫　樵子
Fazer lenha（vp.打柴）	con ciau	砍柴④
Lepra（n.麻风病）	lai çie	癩疾
Leproso（a.患麻风病的）	sen laj	生癩
Ler（vt./vi.阅读、念书、识字）	to sciu – nien sciu	讀書 - 念書　看書
Leste vento（np.东风）	tum fun	東風
Letrado（a.有学问的 n.博学者）	giu cie	儒者　書生
Letra（n.字母）	zi	字
Letra de mão（np.手写的文字）	sie ti	寫的
Letra de forma（np.印刷的文字）	yn ti	印的
Letra legiuel（np.能识辨的字）	zi to te	字讀得
Letreiro de sepultura（np.墓志铭）	mu chij	墓記
Letreiro de poesa（np.诗歌的题铭）	tui lien	對聯　詩詞
Leuadar（vt.使发酵 vi.发酵），leuido（a.发酵的）⑤	fa chij	發起

---

① 今拼 lençol（床单、被单）。
② "单"字简写，不作"單"。
③ "虱"写为虵；"旦"，俗"蛋"字。
④ 注音为"砍樵"。
⑤ leuadar，今拼 levedar（发酵）；leuido，今拼 lêvedo（发酵的）。

Leuar, ducer（vt.带领，引导）①	tai ta chiu	带他去 引他去
Leuar ferro（vp.起锚）	na chiu	拿去
Leuar as costas（vp.从后面牵拉）	poi ta chij	背他去
Leuar a rasto（vp.从前面拖拽）	to	拖
Leuantar hum peso（vp.抬起重物）	pon chij	捧起
Leuantar boa cousa leue（vp.轻轻拿起珍贵的东西）	na chij	拿起
Leuantarse（vr.站起、起立）	chij scin	起伸②
Leuantar guerra（vp.起义、反叛）	fan chij lai	反起来
Leuantamento（n.起义、叛乱）	fan	反
Leuante（n.东方）	tum	東

（112b）

Leve（a.轻）	chijn	輕
muyto leve（ap.非常轻）	chin ti chin	輕得緊
Leuar vantagem（vp.占优势）	chian cuo	強過
Leuemente（ad.轻轻地）	chin chin	輕③
Leuar em conta（vp.考虑、重视）	zum suo'	總筭
Leuar adiante（vp.居先、提前）	na cie' mie' chij	拿前面去
Leuar boa vida（vp.日子过得好）	cuo' lo – cuo' chij	歡喜 - 歡楽 欣④
leuar maa vida（vp.日子过得糟）		
Leuar a salua（vp.得以成功），prouar（vt.尝试、核实）	sci cuo	試過
Leuar no regaço（vp.放在膝头），asbraços（n.搂抱）	pau	抱
Leuar a sirga（vp.拉纤绳、扯拖缆）	cie chien	扯牽⑤
Leuar a toa（vp.拉拖缆）	cie ciuo'	扯船

---

① ducer(e)（带领、引导），拉丁语动词。
② "伸"，似为"身"之误。
③ 注音为重叠式"轻轻"。
④ 注音为"欢乐、欢济"。"欣"字由另笔补写。
⑤ "牽"，有可能为"纤"之误。

Leuar por forza（vp.用力牵拉）	cie, to	扯　拖
Lião（n.狮、公狮）	ssi zi	獅子
Lião pequeno（np.幼狮）	siau ssi zi	小獅子
Lião manso（np.温顺的狮子）	ssi ci scien	善獅子①
Liar（vt.捆扎、结合），juntar Reis em lega（vp.联合诸王组成同盟）	zu schio	凑合②
Liberar（vt.解救）	chieu ta	救他　扶他
Licito（a.合法的）	zu te	做得
Lição（n.功课、教育）	sciu	書
Lide, differença（n.争斗，分歧）	luo'–han	疑 - 項③
Lidar, litigar（vt./vi.争斗、搏斗，争讼、打官司）	siao' cau	相告
Lido letrado（np.博学的读书人）	giu cie	儒者
Ligeiro（a.轻、薄、轻快的；不结实、不牢靠的）	schium	凶④
Liga（n.同盟、协会）	siao' pan	相幫⑤
Lisongeiro（a.恭维的 n.恭维者）		
Lima（n.锉刀）	tau – tau chi	鉈⑥ - 鉈鋸
Limar（vt.锉）	tau tie	鉈光⑦
Limatura（n.铁屑）	tie sui	鉄碎

（113a）

Limão（n.柠檬）	suon con	酸柑
Limoeiro（n.柠檬树）	suo' co' sciu	酸柑樹
Limite（n.界线、界隔）	chia chiaj	甲界⑧ - 隔
Limo（n.水藻）	scioj zau	水草

---

① 注音的字序为"獅子善"。
② 注音为"凑血"，表歃血之义。
③ "疑"，疑惑、惑乱，注音为"乱"。"項"，似指强项，不肯折服。
④ 写为 凶，与葡文词义有出入。
⑤ "幫"，旧"帮"字。
⑥ "鉈"，短矛。字当作"砣"，砣子，打磨玉石器的砂轮。
⑦ 注音为"砣铁"，用砣子打磨铁器。
⑧ "甲"，旧时户籍单位，"甲界"犹今居委或社区划分。

Lindo（a.漂亮的）	*piau ci*	嫖致　好美貌
Lingua（n.舌头）	*scie*	舌
Linguaraz（a.饶舌的、好搬弄是非的）	*ngo yen*	惡言　不好說話
Lingua, interpetre（n.语言，翻译）	*tu' ssi*	通事
Linguajem（n.语言）	*cua*	話　說
Linguado（n.鳎鱼、舌头鱼）	*sa pan iu*	沙魬魚①
Linhiera（n.卖线的女人）	*mai sie' ti*	賣線的
Linha（n.线）	*sien*	線
Linhajem, alcunha（n.家族，外号）	*sin*	姓
Linhol de zapateiro（np.系鞋的带子）	*schiai so – so zi*	鞋索②
Limpo（a.干净的、整洁的）	*ca' çin*	乾净　清潔
Lioa（n.母狮）	*ssi mu*	獅母
Liquor（n.汁液）	*cie*	汁
Liquido（a.液态的）	*yum*	融
Liquidar（vt.结算、付清）	*suo' min liau*	筭明了
Lirio, gillho（n.百合）③		
Lisa cousa（np.光滑的东西）	*quam*	光
Liso fazer（vp.弄光滑）	*pau qua'*	刨光
Listrada cousa（np.条纹状的东西）	*za sse*	雜色　彩色
Litigar（vt./vi.争吵、诉讼、打官司）	*tui li*	對理
Librar（vt.释放、解放）④	*chieu*	救
Liuro（n.书、卷册）	*sciu*	書
Liuro branguo（np.空白的簿子）⑤	*po mo yeu zi*	簿没有字
Liureiro（n.书商）	*mai sciu ti*	賣書的
Liuraria（n.图书室、藏书间）	*sciu fan*	書房　書斋⑥

---

① 一名龙利鱼，俗称舌头鱼。
② 注音为"鞋索、索子"。
③ gillho，今拼（百合），为意大利语单词。
④ 今拼 livrar（解救，使自由）。
⑤ branguo，今拼 branco（白色的、空白的）。
⑥ "斋"字简写，不作"齋"。

Liuro home（np.自由人） cu cu' ti①

（113b）

Lixo, sterco（n.垃圾，粪便）② feun 粪
Loba（n.母狼） zai la' mu 豺母　狼母③
Loba vestido（np.[僧侣穿的]黑袍） cia' y 長衣
Lobinho（n.狼崽） zai zi 豺子
Lobinho enchacho（np.瘤子、肿块）④ liu zi 腦子⑤
Lobo（n.狼） zai la' 豺狼
Lodo（n.烂泥） lan ni 爛泥
Logia（n.店铺）⑥ pu, tien 鋪-店
Logo（ad.立即） çiu 就
Lograr（vt./vi.享有、取得、实现） yum 用
Lombo（n.脊肉） moi gyo 脢肉⑦
Lombrigas doença（np.虫病）⑧ sin tu' 心痛⑨
Lombrigas bichos（np.蚯蚓虫、蛔虫） tu cium 肚虫
Longo（a.[距离或时间]长、漫长的） cia' 長
Longe（a./ad.[距离或时间]远、遥远 n. yuo' 遠　萬里
久远、远景） 千里　遙
Longura de tempo（np.时间久长） cia' chieu 長久
Louça（n.石板、石材） çi chi 磁器
Louar（vt.称赞） pau cia' 褒獎

---

① 未见汉字，似为"雇工的"。
② sterco，今拼 esterco（[动物]粪便、粪肥）。
③ 即"母豺、母狼"；注音为"豺狼母"。
④ enchacho，今拼 inchação 或 inchaço（肿块）。
⑤ "腦"（腦），"瘤"的异体字。《说文》："瘤，肿也。"《玉篇》："瘤，肿也。瘜肉也。"（瘜＝息）《集韵》尤韵，将"瘤、腦"二字并列。
⑥ 今拼 loja 或 loje（店铺）。
⑦ "脢"，指猪脊肉。《说文》肉部："脢，背肉也，从肉，每声。《易》曰：'咸其脢。'"《广韵》灰韵释为"脊侧之肉"；《集韵》释为"夹脊肉"。字又作"脄"。今粤语仍有"脢肉"一词。
⑧ 指蛔虫等引起的腹痛。
⑨ "心"，盖指肠胃。

Louador（n.称赞者）	cia' pau cia' gin	常褒奖人
Loro（a.金黄色的 n.金发的人）①	quam siu	黄鬚
Lua（n.月亮）	iuo	月 蟾 玉盤 浩 皓
Luar（n.月光）	iuo lia'	月亮 月明 月光
Lua nova（np.新月）	iuo zu	月初
Lua chea（np.满月、圆月）②	iuo po'	月半 月尾
Lume（n.①灯火、光亮 ②知识）	qua' lia'	光亮 明白
Lume natural（np.①自然之光 ②良知）③		明德
Lumeira de porta（np.门上的小窗）	mue' tou	門斗④
Luminar（a.发光的 n.星体），dar cores（vp.着色）⑤	zan se	莊色⑥
		（114a）⑦
Lugar（n.地点、位置）⑧	su zai	所在 獨鄰⑨
Lugar, terra（n.地方，地区）	ti fan	地方
Lustrosa cousa（np.光鲜夺目的东西）	ue guam	物光
Luto（n.丧服）	schiau fo	孝服
Luta（n.格斗、冲突）		
Luua（n.手套）	scieu ua	手襪⑩
Luxurioso（a.淫荡的）	cie' çin	姦情

---

① 今拼 louro（金黄、金发）。
② chea，今拼 cheia（满、丰满）。
③ 这一行，包括对应词"明德"，原以小字补写于词条 Lume 的左侧。
④ "門斗"，门楣上方，后多指门口伸出的小间。"斗"写为 㪷，字形与"戽"（hù）相近。"戽斗"是一种汲水灌溉的工具，与本条无关。
⑤ luminar，多用作形容词（发光）和名词（天体），作名词又转指博学明理之士。
⑥ "莊"，当写为"妆"或"装"。
⑦ 114 页背面空白。
⑧ 此行的左侧，自上而下有"景光、景致、清景"三词，为西士所书，对应于葡文"[……] lugar"。
⑨ "獨"（獨），疑为"獨"之误。"獨鄰"（独邻），即偏远之地、独居之所。
⑩ 即手套，粤语的说法。

Luz（n.光线、光明）	*guam liam*	光亮
Luçeiro（n.星体）	*chi min sin*	啟明星
Luçir（vi.发光、天亮）		

（115a）

M

Maa cousa（np.坏事）	*po hau*	不可①
Maa cotesia（np.不知礼、没礼貌）	*mo yeu li si*	没有礼数
Maa praneta（np.不吉的星象）	*ngo sin*	恶星
Massar（vt.捶打）②	*zai*	跩
Massado（a.经捶打的、砸实的）	idem（同上）	
Massão da nafica（？），giogiole（n.枣）③	*zau zi*	棗子
Massaneta botton（np.球形纽扣）	*niu zi*	纽子
Massarocca（n.纱锭）	*fan cie*	紡車
Massaneiro, statuorio（n.模造偶像的匠人，雕塑匠）	*zau pu sa ti*	造菩薩的
Massiço（a.实心的、牢靠的）④	*po cu'*	不空
Massinho（n.小锤子），pequeno martello de pao e ferro（np.小木槌或铁锤）	*çioi zi*	鎚子　槌子
Masso de cartas（np.一沓文件或书信）	*uue' ssi*	文書　書信多
Masso de cartas de jugar（np.一盒纸牌）	*cci pai*	紙牌
Massoral（a.粗野的、不文明）⑤	*ngai gin, çiuo' gi'*	呆人⑥　惷子⑦
Maccanico（n.技工）⑧	*çia'*	匠
Maa casta（np.贱民）	*siau gin*	小人　野人

---

① 注音则是"不好"。
② 今拼 maçar（捶打、敲打），如敲打碎石以铺路。
③ giogiole，意大利语词，今拼 giuggiola（枣树、枣子）。
④ 今拼 maciço（实心、牢靠）。
⑤ 今拼 mazorral（粗野）。
⑥ "呆"写成㾆，似为自造之字。
⑦ "惷"，"蠢"的异体字。
⑧ 即 mecanico（技师、技工）。

Machado（n.斧子）	*fu teu*	斧頭
Macho（a.雄的、公的）		
d'animal（指动物）	*cu' ti*	仜的[1]
de homes（指人）		男子
Machocar（vt.碾碎、压烂）	*ciui la'*	搥爛
Madera（n.木材）	*mu liau*	木料
Madescia de linhas（np.一绺线）	*ye chiuo'*	一綑[2]
Madrasta（n.继母）	*chi mu*	継母
Madre（n.母亲）	*mu*	母
Madre de rio（np.河道）	*scioi lu*	水路　河路

（115b）

Madrinha de noiua（np.未婚妻的教母）		
Madrugar（vi.起早）	*zau chi scin*	早起伸[3]
Madrugada（n.拂晓）	*zau chian*	早間
Maduro（a.成熟的）	*scio*	熟
Magoa de pano（np.布料染上污迹）	*gen cio*	染着
Magarefo, carniçeiro（n.屠夫，卖肉的）	*tu gu*	屠户
Magoa de coração（np.痛心、伤心）	*sin tum*	心痛[4]
Magoar（vt.烦人、冒犯）	*pa fa' nau*	把煩惱
Magoado（a.忧伤的）	*sin tum*	心痛
Magro（a.瘦、瘦削的）	*seu*	瘦
Mao grao（np.不守本分）	*poi y*	背義
Maginar（vt./vi.想象、思索）[5]	*siao'*	想
Maginatiuo（a.想象力丰富的）	*cia' cia' siao'*	常常想
May（n.母亲）[6]	*mu çin*	母親

---

① "仜"（仜），音红，《说文》人部有该字，释为大腹，即肥硕貌。这里借为"公"字，实属异常。
② "綑"（捆），注音为"卷"。
③ "伸"，当写为"身"。
④ 此处的"痛"写成 痛。
⑤ 前面已收 imaginar（想象），与此实为同一词。
⑥ 今拼 mãe（母亲）。

Maior（a.较大的）	ta co	大過
Maiorsinho（a.略大些的）	ta sie	大些
Mayoral（n.头领）	cia' lau, tau cia'	長老 - 道長
Mais dar（vp.多给）	tien sie	添些
Mais querer（vp.想得到更多、更喜欢）	to co – çiuo' yau	多過 - 專要
Mais a diante（ad再往跟前）	zai çin chj	再進去
Mais perto（ad.更近）	zai chin – chin co ta	再近些① - 近過他
Malcondiçoado（a.品格低下的）	sin ceu	心醜
Maldicente（a.说人坏话的 n.诋毁者）	cia' chia' ciu' gin po hau	常講衆人不好
Malditoso（a.不吉的、背运的）	po hau zau fa, po hau min	不好造化② - 不好命
Maldizer（vt./vi.咒骂、诋毁）	ma ti	罵詈③
Malfeitor（n.歹徒、罪犯）	hoi gin	害人
Maldade（n.卑劣、残暴）	cuo, zui	過 犯④ - 罪
Malsofrido（a.难以忍受的、不能容忍的）	ti po te, gin po te	抵不得 - 忍不得
Maletes, terçaas（n.间歇热，间日热）⑤	lia' ge ye zau le' ge	兩日一遭冷熱
Maletes, guartaas（n.间歇热，三日疟）	sa' ge ye zau le' ge	三日一遭冷熱
	sio scia	硝砂⑥

（116a）

Mal（a.坏）	ceu – po hau	醜 - 不好
Malaventuro de vides（np.命途多舛）		

---

① 注音无"些"字。
② "化"读为 fa，粤语、客家话均如是。
③ "詈"，注音有疑，当记为 li。
④ "犯"写成 犯，未见注音。
⑤ maletes，今拼 maleita(s)（间歇热、疟疾）。
⑥ 影本缺葡文。"硝"（硝），疑为自造字，所指不明。

Malditoso（a.不吉的、背运的）①		
Maaventura（n.倒霉）②	min ceu	命醜
Malenconizado（a.烦躁不安的）	ciau zau	憔懆③
Malicia cuidar（vp.怀有恶意）	chi chiau, pie' gin	計較 騙人
Malicioso（a.奸诈的、恶毒的）	cia' chi chiau	常計較人④
Malcriado（a.粗鲁的、没教养的）	chiau ngau – uu li	驕傲 - 無礼
Malfalado（a.口脏的、出言不逊的）	cia' ma gin	常罵人
Malferido（a.受重伤的）	fun scia'	痕傷⑤
Malquisto（a.没人喜欢的、遭敌视的）	ciu' gin po ngai ta	衆人不爱他
Malquerente（a.心怀恶意的）	ngai hai gin	爱害人
Malfazer（vt.干坏事）	hai	害
Malfeito（a.做工差的、糟糕的）	po hau	不好
Malfadado（a.不幸的）vide malditoso		
Malhar（v.搥打），dar com malho（vp.用槌子敲打）	cioi	搥
Malha de ferro（np.铁环）	tie chiuo'	鐵圈
Malhado（a.带斑点的），muytos cores（np.许多颜色）	za sie	雜色
Malho de ferro（n.铁锤）	tie cioi	鉄鎚
Malsinar, descobrir（vt.告发、检举）	cio siu	出首⑥
Malsim, delator（n.告密者、揭发者）	cio siu gin	出首的⑦
Malassada fritada（np.鸡蛋煎饼）	cien ta'	煎旦⑧
Maltraltado de uestido（np.衣衫褴褛）	çiuo' po y cia'	穿破衣裳
Traltar mal（vp.薄待、轻视）	tai ta ceu	待他醜

---

① 重复的词目，见上页。
② 漏写一个字母，当为 malaventura。
③ "懆"（憞），笔误，即"憔"。
④ 注音无"人"字。
⑤ 另一例"痕"（140b）也记作 fun。声母 h 替换为 f，可比较"造化"的"化"、"生活"的"活"（93a）。
⑥ 此例及下一例"首"，右上角都标有调符，表示读去声。可能本于旧读，如《平水韵》作上声、去声二调。
⑦ 注音为"出首人"。
⑧ "旦"即"蛋"，民间的俗写。

Mal disposto（np.身体不好）	yeu pin	有病
Maluisto（a.视力差的），uista curta（np.近视）	yen po min	眼不明
Malattentado（a.不上心的、糊里糊涂的）	mu' tum	忙懵①
Mao incrinado（a.有不良倾向的、坏心眼的）	sin tai	心歹
Malassonbrado（a.面目狰狞的）	ceu mau	醜貌
Mamar（vt./vi.吃奶、吮奶）	cin naj	食脬②

(116b)

Mama de molher（np.女人的乳房、奶汁）de home（人的）	nai giuj	脬　乳
Maminha（n.奶水少）	siau nai	小脬
Mamão（n.婴儿），criança de leite（np.吃奶的孩子）	hoi gi cin nai	孩児食肦③
Manada de gado miudo（np.小群的牲畜）	ja' cin chiuo'	羊成群　一隊羊
Manada de gado grosso（np.大群的牲畜）	gneu ma cin chiuo'	牛馬成群
Manada de passaros（np.鸟群）	gniau cin chiuo'	鳥成群
Manar（vt.流出、涌出 vi.源出于）	cio scioj	出水
Manco（a.肢残的 n.瘸子）	chie çi	跔子
Manco dos pes（np.脚跛），langor（n.病弱不堪）	chie chio ti	跔脚的
Maneira（n.样子、方式）	ja'	樣
Mangiar, machiar（vt.弄脏）④	tau zai y cia'	倒在衣裳
Machado（a.弄脏的、遭污损的），com nodoa（pp.有污迹）	ta u cio liau	打潕濁了⑤ 弄得不潔静⑥

---

① 注音似为"憛懂"或"朦懂"。

② "食"字注音有疑，cin 一音或另有其字。"脬"（脝），似为自造，即"奶"。

③ "肦"（胁），恐怕也是自造字，即"奶"。

④ 疑为同一词，即 manchar（弄脏、污损）。

⑤ "潕"，即"污"（汚）。

⑥ "静"为"净"之误。

葡汉词典　235

Mão chea（np.满满一手）	*ye pa, ie za*	一把一搨①
Manzeuo（n.少年、小伙子）②	*heu sin chia*	後生家　少年
Manzeuinho（n.少年）	*sciau nien*	少年
Manseua de casado（np.已婚男人的情妇、小老婆）③	*çie*	妾
Manseua de solteiro（np.未婚男人的情妇、姘头）	*chi chia*	契家　表子④
Manseuia, lupanar（n.妓院）	*piau yen*	俵院
Mandar em testamento（vp.遗赠）	*sce ssi*	捨施　寫囑付
Mandar, impero（vt.命令、吩咐）⑤	*chiau*	教 - 差 - 勅
de mandarim（官府的）	*zai*	
de Rei（君王的）	*cie*	
Mandamento（n.指令、戒律）	*fa tu*	法度
Mandar, mitto（vt.送递，寄发）⑥	*chi*	寄
Manifesta cousa（np.公开的事情）	*ciu' gin ci tau*	衆人知道
Manifestar（vt.表示、公开）	*sciuo pa ciu' gin*	説把衆人
Manilha de ouro（np.金手镯）	*scieu chiuo'*	手圈
Manicordio（n.古钢琴）		
Maninha（n.不孕），sterilis mulier（np.无生殖力的女人）⑦	*po sin gi zi*	不生兒子
de aruores（指树木）	*po sin cuo zi*	不生菓子

---

① "搨"（搨），疑为自造字，可能想写"拃"。
② 今拼 mancebo（年轻的，少年）。
③ manseua，今拼 manceba（情妇、妾）。
④ 犹"婊子"。
⑤ impero（命令、吩咐、指挥），拉丁语动词。下面两行原来夹写于注音之间：官员下令，称 zai（差）；皇帝下令，称 cie（敕）。
⑥ mitto（寄、送、发信），拉丁语动词。
⑦ maninha（不孕），其实是形容词 maninho（不能生殖、不育）的阴性形式。以为生殖只是女人的事情，古代中西皆然。sterilis mulier（不能生育的女人），拉丁短语。

（117a）

Manga（n.衣袖）	*sa' siu*	衫袖
Magnia（?）[①]	*jan*	樣
Manhoso（a.手段高明的、精明的）	*cuei ço mai mai, uei chin chi*	會做買賣 - 經紀[②]
Manhaa（n.清早）	*zau chie'*	早間
Manhaa não-manhaa（n.清早、拂晓）	*tien liao' yau liau*	天要亮了[③] 将曉
Magnanimo（a.大度的、慷慨的）	*yum ti chin, ta tan*	勇得緊[④] - 大膽 強
Mania（n.癫狂）	*tien*	蕻 狂
Maniaculo, doudo（a.狂躁的、疯癫的）	*yeu sie tien*	有些蕻 有些狂
Mangiar, condutto（n.食品、食物）[⑤]	*fan – suon*	飯 - 送 待飯
Mangiadora（n.饲槽）	*ma çau*	馬槽[⑥] - 牛欄
de bois（指牛）	*gnieu la'*	
Manquejar（vi.跛行）*videns* manco		
Manso（a.温顺的、安静的）	*scien*	善 良
Manso（a.轻轻的、徐缓的），devagar（ad.缓慢地）	*man*	謾
Manso fazer（vp.使之温顺、驯服）	*chiau scien*	教善
Manso fazerse（vp.变得温顺）	*schio scie' – ci chi scie'*	孛善 - 自己善 孛好
Manto（n.披风），vestido de guerra（np.战袍）	*chia – hau y*	甲 - 號衣
Manter（vt.赡养、供养）	*ja'*	養 豢

---

① 形近而义通的词有 maqueta（原型、模型）。

② 注音作“会经纪”，*uei* 为“会”字的又读。

③ 注音为“天亮要了”。

④ “得”，注音多作 te，但拼为 ti 也非罕例，如“好得緊”（99a）、“輕得緊”（112b）、“得寵”（134b）。

⑤ Mangiar，今拼 manjar（食品、佳肴）。

⑥ “槽”写为 槽。

Mantimento（n.食物、供给）	cuo – fu' lo – lia'	穀　俸禄-粮
Mantega do porco（np.猪油）	yeu	油
Mantilha（n.布巾），faixa dos pes（np.束脚的布带）	chiau chio	繳脚①
Manteo（n.领子）	sam lin	衫領　護領②
Mão（n.手）	scieu	手
Mão dereita（np.右手）	yeu scieu	右手
Mão esquerda（np.左手）	zo scieu	左手
Mao（a.坏、有害的）③	ceu, tai	醜 - 歹
Maa ora（np.不利的时节）	po hau sci cie	不好时節④
Mar（n.海）	hoi, ya'	海 - 洋
Marauilha（n.奇迹）	schie' cie	顯跡
Marauilhosa cousa（np.奇异的事情）	schie' cie⑤	
Marauilharse（vr.吃惊）	cio chin	着驚
Maracotão, persico（n.桃，桃子）⑥	tau zi	桃子
Marcar prata（vp.给银子做记号）	zo hau yin	銀做號⑦
		（117b）
Marca（n.记号）	hau teu	号頭⑧　封皮⑨
Marco（n.疆界），limite de campo（np.营地的界线）	chie chiaj	隔界⑩　界止
Marcar com fogo（np.用火做记号）	zo hau	做號

---

① "繳"，缠绕，如绑腿称为"繳臁"。
② "護領"（护领），可随时拆换的纸制衣领。
③ 今拼 mau（坏、糟糕），阴性形式为 má，在本词典中拼作 maa。
④ "时"字简写，不作"時"。《宋元以来俗字谱》日部录有其字。
⑤ 注音同上，未写汉字。
⑥ persico（桃子），拉丁语词。
⑦ 注音的字序为"做號銀"。
⑧ 此处的"号"字为简笔。
⑨ 指给银两、财物之类上封条。
⑩ "隔"，注音除 chie 外，又作 che（63a、148b）、cha（108a），可能都是异读而非误记。可比较今闽南话，"隔"字二读：[ge⁷]、[giak⁷]；苏州话三读：[kaeh⁴³]、[kah⁴³]、[keh⁴³]（见《发音字典》）。

Marear a nao（vp.驾船、航海）		
Marea chea（np.满潮）①	ciau cia' – scioi ta	潮涨 - 水大
Mareante（n.水手、海员）	scioi scieu	水手
Marea vacia（np.低潮）	ciau toi	潮退
Marfin（n.象牙）	sia' ya	象牙
Margen（n.边缘）	pien	边
Marido（n.丈夫）	cia' fu	丈夫　夫婿
Maridar（vt./vi.嫁、出嫁、结婚）vide casar		
Marinhiero（n.水手、水兵）	scioi scieu	水手
Marinha de sal（np.盐田）	zo yen ti, ye' cia'	塩地② - 塩塲
Marisco（n.海贝）		
Marmore（n.大理石）	po scie	白石
Marra di ferro（np.铁锚、铁锄）	tie tin	鐵椗
Marrar de ouelhas（vp.用羊角顶撞）cosas com cornos（用带角的东西）	sia' cio	相觸
Martellar（vt.捶打）	cioy	搥
Martel de ferro（np.铁锤）	cioj	鎚
Mas, ainda（ad.不过，起码）	zou	凑
Mascara（n.假面具）	quei lie'	鬼臉
Mascarado（a.戴假面具的）	tay quei lie' ti	带鬼臉的
Mascarra（n.墨点、污迹）		
Masticar（vt.咀嚼）③	cio	嚼
Masto（n.桅杆）	guei co'	桅杆
Mattar（vt.杀、宰杀）d'animarias（指动物）	scia zai	殺 - 宰
Mattarse（vr.自杀）	ci chi scia	自己殺
Mattador de pai（np.弑父）	scia fu mu	殺父母
Mattadura de bestas（np.牲畜身上的擦伤）	pi po	皮破
Matta ratos（np.灭鼠）	mau cio lau sciu	猫捉老鼠

---

① 今拼 maré cheia（满潮、潮水涨满）。

② 注音为"作塩（盐）地"。

③ 今拼 mastigar（咀嚼、嚼碎）。

Matto, silua（n.草木丛，荆棘丛）	sciu lin	樹林
Mattinada（n.吵闹、喧哗）	nau gia'	鬧嚷　喧嘩
Materia（n.物质、材料）①	can jam	看樣　做樣子

(118a)

Matrimonio（n.婚姻、夫妻关系）	fun yn – chia	婚姻 - 嫁娶②
Matrona（n.主妇）	cuo' chia po	管家婆
Meia noite（np.半夜）	pon ye	半夜
Meia irmaa de mai（np.同母的半亲姐妹）	tu' mu y fu	同母異父 同娘各爺
de pai（np.同父的半亲姐妹）	tu' fu y mu	同父異母 同爺各娘
Meia hora（np.半个小时）	pon co sci scin	半个时辰③
Meada trama de teser（np.织布的经纱）	chin pu	經布
Meio ano（np.半年）	pon nien	半年
Meaa cousa（np.平凡、普通的东西）	ciu' ten	中等　下等 上等④
Meamente, mediocriter（ad.中等情况下，一般程度地）	ye po ta ye po siau	也不大也不小　s.非大非小
Medico（n.医生）	y sen	醫生
Medecina, arte（n.医学，技艺）		
Medecinal（n.药物）	yo zai	藥材
Medo（n.恐惧）	pa	怕　懼
Medida（n.量具）	teu	斗
Medida certa（np.准确的量具）	cin teu – cuo' teu	正斗　官斗 香斗⑤

---

① 疑与 maneira（方式、样子）相混，前面有此条。
② "娶"字未写注音。
③ "个""时"均简写，不作"箇"或"個""時"。
④ 后两个是关联词，为西士添加。
⑤ 西士添写的词，指一种长柄的手炉，与斗之为量具无关。

Medida falsa（np.伪造的量具）	chia teu	假斗
Medidor de varges（np.丈量田亩的人）	cia' lia' ti	丈量的
Medir（vt.测量、计量、量度）	lia'	量度
Medroso（a.胆怯的）	siau tan	小膽
Medonha cousa（np.令人恐惧的事情）	ha pa gin	吓霸人①
Medo fazer（vp.惊吓人）	chin gin	驚人
Merinho（n.巡视官）②	suon pu	巡捕
Mel（n.蜂蜜）	mie ta'	蜜糖
Melã（n.香瓜）③	schia' cua	香瓜
Meloal（n.香瓜田），orta de meloes（np.瓜园）	schia' cua yuo'	香瓜圜
Membro（n.肢体）	ti	體
Memoria（n.记忆）	sin	心
Memorial（n.记录、纪念）	chi	記
Memoria d'obras（np.功勋碑、事迹碑）	pi chi, pai pie'- cu chi	碑記 - 牌貶④ - 古記
Menear（vt.晃动、摇摆）	tum	動
Meneos（n.手动、操纵）	tum scieu	動手
Maneauel（a.容易使用的）	hau yum	好用
Manencoria（n.躁狂）⑤	nau	怒⑥
Mentir（vt./vi.撒谎）⑦		說謊
Mentira（n.谎言）		謊

（118b）

Manencorio（a.易怒的、任性的）	cia' cia' nau	常常怒⑧

---

① 似应写为"吓怕人"。
② 今拼 meirinho，古指全权巡视法官。
③ 今拼 melão（甜瓜、香瓜）或 meloa（大香瓜）。
④ "貶"为"區"之误。
⑤ 疑即 maniaco（躁狂、任性的 [人]）。
⑥ 注音为"惱"。
⑦ 此条及下一条补写于当页的左下角，无注音。
⑧ 注音为"常常惱"。

Menor（a.较小的、年幼的）	siau co ta	小過他 他是小的
Menos（a.较少的、较低的）	siau sie	不多① 小些
Menos preçar（vp.轻视）	po li – chi fu	不理 - 欺負 不管
Mensagem noua（np.新讯息）	pau	報
Mensageiro（n.信使）	zo pau ti	走報的② 報事
Meo dia（np.中午）③	schia u, ciu' u, scian u	下午 中午 上午 p.午天
Meo assado（ap.烤得半熟的）	sciau po ce' cio	燒不曾熟 未熟
Meo coxido（ap.煮得半熟的）	ciu po cen cio	煑不曾熟
Meo comido（ap.吃了一半的）	cie ie pon liau	食一半了
Meo cruu（ap.半生[半熟]的）	pon sin	半腥 - 腥
Meo nuu（ap.半裸的）	ciuo' ye pon	穿一半
Meo branco（ap.半白的）	pa' po	頒白④
Meo home（np.半人）⑤	pon gin	半人
Meo dormido（ap.半睡半醒、睡意蒙眬的）	po cin sin	不精神⑥ 不自然
Meo cheo（ap.半满的）	pon vuoen – ye pon	半碗 - 一半
Meo irmão（np.半亲兄弟）vide mea irmãa（半亲姐妹）		
Meo enterrado（ap.半埋、入土一半的）	mai pon	埋一半⑦
Meo queimado（ap.烧至一半的）	sciau pon	燒一半⑧ 焚了一半

---

① 后手补写，未注音。
② "走"，注音 zo 似为"作"。
③ meo，今拼 meio（一半、中间）。
④ 即斑白，"頒"通"斑"。
⑤ 可能指传说中的半神半人，也可能是对未开化部族或混血儿的蔑称。
⑥ sin，似为 scin（神）之误。
⑦ 注音缺"一"。
⑧ 注音也无"一"。

Meo morto（ap.半死不活的）	pon ssi	半死
Mercar（vt.买）	mai	買
Mercador（n.商人、坐商）	scia' gin	商人
Mercadoria（n.商品、货物）	cuo	貨
Mercado（n.集市）	ssi teu	市頭
Merce（n.恩惠、赏赐）	scian cu'	賞功
Merchante（n.商人、行商）	fan gnieu ti	販牛的
Merda（n.粪便）	fen–ssi–ta pien	糞-屎-大便
Mergulhar（vt.浸入、使没入 vi.潜水）	mi scioj	沫水①
Mergulhador（a.潜水的 n.潜水者）	cuei mi scioj ti	會沫水的
Mergulhar a outre（vp.把人沉下水）	cie ta schia scioj mi	扯他下水去②

（119a）

Merenda ou almorso（n.点心或午餐）	tien sin	點心③
Mereçer（vt.应得、值得）	cai te–po cai te, po ca'	該得-不該得-不敢
Mes（n.月份）	ye yuo	月④
Mesa（n.桌子）	tai, zo	檯-棹
Mesa d'um pe（np.单腿的桌子）	to chio zo zi	獨脚棹子
Mesa de cousas pera vender（np.卖货的摊子）	pu zan	鋪床⑤
Mestiço（n.混血儿）	tu sin zai	土生宰⑥
Mestre（n.教师、师傅）	sien sen	先生　師傅

---

① 犹"没水"，即潜水。
② "去"字注音有误。
③ 南方话里，"点心"又指午餐，故葡文词目补写了"ou almorso"（或午餐）；almorso，今拼 almoço（午餐）。
④ 注音为"一月"。
⑤ "床"指货摊。《南京字汇》（1898）收有"菜床"，即菜摊。见孙华先（2013：59）。
⑥ 指本地出生的混血儿。"宰"，当写为"崽"或"仔"。

Mestre que ensina cantar（np.教唱歌的老师）	schi ssi	戲師
Misturar（vt.掺杂、混合）	chiau yum	交融
Misura fazer（vp.行礼）①	schin li	行禮　施礼②
Meter dentro（vp.放入、装进）	scieu fa' li teu	收放裡頭
Meter medo（vp.恐吓）vide medo fazer		
Meter na cabeça（vp.教给、使人学会）	chiaj, chiau	解　教
Meter de baixo do chão（vp.埋平）③	mai	埋　迷④
Metallo（n.金属）	chin	金
Mexer（vt搅拌、摇动）	lui	擂
Mexedor（n.搅拌棍）	lui çiuj	擂槌
Meschinho（a.贫困的、节俭的）⑤	co scie	可惜
Meschinho, auarento（a.小气的, 吝啬的）	chie' yum	儉用
Meschita de mouros（np.摩尔人的清真寺）⑦	cuei cuei miau	囬囬廟⑥
Meçinha（n.药品）⑧	yo	藥
Meçena（n.后桅）	heu su'	船後送⑨
Medir（vt.丈量、测量）	liao'	量
Medida（n.丈量、测量）vide medir		
Migalha（n.面包渣、碎屑）	sui ti	碎的
Mijo, orina（n.尿、小便）⑩	siau pie' – niau	小便 - 尿

---

① Misura, 今拼 mesura（屈膝礼，鞠躬）。
② "施礼"为后写的词，笔迹不同于"行禮"，一繁一简也有区别。
③ 直义为：从底部埋起，跟地面齐平。
④ "迷"，当为埋没的"没"之误。
⑤ 今拼 mesquinho（穷苦、吝惜、不幸）。
⑥ meschita, 今拼 mesquita（清真寺）。
⑦ "廟"，"庙"的繁体字。《干禄字书》："廟、庙，并正。"
⑧ 今拼 mezinha（灌肠剂、家用药品）。
⑨ 注音无"船"字。
⑩ 前一词是俗称，后一词为学名（今拼 urina），与所给汉语对应词的顺序正相反。

Mijar（vt./vi.撒尿、把尿），orinar（vt./vi.排尿、尿出、小便）	scie scioj – siau chiai, o niau [……]	潲水①-屙② 尿
Mil（num.千）	çien	千

（119b）

Mil uezes（np.一千遍）	cien zan, cie' pien	千飧③-千遍 千遭
as vezes de comer（指吃东西的次数）	zan	飧
Milagre（n.奇迹）	schien cie	顯迹
Milho pera comer（np.供食用的谷子）	scio zi	菽子
Melhor（a.较好的、更好的）	chia' co	強過 勝过④
Melhor fazer（vp.做得更好）	zo chia' co ta	做強過他
Melhoria de sande（np.身体康复）	hau sie	好些
Milhura（n.水塘），tanque de peixe（np.养鱼池）	ta' iu	魚塘⑤ 魚池
Mimoso（a.柔嫩的、娇弱的）	zi si	仔細
Mimos fazer（vp.溺爱、娇惯）	zi si	仔細
Minino（n.小男孩）	hai tum	孩童 p.少年 幼小⑥
Minina（n.小女孩）	nu gi	女兒
Mina d'ouro（np.金矿）	chin sa'	金山
Mina de prata（np.银矿）	yn sa'	銀山
Minar de baixo do chão（vp.从地面往下挖）	gua cu'	剜孔⑦
Mina（n.坑、矿）	co lu'	窟墲⑧

---

① "潲"（澘），自造字，当写为"瀉"（泻）。"泻水"（sia⁵ tsui³），即排尿（见《闽南方言大词典》正文前所附"台湾闽南方言概述"，32页右栏）。

② "屙"为"屑"之误。其前尚有注音 siau chiai，即"小解"。

③ "飧"（sūn）指晚饭，此处系"飡"（餐）之误。

④ 此例"过"字是简笔。

⑤ 注音字序颠倒，做"塘魚"。

⑥ "幼"（幼），"幼"的俗字。

⑦ "剜"（剜），注音为"挖"。

⑧ "墲"（墲），参看词条 Buraco（洞、窟窿，54a）、Coua（洞、窟，63a）。

Mingoar（vi.减少、缩减）	*ye fa sciau – chie'*	一發少 - 減
Mingoa（n.缺乏）	*mo yeu*	沒有 無
Minhoto（n.鸢）	*lau ym*	老鷹
Mentir（vt./vi.说谎）	*sciuo qua'*	說謊
Mentiroso（a.爱说谎的 n.骗子）	*cia' cia' sciuo qua' ti*	常常說謊的
Minuta（n.草稿、手稿）	*ta cau*	打稿①
Miollo da cabeza（np.脑髓）	*teu nau, teu ciui*	頭腦 - 頭髓
Miollo da noz（np.胡桃仁）	*fo tau gio*	佛桃肉②
Mirra（n.没药、末药）		
Miseria（n.苦难、悲惨）	*sin cu*	辛苦　艱辛
Misericordia（n.慈悲）	*co lin*	可憐
Misericordioso（a.慈悲的、有同情心的）	*zi pi*	慈悲
Misturar（vt.掺和、混杂）	*sia' chia'*	相兼③ 相并
Miuda cousa（np.纤小的东西）	*sui ti – lin sui*	碎的 - 零碎
Mixiricar（vt./vi.说人闲话、搬弄是非）④	*cie scieu*	出首⑤
Mixiriqueiro（n.说人闲话、搬弄是非者）	*cie scieu ti*	出首的
Moça（n.少女）	*nu zi*	女子
Moca que sirue（np.服侍人的女孩、女仆）	*gua zai – ya teu*	伃宰⑥ - 丫頭

（120a）

Moço（n.少年） *vide* menino⑦		
Moço d'espolas（np.送信的仆人）⑧	*chin sui ti*	跟隨的
Moço（n.仆人）	*scieu schia*	手下

---

① "稿"误写为 槀。
② "佛桃"，即胡桃、核桃。
③ "兼"写为 蒹。
④ 今拼 mexericar（散布流言、搬弄是非）。
⑤ "首"字的右上角标有去声符（同于另一例，见 116a）。
⑥ "宰"，当写为"崽"。
⑦ 见词目 Criança（64a），其下列有同义词 menino（男孩）。
⑧ espolas，疑为 epistolas（书信）的笔误。

Como moço（pp.如同孩子一般）	sciau zi tai	小子態　s.儒子① p.少年
Mo（n.石磨）	mo	磨
Modo, feição（n.样式，形态）	jam	樣
Moderado（a.适度的、中庸的）	ciu' ten	中等②
Moderno（a.新近的）	sin	新
Modorra（n.昏睡）		
Moffo（n.霉菌）	scia' cin taj	上青苔
Moffino（a.①倒霉的 ②吝啬的 n.①倒霉蛋 ②吝啬鬼）	tui zai ti	退財的
Moer（vt.研磨、碾碎）	mo	磨
Moidor（n.磨坊主）	mo mie' ti	磨麵的
Monumento（n.纪念碑、陵墓）	cuo' mu	魂墓③
Moynho（n.[水力或风力]磨坊）	scioi cie	水車
Molle（a.柔软的）	giuon	嫩 - 欼④
Moleiro（n.磨坊主、磨工）	scieu cie ti	守車的⑤
Molde（n.模型、样板）	jam	樣
Molle molle, passo passo（adp.慢慢，一步一步）	ma' man	慢慢
Molle fazer（vp.弄软）	zo giuon sie	做欼些
Molestar（vt.打扰、纠缠）	lien luy	連累
Molle fazerse（vp.变软）	giuon	欼
Molhar（vt.弄湿）	ta scie	打湿⑥　淋潤
Molharse（vr.沾湿、变湿）	ta scie	

---

① 当写为"孺子"。
② "等"写为荨。
③ 犹"坟墓"。闽南话"坟""魂"同音，都读 [hun²]；客家话里二字也同音，读为 [fun²]（见《发音字典》）。
④ 注音为"欼"。"欼"字见于《说文》欠部："欼，吮也，从欠，束声。"此处为"軟"之误，以下几例亦同。
⑤ "車"，指水车。
⑥ 原写有"大些"，划杠删涂后再写的"打湿"。由此条可知，有时是西士先用注音写出汉语词，再由中士根据注音写为汉字。

Molho（n.汤、菜汤）	tan – chin	湯 - 羹①
Molher casada（np.已婚女子）	fu gin	婦人
Molher solteira（np.单身女子）	yin fu – ce' fu	婬婦　賤婦
Mondador d'orelhas（np.掏耳垢的器具）	gi gua	耳剜②

（120b）

Mondador de dentes（np.修牙的器具）	si to	齒托③
Monte（n.小山）	tu san	土山
Montante（n.大剑）	san scieu chien	雙手劔
Montão（n.一堆）	tui	堆　積
Montear, caxar（vt./vi.进山打猎，狩猎）④	ta le	打獵
Montar（vi.总计达、[数量]达到）	ye zu'	一總
Monteiro（n.猎人）	ta le ti	打獵的
Monstro（a.奇特的）	cu quai	古怪　奇
Morar（vi.居住、定居）	ciu	住　居
Morador（n.居住者、居民）	ciu gin	主人　店家
Morada（n.住宅）	ciu gin chia	主人家
Moreira（n.桑树）⑤	san sciu	桑樹
Mora fruito（np.桑果）⑥	san zi	桑子
Moreino [……]（a.黄褐色的）	çi ta' sie	紫糖色
Morsego（n.蝙蝠）	pien ho	蝙蝠⑦
Mordomo（n.管家）	cuo' chia	管家　家長⑧
Morder（vt.咬）	yau	咬
Morgado（n.长子、独子）	tai zi	太子

---

① "羹"写为羮。

② "剜"（剜），当写为"挖"。

③ 参见另一例"齒托"（40a），注音不全相同，对应的葡语词也略有区别。

④ caxar, 今拼（狩猎）。

⑤ 今拼 amoreira（桑树）。

⑥ mora, 今拼 amora（桑葚）。

⑦ "蝠", 今闽南话读为 [hok^7]，潮州话读为 [hog^4]（见《发音字典》）。

⑧ "家長"为后手补写，无注音。

Morlo, tepio（a.温热的）①	*po lin po ge – uuo'*	不冷不熱 - 温 和②
Morlo fazerse（vp.变热）	*ge sie*	熱些
Morrer（vi.死）	*ssi*	死 卒 薨 崩③
Morrer de fome（vp.饿得要命）	*tu chij*	肚飢
Morrer de sede（vp.渴得厉害）	*cheu co*	口渴
Morte subitania（np.突然死亡、猝死）	*ssi te quaj*	死得快
Mortalhas（n.寿衣）	*cia' ssi y cia'*	張死衣裳
Morta cousa（np.死亡）	*cu – ssi – ua' – cui liau*	故 死 亡 歸④
Mortal（a.必死的、不免一死的）	*cui ssi*	會死
Mortorio（n.葬礼）	*zu cu' ti*	做功德
Mosca（n.蝇、家蝇）	*zan yin*	倉鷹⑤
Mosquito（n.蚊子）	*vue' ciu'*	蚊虫
Mostarda（n.芥菜、芥子、芥末）	*chiay zai zi*	芥菜子

（121a）

Mostra de cousas（np.样品）	*zo jam*	做樣
Mostrar（vt.展示、示范）	*can – yin*	看 - 引
Motto（n.座右铭、题词）	*ye tui – lien*	對⑥ - 聯
Motteto（n.诗歌）	*co – chio*	歌 - 曲 詩 詞
Mouer（v.摇动、运转）	*tum*	動 摇
Mouimento circular（np.圆周运动）	*ciuo'*	轉 輪
Mouer a molher（vp.女人流产）	*zui taj*	墮胎
Mouediço home（np.易动摇的人）	*chin scin*	輕心

---

① morlo, 今拼morno（温热）；tepio, 今拼tepido（温热），可比较拉丁语tepidus（温热）。
② "和"字为西士后手补写，未注音。又"冷"，今闽南话读为[ling³]（见《发音字典》）。
③ 后三字为另笔补写，无注音。
④ "歸"（归），注音为"歸了"。
⑤ 系"蒼蠅"之误。
⑥ 注音为"一對"。

Mouco（a.耳聋的）, pouco ouuir（vp. 听不大见）	*lun sie*	聋些
Moro（n.摩尔人）①	*ta zi – cuei cuei*	墶子 - 㘈㘈
Mudar（vt./vi.更换、改变）	*fan*	換② 易 貿
Mudarse（vr.迁居）	*cien*	遷
Mudauel（a.易变的、不稳定的）	*mo yeu tin*	没有定 不曾定
Mudar os dentes（vp.脱胎换骨）③	*ciu' sin co*	重生过④ 再生
Mudo（a.哑 n.哑巴）	*ja ci*	哑子
Mungir（vt.挤奶）	*zi gnyeu giuj*	取牛乳⑤
Muyto（a.很多的）	*to te chin*	多得緊 繁
Muytas vezes（np.很多次）	*to pien*	多遍 多遭
Mulo（n.骡子）	*lo*	驘⑥
Mula doenza（np.一种性病）	*pien to*	便毒
Mulettas（n.拐杖）	*zai chio*	柴脚
Multiplicar（vt./vi.增加、增多）	*chi suon*	計算
Mundo（n.世界、人间）	*tien schia, sci chia'*	天下 - 世間 世上
Monturo（n.粪堆）	*feuo' su zaj*	糞所在
Muro（n.墙）	*çia'*	墻
Murar（vt.筑围墙）	*guei cin*	圍城
Murmurar（vt./vi.①悄语、嘟哝 ②诋毁）	*chia' si cuei*	講是非 讒謗⑦
Murmurador（n.诋毁者）	*si cuei gin*	是非人

---

① 本指中世纪南欧和北非的穆斯林居民。

② "換"的声母为 f，可比较本页最后一条"火"字的注音，以及"活 *fa*"（93a）、"痕 *fun*"（116a）等。

③ 字面的意思是"换过牙齿"。

④ "重"（重），左下角标有调符，表示读为平声。"过"字简写，不作"過"。

⑤ "取"，他处拼为 *ziu* 或 *ciu*。试比较今客家话，"取"读为 [ci³]；又苏州话，读为 [tshi⁵¹]（见《发音字典》）。

⑥ 注音为"骡"。

⑦ "讒"字半繁半简，写为 谗。

Murrão（n.[点炮的]火绳）	fo so	火索

(121b)

Musica（n.音乐）	cia' co	唱歌
Musico（n.乐师）	cuei cia' ti	會唱的

(122a)

N

Não（ad.不、不是）	po sci	不是
Não poder（vp.不能、无法）	po te – can chi	不得 - 艱計
Não querer（vp.不想要、不希望）	po ngai, po yau	不爱 - 不要 不欲
Não somente（adp.不仅）	po tan	不但
Nao（n.船）①	ciuo'	船
Nao de carga（np.货船）	scia' ciuo' – mai mai ciuo'	商舡 - 買賣 舡　客舡
Nao d'armada（np.战船）	cen ciuon	戰舡
Nauo（n.萝卜）②	lo po	蘿葡③
Naçer（vi.出生、诞生）④	sen	生
Naçer（vi.发芽、萌生、出现）	sen ja cci	生牙齒
Naçimento dia（np.出生的日子）	sen ge	生日　寿旦
Nação portuguese（np.葡萄牙国民）	fan gin	番人　夷人
Nada（n.没有 ad.绝不）	y sie mo yeu	一些没有 少有

---

① 今拼 nau（船）。
② 今拼 nabo（萝卜）。
③ "萝卜"的"卜"字，繁体作"蔔"，与"葡萄"的"葡"形近易混。
④ 今拼 nascer（出生、萌生、产生）。

Nadar（vi.游泳）	yeu scioj	遊水①
Não ir a o fundo（np.船沉没）	feu	浮
Nadador（a.会游泳的 n.游泳者）	cuo' yeu scioj ti	慣遊水的
Não fazer nada（vp.什么都不干）	schia'	閑
Naris（n.鼻子）	pi	鼻
Narigudo（a.鼻子大的）	ta pi	大鼻
Naualha（n.折刀、剃刀）	ti tau	剃刀
Nauegar（vt./vi.航海、乘船）	ta ciuo'	搭舡
Nauegante（n.航海者）	ta ciuo' ti	搭舡的
Nauegauel（a.适合航行的）	hai lu pin ngon	海路平安
Nauetta（n.小船）	siau ciuo'	小舡
Cousa de nao（np.船用器物）	cion' chi	舡器
Necesidade（n.贫困）	coi yium	該用②
Necesidada cousa（np.穷困的状况）	chiu' te chin, pin chiu'	窮得緊-貧窮困
Necessaria cousa（np.必需的物品）	tam yum	當用　該用
Necessaria, ladrina（n.厕所，茅坑）③	çi chin	厕坑
Nexio（a.痴愚的 n.呆子）④	cci gin – tai zi	癡人-疷子⑤
Nexiamente, como nexio（ad.傻乎乎地，即像呆子一样）	ssia' ssi tai zi	相似疷子⑥

---

① "遊"通"游"，参看词条 Brincar（游乐）。但古时"遊""游"二字原分，行走一义用前者，浮游一义用后者。故《龙龛手镜》分而释之，上声卷水部："游，正音由，浮也，随水流兒也"；入声卷辵部："遊，正音由，遊放循歴也"。"遊放循歴"，谓游走四方，与浮游无关。《洪武正韵》尤韵："遊，浮行"；"游，遨也，通作'游'"。

② "該"写为䜭。

③ ladrina，今拼 latrina（粪坑、茅厕）。

④ 今拼 nescio（痴呆）。

⑤ "疷"（疷）字有疑。《说文》疒部："疷，病也。从疒，氏声。"据注音 tai，似即"呆"（又读 ngai）。

⑥ "相似"，即"像似"。

(122b)

Negar（vt./vi.否认、拒绝）	*sciuo quam – cin*	説謊 - 諍講天話①
Negar（vt./vi.否认、拒绝），não querer dar（vp.不愿给）	*po yau*	不要把②
Negocio（n.贸易、协商、事务）	*con ssi*	幹事 謀人③
Negociar（vt./vi.做买卖、经营、协商）	*con ssi*	幹事
Negociador（n.交易者、协商者）	*con ssi ti*	幹事的
Negra cor（np.黑色）	*he – u*	黑 - 烏 青
Negro fazer（vp.使成黑色）	*gen he*	染黑
Negro cattiuo（np.俘获的黑奴），negra（n.女黑奴）	*nu pi, nu zai*	奴婢 奴豺
Negligente（a.懒散的、草率的）	*lan to*	懶惰
Ne ainda（adp.还没、尚未）		
Ne mais ne menos（adp.不多也不少）	*po to po siau, pin*	不多不少 - 平 均匀④
Nenhum（pron.无人、一个也不）	*mo yeu gin*	沒有人
Neruo（n.神经）	*chin*	筋
Noite（n.夜晚）⑤		晚 夕陽 夜 宵
Nones（n.单日），dispar（n.不同、不一样的）⑧	*tan)(san*	单⑥ - 双⑦
Noo（n.绳结）⑨	*chie*	結
Noo de tauoa（np.板材的节）⑩	*çie*	節

---

① "天话"，即"大话"。
② 即不愿给人，"把"字缺注音。
③ 犹谋士，后手所补。
④ "均匀"为后手补写，无注音。
⑤ 补写后插入的条目，无注音。
⑥ "单"字简笔，不作"單"。
⑦ 原写成"桑"，删涂之后改写"双"，也是简笔。
⑧ nones，今拼 nonas，罗马古历用语，指某些月份的第五或第七日。
⑨ 今拼 nó（绳结、茎结、症结）。
⑩ tauoa，今拼 tabua（板、板材）。

Nodoso（a.多节的）	çie to	節多　節密
Nora（n.儿媳）	sie fu	媳婦
Norte（a.北方的、北部的 n.北、北方、北风）	po	扑①
Norte uento（n.北风）	po fun	扑風②
Notar（vt.做记号、记录）	chien	揀
Notario（n.书记官）	sie scieu	書手③
Notar cartas（vp.起草文书）　de mandarim（指官员）	chian	講④
Notificar（vt.通知、通告）	pau – cau sci	報 - 告示
Notorio（a.众所周知的）	ciu' gin ci tau	衆人知道　人人曉得
Noua dar（vp.报告消息）	pau	報⑤
Nouas（n.消息、新闻）	siau sie	消息　音信
Noua cousa（np.新东西）	sin	新
Nove（num.九）	chieu	九
Noue vezes（np.九次）　de comer（指吃饭）　de pancadas（指打板子）	chieu pien　za'　schia	九遍 - 湌 - 下⑥
Nouel（a.新来的 n.新手）	sin	新
Nouello, embrolho（np.线团，卷起或包好的东西）	chiuo' si	捲絲

（123a）

Nouilho, vitello（n.牛犊，小公牛）	gnieu zai	牛子　犢
Nozes（n.胡桃）	fe tau	佛桃
Noçe muscada（np.肉豆蔻）		

---

① "扑"（扑）为"北"之误，下一例同此。"扑"即"墣"，指土块。《说文》土部："墣，塊也，从土、菐声。"
② "風"，原写为"方"。
③ 注音为"写手"。
④ 盖指官员口述信文等，由书手笔录于纸。
⑤ 此例"报"字为简体，不作"報"。
⑥ "遍"是次数的统称，细辨之，用饭的次数称"湌"（餐），笞打的次数称"下"。

Nua cousa（np.赤裸）	cie scin	赤身
Nuua（n.云）①	yuon	雲
Nunca（ad.从未、没有过）	mo yeu	没有　無
Nunca mais（ad.决不）	zai po yau	再不要

（123b）

O

Obedeçer（vi.顺从、听话）	schiau sciuin	孝順
Obediente（a.顺从的、听话的）	schiau	孝
Obra（n.成果、作品）	chi	器　物
Obrar（vt.制作 vi.干活）	zu cum	做工
Fazer obra de pao（np.制作木器）	zo mu chi	做木器②
Obreiro（n.工人、工匠、劳动者）	çian gin	匠人　工人
Cousa de muyta obra（np.费工夫的事物）	to cum fu	多工夫
Obrasinha（n.小器物、小制品）	siau chi	小器
Obrigar（vt.承诺、担保、逼使）	schiu	許
Obrigado（a.有义务的、被迫的）	schiu liau	許了
Obrigado de uinclus（ap.有义务、有继承权）	coi cio	該着
Occasião（n.原因、理由）	in guei	因为③
Ocioso（a.空闲的、懒惰的）	schia'	閑 - 偷閑
Ocioso estar（vp.无事、闲着）	yeu schia'④	
Occidente（n.西、西方、西方国家）	ssi fan	西方
Oculos（n.眼镜）	jen chin	眼鏡
Occupar（vt.占用、耗费）	pa cu' fu	把工夫⑤
Occupação（n.事务、工作）	cum fu	工夫

---

① 今拼 nuvem（云）。
② "做"字通作 zu 或 zo 二读，因对入声未予标记，后一拼法有可能混同于"作"。
③ 此例"为"字简写，不作"為、爲"。
④ 两个字音均有删画的痕迹；右栏写有"又"字，及"閑"的起笔，也被勾涂。
⑤ 与 Acupar（34a）为同一词。

Occupado（a.没闲的、忙碌的）	yeu ssi con	有事幹 不得閒
Occulta cousa（np.密藏的东西）	zan liau – can po cio	藏了-看不出
Occultarse（vr.隐藏、躲藏）	zan	藏 不見
Odio（n.憎恨）	sia' hai	想害
Odre（n.[盛水或酒的]羊皮袋、皮囊）	pi gu	皮壺
Offender（vt.伤害、凌辱）	hai	害
Officio（n.职业、职务）	siu gni	手藝
– de mandarim（指官员）	cie fun	戠分①
– de mecanicos（指工匠）	ciam	匠②
Official（n.工匠、职员）	cian gin	匠人 做工的

（124a）

Offertar a pagode（vp.祭拜偶像）	cci cuei	祭鬼
Offereçer（n.祭祀）	sum – fun cin	送-奉誠
Oje（ad./n.今天）③	chin ge	今日 即日
Oito（num.八）	pa	八
Oitauo（num.第八）	ti pa	第八
Oito vezes（np.八次）	pa zau – pa pien	八遭-八遍
Oleiro de porselanas（np.制作瓷器的匠人）	çi chi – gua chi	做磁器的④
de barro（做陶器的）		
Olho（n.眼睛）	jen cin	眼精⑤
Olhos azulis（np.蓝眼睛）	cin yen	青眼 美目⑥
Olhos de gato（np.猫的眼睛）	miau gi jen	猫兒眼
Olhar（vt./vi.看、注视）	can chien	看見

---

① "戠"，"職"（职）的旧体。
② 此例"匠"记为后鼻音，与下一例不同。
③ 今拼 hoje（今天），也是名、副兼形。
④ 注音为"磁器、瓦器"。
⑤ 义为眼球。
⑥ "美目"，后手补写，无注音。

葡萄牙语词条	拼音	汉字
longe（朝远处）	ua'	望　見了①
Olhar pera ariba（vp.往上面看）	can scia'	看上
Olhar pera atrax（vp.朝后面看）②	can heu teu	看後頭　顧後
Olhado – ruim（np.视力不好）		
Oleo（n.油）	yeu	油
Omem（n.男人、人）③	na' çi – gin	男子　人　僕子
Omem pequeno（np.矮小的人）	yaij zi	矮子
Omen grande（np.高大的人），comprido（a.长、远）	cau cia' ti	高長的
Omem omiciado（np.杀人犯）	fan gin	犯人　罪人
Ombro（n.肩膀）	poi heu – chien	背後　肩
Ondas（n.波浪）	po lan	波浪　涛④
Ondear（vt./vi.起浪、波动）	zo lan	做浪　起浪
Onde（pron.那里）	na li	那裏
Onesto（a.正直的）⑤		
Onrado（a.正派的）⑥	quei	貴

（124b）

Onra fazer（vp.仰敬）– não pequeno pera grande（尤指卑微者对位高者）	chin	敬　羨
Honroso official（np.达官、要臣）	ta cuo'	大官　大臣
Onte（ad.昨天、前不久）⑦	zo ge	昨日　昔日　前日　昨

---

① "見了"，后手补写，无注音。
② pera atrax，今拼 para trás（向后）。
③ 即 homen（男人、人、人类），他处多拼为 home(m)。
④ "涛"字简写，不作"濤"。
⑤ 今拼 honesto（正直、诚实）。
⑥ 今拼 honrado（正派、体面）。
⑦ 今拼 ontem，也有确指昨日和泛指前数日二用。

Onzena（n.高利、暴利）①	li cien	利㸒②	花利
Onzeneiro（n.放高利贷者）	zai ciu	財主③	
Onzenar（vi.放高利贷、牟取暴利）	fan zai	放債	債主
Openião（n.看法、见解）	siao'	想 思	憶
Oppilado（a.阻塞的）	cia' tu	漲肚④	
oquo, concauo（n.空穴，凹陷）	cum	空	
Ora（n.时候、钟点）⑤	sci cie	時節	時候
Orar（vt./vi.祷告、祈求）	nie' chin	念經	誦經
Ora boa（np.好时候、良辰）	hau sci cie	好時節 好時候	
Oração（n.祷告、祷词）	chin	經	
Oratorio de pagode（np.供奉偶像的神龛）	scin toj – scin ca'	神檯 - 神龕	
Orden（n.次序、秩序）	ci ssi – po luo'	次序 - 不乱條緒	
Ordinação（n.命令、训条）	fa tu	法度	禁令
Ordinar（vt.收拾、整理 vi.吩咐、颁令）	pai pu	擺布	主張
Ordenhar（vt.挤奶）, tirar leite（vp.挤牛奶）	gi giuj	取乳⑥	
Ordir（vt.整经、纺织）⑦	chin pu	經布	
Orelha（n.耳朵）	gi to	耳䐱⑧	
Orfan（n.孤儿）	cu gi	孤兒	孤子
Organo（n.器官）			
Oriente（a.东方的、东部的 n.东、东方、东部）	tum fan	東方	
Origem（n.起源）	yuon zo	源初	

---

① 字面意思是"百分之十一（的利息）"，词根为 onze（十一）。
② "㸒"（㸒），俗写的"钱"字。
③ 可比较另一例"财主"（82b）。
④ 此例"漲"犹"胀"。
⑤ 今拼 hora（钟头、时候）。可参看 Meia hora（118a）。
⑥ 注音为"儿乳"。"取"，他处拼为 zi、ziu 或 ciu。
⑦ 今拼 urdir（纺织）。
⑧ "䐱"（䐱），即"朵"（朵）。《中文大辞典》释引《篇海》："䐱"，乌寡切，意为肥硕，与此处所写并非同一字。

Original de liuro（np.书的原本、原作）	puon	本

（125a）

Orina（n.尿）	niau	尿
Orinol（n.尿壶）	niau guoa' – ye gu	尿碗 - 夜壶
Orinar（vt./vi.排尿、小便）	siau pien – cie scioi – ho niau [……]	小便 - 㴪水① - 咼尿②
Oriuez de prata e douro（np.金银匠）	yin cia'	銀匠 打銀的
Ornar de molheres（vp.给女人打扮）	ta pa'	打办③ 整理
Ornear, asno（vi.驴子叫）	lu chiau	驢叫
Orta（n.菜园）④	yuon	園 苑 圃
Ortolão（n.园丁、菜农）	cuon yuon ti	管園的 守園人⑤
Ortoloa（n.女园丁）	cuo' yuo' po	管园婆
Ortaliçe（n.蔬菜）	zai yuon	菜园 菜圃
Orualhar（vt./vi.下露、沾露水）	schia lu	下露
Orualho（n.露水）	lu scioj	露水 露珠
Ostra（n.牡蛎）	hau	蠔
Ospide – ospida（n.男客 – 女客）⑥	gin chie	人客 賓
Ospedar（vt.留宿）⑦	liu gin	畱人⑧
Osso（n.骨）	cuo	骨
Ossada（n.骷髅、尸骨）	gu cuo	枯骨
Ostinado（a.坚忍的、顽强的）⑨	sin nghen	性硬

---

① "㴪"（㴪），自造的表音字，今写为"㵢"（参见119a）。
② "咼"，注音有疑；字当写为"屙"，参见 Mijar（119a）。
③ 犹"打扮"。"办"字简写，不作"辦"。
④ 今拼 horta（菜园）。
⑤ 这一例"园"字及下面两例均为简笔。
⑥ ospide，今拼 hospede（男性的房客、客人）。
⑦ 今拼 hospedar（留宿、留客人住宿）。
⑧ "畱"，"留"的异体字，写为畱，他处同此。
⑨ 即 obstinado（坚定、固执）。

Ou（conj.或者、否则、也即）	ie, ho – de liuro（书面语）cuo	也 - 喝 - 或①
Ouos de peixe（np.鱼卵）	iu tan	魚旦②
Ouar（vi.产卵、生蛋），fazer ouo（vp.产卵、下蛋）	sen tan	生旦
Oçan（n.螨虫），biço de sarna（np.滋生疥疮的小虫子）	chiai cium	疥虫
Ouelha（n.绵羊）	mie' yam	绵羊
Ouo（n.蛋、卵）	tan	旦 - 卵
Ouelheiro（n.牧羊人）	can iam ti	看羊的
Ouro（n.金子）	chin	金
Ouro fino（np.成色上好的黄金）	hau chin	好金

（125b）

Ouro em cu, biço（np.萤火虫，一种虫子）④	yin tin	萤灯　萤火③
Ouro pelle（np.金箔）	chin po	金泊⑤
Orello（n.粗布条）⑥	tai	带　繫
Oriço（n.刺猬）⑦	hau ciu	獴猪⑧
Oriço de castanha（np.栗子壳）	la zi co	果子殼⑨
Ouuir（vt.听到、倾听）	tin chien	聆見⑩

---

① "喝"，所记似为"或"字的南音，试比较：广州话 [waak⁶]，围头话 [wæk⁶]，苏州话 [weh²³]，上海话 [weq]（见《发音字典》）。

② "蛋"，经常写为"旦"。

③ 两例"萤"字均简写，不作"螢"。

④ ouro em cu，直译为：屁股上一点金。

⑤ "泊"为"箔"之误。

⑥ 今拼 ourelo（粗布条）。

⑦ 今拼 ouriço（刺猬、带刺的果实）。

⑧ "獴"（獴），增旁俗字，即"豪"。

⑨ "栗"读为 la，试比较：闽南话 [lat⁸]、[lit⁸]；潮州话 [liêg⁸]、[lag⁸]；围头话 [läk⁶]（见《发音字典》）。

⑩ "聆"，注音为"听"。

Ouuidor（n.听者、法官）	*pon ssi*	判事　断事 講
Ouuintes（n.听众）	*tin*	聆
Outeiro（n.小山丘）	*siau san – yai san*	小山 - 矮山
Outra vez（np.再一次、另一次）	*ti gi zau – zai – yeu*	第二遭 - 再 - 又
Outro（a.另外的、别的）	*pie*	v.别　s.他 p.時人
Outro dia（np.有一天、某日）	*pie sci cie*	別時節
Outro si（ap.亦如此、同样的）	*yeu – ye*	又 - 亦　更
Outro tanto（ap.同样的、一模一样）		
Outro tantos（ap.同样多）	*zai cie te' ya' to*	再這等樣多
Ousada cousa（np.勇敢、无畏），atrevido homen（np.勇敢的人）	*yum gin – ta' ta*	勇人 - 大膽①
Ousar（vt./vi.敢于、勇于），ter audasia（vp.有勇气）	*ta tan*	大膽　斗膽
Outuno（n.秋天）	*çiu tien*	秋天
Outorgar（vt./vi.准允、赐给），conceder（vt.同意、准许）	*scia'*	賞　玩②

（126a）

P

Paser, pasco（vt.放牧 vi.吃草）③	*cie zau*④ *– pa zau ta cie*	把草他食
Passo（n.皇宫、豪宅）⑤	*ta fan zi*	大房子

---

① 注音为"膽大"，字序相反。
② 后手补写的"玩"字与葡语词目无关。
③ paser, 今拼 pascer 或 pastar（放牧、[牲畜]吃草）；pasco（放牧、饲养），拉丁语动词。
④ "吃草"，未见汉字。
⑤ 今拼 paço（宫殿、大厦）。

Paciencia（n.忍耐、耐心）	gin nai	忍耐　奈煩①
Paciente（a.有耐心的、能忍的）	cuei gin nai	會忍耐　忍得
Pacificar（vt.使安静、劝和）	sian chiuo' – sia' ho	相勸　相和
Pacificator（n.和事者）	ho teu	和頭
Pacifico（a.恬静的、和平的）	scien	善羙
Padesser（vt./vi.忍受、受苦、忍痛）	gin nai – ti	忍耐 - 抵
Padesente（n.受苦刑者）	siu gin	囚人
Padeiro（n.面包师、面包店主）	mai mie' pau ti	賣麵包的
Padar（n.腭），celum oris（np.口腔上部）②	scia' ha'	上領
Padejar trigo（vp.搅拌麦粒）③	po can çin	皷④　乾净
Padrasto（n.继父）	chi fu	継父　後爺
Padre（n.父亲）	fu çin	父親　大人　爹爹
Pagar（vt.偿还、支付）	quam	還
Pagar tributo（vp.缴纳税赋）	qua' cien lia'	還夃粮⑤
Pagoda（n.神像、偶像）	scin scia' – pu sa	神像 - 陪薩⑥
Pai e mai（np.父亲和母亲）	fu mu, ye nia'	父母 - 爺娘
Pajem（n.侍童、门童）	mue' zi	門子
Paixão（n.受难、激情）	ceu zau	愀懆⑦

---

① "奈"，当写为"奈"。参见 De maa mente（75a）。
② padar，今拼 paladar 或 palato（腭）; celum oris（口腔上部），拉丁短语。
③ 系制作面包的预备工序之一。
④ "皷"（皷），当写为"簸"。
⑤ "夃"（分），俗写的"钱"字。
⑥ 当写为"菩薩"（菩萨）。
⑦ "愀"影本写为 㦗。

Paa（n.锹、铲）	tiau – to	挑① - 鈶②
pera baixo cauar（往下挖）		
Palaura, falla（n.话，语言）	cua	話 說 言語
Palaura huma（np.一句话）	ye chiu	一句
Palaureiro（a.话多的、爱唠叨的）	chian te to	講得多　能言　多講
Palanque（n.木桩、围栏）	ta chia	打架
Palha（n.秸秆）	ho, ca' zau	禾　乾草
		（126b）
Palheiro（n.草垛）	ye tui zau – zau tuo'	一堆草 - 草墩
Palma da mão（np.手掌）	scieu cia'	手掌　手盤
Palmada（n.拍掌、掌击）	ta cia'	搭掌③
Palmeira（n.椰树）	ye sciu	椰樹
Palmar（n.椰树林）	ye sciu yuo'	椰樹園
Palmatoria（n.戒尺）	scieu pan	手板
Palmito（n.棕榈芽）	ye sin	椰心
Palmo（n.一拃）	pon cie – u çuon	半尺 - 五寸
Palrar（vi.饶舌、贫嘴）	luon chia'	亂講　胡說
Palreiro（n.话痨）	luo' chia' ti	亂講的
Padre（n.神父）④		僧　野僧
Pancada（n.[棍棒击打]一记）	ye schia	一下
Panno（n.布料）	pu	布
Panella（n.平底锅）	co to	鍋頭⑤

---

① 今漳州话称铁锹为"涂挑"（thɔ²⁻⁶ thio¹），台湾闽南话称铁铲为"沙挑"（sua¹ thio¹），可证此处所写的"挑"字不误。见《闽南方言大词典》所附"台湾闽南方言概述"（32页）及正文（100页）。

② "鈶"（𨫼），疑为自造字。今闽南话有"拓"（thuh⁷），与"鈶"当为同一词，如称铲子为"铁拓""拓仔"，铲土机为"拓涂机"（见《闽南方言大词典》642页）。

③ ta，原写为"大"，删去后写的"搭"。

④ 此条补写于左侧页缘，未见注音。

⑤ "頭"字注音有疑。锅头，指锅灶，与葡语词的对应有些勉强。

Pandero（n.铃鼓）[1]	scie chi	瑟器
Pao（n.木头）[2]	mu	木
Palo（？）[3]	li chin	籬經
Pão（n.面包）	mien pau	麵包
Pão d'ouro（np.金块）	chin tin	金錠
Pão d'azuquere（np.糖塔、一大块糖）	ye puo' tan	一盆糖
Pappagayo（n.鹦鹉）	yn co	鸚鵒[4]
Paparote（n.用中指或食指弹击），cicarda（n.蝉）[5]	tan	弹
Pappo（n.嗉囊）	ho lu'	喉脚[6]
Papel（n.纸）	ci	紙
Papel que pressa（np.印刷用纸）	po cci	薄帋
Pappa fico de pano（np.矮帆、布帆）	yen ciau	眼照[7]　眼鏡

（127a）

Par（n.一对、一双）	san	双　兩
Par e nones（np.双和单），dispar（a.有差异的、不一样的）	xan ta'	雙单[8]　隻[9]

---

① 今拼 pandeiro（铃鼓）。或可能是 pandora（一种多弦琴）的笔误。

② 今拼 pau（木头、木材）。

③ 疑即 palão（谎言），与"籬經"（离经[叛道]）可对应。

④ "鸚"（鵒），今通作"哥"。

⑤ cicarda（= cicada 蝉），拉丁语名词。葡语此词今作 cigarra（蝉），然而本词典上却可见三种拼法：siguara（56b）、cigada（64b）：çiguara（65a）。三处都对应以汉字"蝉"，注音也都不误，一律作 scie'（= scien）。此条有混同"弹"与"蝉"之嫌，或别有用意，也未可知。

⑥ "脚"（脚），似为自造字，即"咙"。或写成"喽"，所记为同一音（91b、106b）。

⑦ 葡语词目有疑。"眼照"，可能想写"眼罩"，即蒙眼布。"眼鏡"为后笔所添，与葡语也不对应。

⑧ "雙"，即"雙"（双）。san 和 xan 是同一字的不同读音，前者不翘舌，后者翘舌，今普通话以 s/sh 区分。声母 x 属于异常拼法，《葡汉词典》上并无其他音节以 x 开首。但在西班牙和法国传教士的注音体系中，x 都相当于 sh，如《官话词汇》：xān（山）、xoāng（双）；《汉法词典》：xān（山）、xoām（双）。

⑨ 后手补写的字，即"形单影只"的"只"，与形容词 dispar 对应。

Paraiso（n.天堂）	tien tin	天霆
Paraiso terreal（np.尘世的天堂）	fe co – tien	佛國①
Parafuso（n.螺钉）		
Paralitico（a.瘫痪的 n.瘫痪者）	scieu cen	手戦
Parar cauallo（vp.拉住马）	cie pi teu	扯轡頭
Particular（a.私下的、单独的）	po cu' tau	不公道 勿公平
Participar（vi.参与、分享）	yeu fen	有分②
Partera, obstetrigo（n.接生婆，助产士）	sen po	生婆
Partirse de outro（vp.离开别人）	fen pie	分別 分離
Partir embarcação（vp.乘船离开）	cai ciuo'	開船
Partir por terra（vp.从陆路动身）	chi scin	起伸③
Partido conçerto（np.商定、谈妥的事情）	chian tin	講定
Partilha（n.分开、分担）	fen cai	分開 割開
Partir com outro（vp.跟人分手）	fen	分
Partir com facca（vp.用刀劈开）④	fen	
Paruo（a.傻、蠢 n.傻瓜、蠢人）	ci gin – ngai gin	痴人 - 呆人⑤ 歹人
Paruoiça（n.蠢话、痴语）	fu sciuo	胡說⑥ 亂道
Pasmar（vt.使惊愕 vi.惊愕）	cio chin	着驚
Passada（n.步子）	ye pu	一步
Passas de uuas（np.葡萄干）	pu ta can	葡萄乾⑦
Passar（vt./vi.通过、穿过）	cuo	过⑧

---

① 原写"佛"在上、"國"在下，似乎有意将二字叠合为一，使之对等于概念 tien "天"，即西天。

② "分"（㕷），右上角标有去声符，即"份"。相同的处理法，见表示份额的"分"（136a、139a）。

③ 应写为"起身"。

④ facca，今拼 faca（刀子）。此条显然也对应于"分"。

⑤ "呆"写为痴。

⑥ fu，今客家话读"胡"为[fu²]（见《发音字典》）。其字又音 gu，见"胡絲"（143a）。

⑦ ta，似脱字母，当为 tau，可对照另一例"葡萄乾"（155b）。

⑧ "过"字简写，下面两例同此。

Passageiro（n.船客、乘客）	tu zi	渡主① - 搭船的
Passageiro（n.船主），dono da passagem（np.船东家）	ciuo' chia	舡家 駕撑
Passaro（n.鸟）	niau cio	鳥雀 禽

（127b）

Passarinho（n.小鸟）	siau niau	小鳥 雛
Passatempo（n.消遣、娱乐）	cuo ge zi	过日子
Passo passo（adp.一步一步、逐渐）	man ma'	慢慢 緩
Passante（a.超过的），mais（ad.更多）	to cuo	多过
Passear（vi.闲逛、散步、游玩）	gua' lai – yeu so	往來 - 遊耍
Passeador（n.闲逛者、游玩者）	schin gin	行人
Passeador lugar（np.游玩之地）	yeu so su zoi	遊耍所在
Passar rio com pe（vp.赤脚过河）		
Pastor（n.牧人）	uu tum	牧童 看牛的
Pastilhas（n.药剂、香剂）	schia'	香
Pata（n.雌鸭）	guo	鵝
Patta do pe（np.脚板），pranta（n.脚掌）②	chio ti	脚底 脚下
Patteo（n.天井、庭院）③	tin cin	天井 天階
Patife, mariol（n.无赖，脚夫）	tiau tan ti	挑担的
Patranha（n.胡诌、谎言）	chia' tie' cua	講天話 說大話
Patrimonio（n.遗产、家业）	zu gnie	祖業
Pauão（n.孔雀）	cum cio	孔雀
Parto conçerto（np.明确的主意）	chia' tin	講定
Paues, scudo（n.巨盾，盾牌）④	pai	碑⑤

---

① "主"，他处多拼为 ciu。关于词义，可对照 "渡船主"（50b）。
② pranta，即 planta（脚掌、足底）。
③ 今拼 pátio（院子、庭院）。
④ scudo，见词目 Escudo（盾牌，95a），系同一词。
⑤ 当写为 "牌"。

Pauelhão（n.帐篷）	cia'	帳
Pauio d'olho（np.油灯心）	tin zau	灯草
Pauio do candeas（np.蜡烛心）	cio sin	燭心
Pausa（n.停歇）	schie schie	歇一歇①
Pace（n.和平、安谧）②	tai pin	太平 治
Peccato（n.罪孽）	zui	罪 過 怼
Peccar（vi.犯罪）	zo cuo	做惡
Peccador（n.罪人）	hoi gin	惡人③

（128a）

Peccato mortal（n.死罪）	cium zui, ta zui	重罪 - 大罪
Peccato venial（n.轻罪）	siau zui	小罪 輕罪
Peçonha（n.毒药）	to	毒
Peçonhenta cousa（np.有毒之物）	yeu to	有毒
Peça（n.块、件、）	ye chie' tu' ssi	一件東西
Peça de prata（n.银器）	yn gu	銀壺 瓶
Pedaço d'algua cousa（np.一块、一片东西）	ye quai	一塊 一片
Pedaço de tempo（np.一段时间）	ye co sci cie	一个时節④
Pedra（n.石头）	scie tou	石頭
Pedra que choue（np.天上落下的雹子）	pau	寶⑤ 雹
Pedranera（n.火石）	guo scie	火石
Pedreira（n.采石场）	scie san	石山
Pedragoso（a.多石的）	tu sci scie	都是石
Pedra preciosa（np.宝石）	cin zi	真珠
Pedra pomice（np.泡沫岩、浮石）	pu scie	砪石⑥

---

① "一"字缺注音。
② 今拼paz（和平、宁静）。
③ 注音为"害人"。
④ "个""时"均为简笔字。
⑤ "宝"的繁体，似有删痕。或应写入上一词条，因pedra又指宝石。
⑥ "砪"（砪），《中文大辞典》石部收有此字，引《集韵》："砪，披尤切，破声。"《篇海》石部也有"砪"字，释同《集韵》。按：此处应通"浮"，为借音字。《闽南方言大词典》27页，有"浮石"一词。

Pedra alume（np.明矾）	*po fan*	白礬①
Pedra de seuar（np.磁石），calamita（芦木）	*schia scie*	噏石②
Pe（n.脚）	*chio – ta chio*	脚 - 箄步③
medida do pe（用脚步量）		
Pega（n.喜鹊）	*che cio*	鵲雀④
Pegada（n.足迹、痕迹）	*cie*	跡踪
Pegar（vt./vi.粘、粘贴）	*lie' chin*	粘緊⑤
Pegada cousa（np.黏附、紧密结合）	*sia' chin*	相近 相附
Pegadiça（a.粘住的、紧贴的）	*lie' te chin*	粘得緊

（128b）

Pegar（vt.抓住、逮住）	*cie*	扯
Pego（n.漩涡）	*scioi chiuo'*	水捲
Pejdar（vi.放屁）⑥, crepitar（vi.噼啪作响）⑦	*fan pi*	放屁
Peito（n.胸部）	*schiu' cen*	胸前
Peito do pee（np.脚背）	*chio poi*	脚背
Peitoral（n.护胸甲）	*ma schiu' tai*	馬胷带⑧
Peitoguera, tussis（n.胸痛，咳嗽）⑨	*lui scia'*	内傷⑩ 㾾
Peitar（vt.给钱、贿赂）	*sum yn*	送銀
Peita（n.贿赂、受贿）		

---

① "礬"，"矾"的繁体。

② "噏"（㗊），即"噏"（吸）。"吸石"，即吸铁石，磁石的俗名。

③ 注音为"踏脚"。

④ 即"客鹊"，喜鹊的别名之一。

⑤ 此处以及下下条的"粘"字，均为俗写，不作"黏"。《洪武正韵》盐韵："黏，尼占切，著也。俗作'粘'。"其音拼为 *lie'* (lien)，今闽南话仍读 [liam²]（见《闽南方言大词典》340 页"黏"字条）。

⑥ 今拼 peidar（放屁），俗词。

⑦ 此词有删画之痕。

⑧ "胷"，"胸"的异体字。

⑨ tussis（咳嗽），拉丁语名词。

⑩ "内"，声母为 l，可比较上文"粘 lien"。

Pejo, vergonha（n.羞耻，羞愧） siu 羞
Pejar（vi.羞愧） pa siu 怕羞
Pejada cousa（np.怀孕），prenha（a.有 yeu yn 有孕
身孕的）
Peixe（n.鱼） iu 魚
Pelar（vt.剥皮、退毛） cien mau 揃毛
Pelarse（vr.脱毛、脱皮） tuo mau 脱毛
Pelado（a.秃顶的 n.秃顶） qua' teu ti 光頭的
Pela de jugar（np.玩游戏的皮球） pi chieu 皮球
Pelle（n.皮、皮肤、毛皮） pi 皮
Pelejar（vt./vi.战斗、打斗） sia' cen – sia' scia 相戰 - 相殺
　　de dous（两人之间）
Pelica（n.羊羔皮） pi chieu 皮裘
Pelo（n.毛发） mau – fa 毛 - 髮
　　de home（人身上的）
　　de cabeza（头上的）
Peluda cousa（np.毛发多） to mau ti 多毛的
Peloro de ferro（np.铁弹） ciu' tan 銃彈
Penna（n.羽毛） guo mau 鵝毛
Pena de dinhiero（np.罚款） scio zui 續罪①

（129a）

Pena d'auzotes（np.杖刑） cia' 扙②
Pena de morte（np.死刑） ssi zui 死罪
Penar（vt.使痛苦 vi.受苦、悲痛） sin cu 辛苦　艱辛
　　　　　　　　　　　　　　　　　　勞苦
Penacho（n.羽饰、翎子） guo lin 鶴鴒
Pender（vi.悬挂、吊） tiau, cua 吊 - 掛
Peneira（n.箩、筛） lo tau 羅斗
Peneirar（vt.过筛、过箩） lo mien 羅麵
Penetrar（vt./vi.穿透、透入） tum 通　穿

---

① 犹赎罪。
② "扙"（扙），当为"杖"。

Pinhorar（vt.扣押）①	zo tan	做當②
Pinhoro（n.扣押、查封）	tan teu	當頭 案頭
Penedo（n.巨石）	ta scie teu	大石頭
Penedia, scopulras [……]（n.乱石滩，岩礁）③	scie tan	石灘
Pende a nao（vp.船只倾斜）	guai ciuo', chi	歪船 - 崎
Pendensia, punitia（n.争吵、打斗，制裁、惩罚）		
Pendurar（vt.挂、悬挂）	cua	掛
Pendentes d'orelha（np.耳坠）	gi fan	耳環④
Pendão（n.旗帜）	chi	旗
Penten（n.梳子、篦子）	pi so	笓⑤ 梳
Pentear caueça（vp.梳头）tirar piolho（捉虱子）	so teu – pi teu	梳頭 - 笓頭
Penuçia（n.绒毛）, pelos pequenos（np.细毛）	hau – mau	毫毛
Pensamento（n.思想、思考）	siao'	想 思 憶
Pipino（n.黄瓜）⑥	gua' cua	黄瓜
Pipinal, orta（n.黄瓜地，菜园）	cua yuo'	瓜園
Piqueno（a.小）	siau	小 细⑦
Pero（n.梨）	li zi	梨子
Pereira（n.梨树）	li sciu	梨樹
Pereiral（n.梨园）	li yuo'	梨園⑧
Perante de mi（pp.在我面前）	ngo chin cie'—ngo lie' cie'	我跟前 - 我臉前

---

① 今拼 penhorar（查封、扣押）。
② "當"，右上角标有去声符。
③ scopulras，即 scopulus（岩石、礁岩），源自希腊语的拉丁语名词。
④ fan，比较另一处"環"，拼为 qua'（45a）。今客家话"环"读为 [van²]（见《发音字典》），与此处所注之音接近。
⑤ 此处及下一条的"笓"字，均为"篦"之误。
⑥ 今拼 pepino（黄瓜）。
⑦ "细"（细）字简笔，不作"细"。
⑧ 此例"园"字为简笔，与上一例不同。

(129b)

Perder（vt.失去、迷失）	ta scie	打失 不見了
Perder no juogo（vp.输掉游戏、赌博）①	sciu	輸 負
Perdido home（np.无可救药者）	pai lai	俳俫②
Perdão（n.宽恕、赦罪）– perdoar（vt.原宥、赦免）	giau	饒 赦 宥
Perdiz（n.山鹑）	cie cu	鵲鴣③
Perdição（n.沉沦、堕落）		
Perdurauel（a.经久的、永恒的）	chin nai	金賴 - 堅固
Perfeito, inteiro（a.完善的，完整的）	ciuo' pi	全俻
Perfeito, excellente（a.优秀的、杰出的）	miau	妙 好
Perfumar de sacrificio（vp.焚香献祭）	sciau schia'	燒香 焚香
Perfumar outra cousa（vp.熏香、喷洒香水，指其他东西）	cin	襯④ 透
Perfumo（n.香味、香料）	schian	香
Perna（n.腿）	chio	脚
Perlado（a.珍珠般的）⑤	scie' si – cia' lau	禪師 - 長老
Pernil, presunto（n.瘦腿肉，火腿）	guo tui	火腿
Perola（n.珍珠）	cin ciu	真珠
Pereçer（vi.消失、毁灭、死亡）	çia' quai – ssi	將壞 - 死
Peregrino（n.朝圣者、香客）	cin schia' ti	進香的
Peregrinar（vt.游历、漫游 vi.旅行、朝圣）	cin schia'	進香
Perigar（vi.身临险境）	çia' quaj, guei schie'	將壞 - 危險
Perigo（n.危险）	guei schie'	危險
Periurar（vt./vi.发假誓、违背誓言）	chia tu ceu	假鬭呪⑥

---

① juogo，见词目 jogo，属于同词而异拼。
② 疑为白字或借音字，即"败类"。"俫"（俫），右上角标有去声符。
③ 即"鹧鸪"，英语称 partridge。
④ "襯"（衬），似为"浸"之误。
⑤ 汉语词与之无关，疑为 pelado（秃头）的笔误。
⑥ "鬭"（鬬），即"鬪"（斗）。此处当写为"賭"，即"假賭咒"。可参看"覩咒"（= 賭咒，108b），注音同本条。

Periuro（n.发假誓者）	*chia tu ceu ti*	假闢呪的
Permitir（vt.允许、批准）	*pin ta*	憑他　由他
Perpetuamente（ad.永久）	*cia' chieu*	長久
Perpetuo（a.经常的、持久的）	*cia' cia'*	常常
Perro, cão（n.狗、犬）①	*chou*	狗② 犬

（130a）

Perra（n.母狗）, cão femea（np.雌的狗）	*chou nai*	狗奶③
Persuadir（vt.说服、劝导）	*chiau*	教　訓
Perseuerar（vi.坚持、延续）	*po tuo*	不脱　不觧④
Pertençer（vi.属于、归某人管）	*cia' cuon*	撐管⑤
Perto（ad.临近、靠近）	*chin*	近　邇
Peruerter（vt.腐蚀、毒害）		
Perseguir（vt.迫害、虐待）	*zo tui teu*	做對頭　寃家⑥
Pesada（n.[一次称的]分量）	*cium*	重
Pesar（vt.过秤、过磅；考虑、权衡）	*cin*	秤
Pesar（vi.难受、懊悔）, tedet（vi.令人厌恶的）⑦	*scia' cuei ciau zau*	想囬懊慄⑧-悔
Pesatamente（ad.了无趣味地）	*po ngai*	不爱　不欲
Peso, pondus（n.重量、负担）⑨	*cium*	重
Pessoa（n.人、个人、本人）	*co gin*	個人
Pessico（n.桃子）	*tau zi*	桃子
Pessiqueiro（n.桃树）	*tau sciu*	桃樹
Pescado（n.捕获的鱼、渔获）	*iu*	魚

---

① 二词同义，前者为西班牙语词，后者为葡语本族词。
② "狗"字的注音，以 *cheu* 居多。
③ 即"奶狗"，指有奶的母狗。构式同"狗母"，见 Cadela（母狗，55b）。
④ "觧"（解），通"懈"。
⑤ "撐"，当写为"掌"。
⑥ "寃"，误为"穴"字头。
⑦ tedet，拉丁语动词 taedet（使人厌烦）的异拼。
⑧ 同样的对译见 Arependerce（45b）。"慄"（㦖），即"憷"。
⑨ pondus（重量、负担），拉丁语名词。

Pescador（n.渔民、渔夫）	*tau y ti*	討魚的① 漁翁
Pescar（vt./vi.捕鱼、钓鱼）	*tiau y*	鈎魚②-漁郎
Pescoço（n.颈项、脖子）	*chin*	頸
Pescoçada（n.对准脖子的一击）	*ye schia chin*	打一下頸③
Pestana, palpebre（n.睫毛，眼睑）	*yen mau*	眼毛
Peste（n.瘟疫）	*uue' cia'*	瘟瘴
Piar（vi.啾啾、唧唧）, gritar como piadeiro（vp.如鸟儿般鸣叫）	*niau chiau*	鳥叫 鳥鳴 鳥啼
Pião（n.士兵）, soldado da pe（np.步兵）④	*pin*	兵 軍
Pião d'en xadres（np.象棋的兵、小卒子）	*zo zi – pin*	卒子 - 兵

（130b）

Piadoso（a.虔敬的、慈悲的）⑤	*cci pij*	慈悲 惻隱
Pia（n.石槽、水池）	*po gu*	泼盂⑥
Piar（n.柱子）, pee d'estelas（np.石柱的底座）⑦	*cci chio*	柱脚⑧
Petição（n.诉求、请愿）	*cau cia'*	告狀
Piccar（vt.刺、扎）	*cin*	鍼 針⑨
Piccado（a.被刺的、被扎的）		

---

① 闽南话称出海捕鱼为"讨鱼""讨海"，打鱼船叫"讨鱼船"（见《闽南方言大词典》133 页）。

② "鈎"，注音为"釣"。

③ "打"字缺注音。

④ Pião, 今拼 peão（步行者、步兵、卒子）。

⑤ 今拼 piedoso（虔诚、仁慈）。

⑥ "泼"（浚），似指洒水。

⑦ piar, 今拼 pilar（支柱）。

⑧ "柱"字又拼为 *ciu*（98a）。

⑨ 写有两个"针"字，一为繁体，一为半繁半简。二形并用已久，属于同一单字的不同写法。《集韵》盐韵："鍼，巨鹽切，针也。"

Picel, bule（n.酒杯、锡杯，酒壶、茶壶）①	ceu gu	酒壶 酒瓶 酒觴
Piccaro do barete（np.帽子的顶端）②	mau liu	帽紐
Pedir（vt.请求、乞求）	tau	討
Pedinte（n.乞丐）	chiau fa zi	叫化子③ 乞丐
Pedir esmola（vp.乞讨、求施舍）	chiau fa	叫化
Piloto（n.舵手、驾船者）	cuo cia'	夥長
Pimenta（n.胡椒）	fu ciau	糊菽④
Pinga, lardiar（n.油滴）	yeu tie	油滴
Pingar, lardiar（vt./vi.滴、滴落）		
Pinha（n.松果）	su' zi	松子
Pinheiro（n.松树）	su' sciu	松樹
Pintar（vt.画、绘）	cua	畫 屏 圖
Pintainho（n.小鸡、雏鸡）	siau chi	小雞 雛兒
Pintor（n.画师、画家）	cua cia'	畫匠 □工⑤
Pintura（n.画、画作）	cua	畫
Pincello（n.画笔、毛笔）	pie	筆 笔 毫 筬⑥
Piolho（n.虱子）	se zi	虱子
Piolhoso（a.虱子多的）	to se ti	多虱的
Pipa（n.酒桶）	ciu tum	酒桶

（131a）

Piqua（n.扎枪、长矛）	cia'	鎗

---

① picel，今拼 pichel（舀或饮葡萄酒的杯子）。

② barete，今拼 barrete（圆帽、四角僧帽）。

③ "化"字的读音记为 fa，参见"不好造化"（115b）。

④ 当写为"胡椒"。

⑤ 缺字处原写有 盍，似即《宋元以来俗字谱》田部所录的"盍"，是"畫"（画）的俗字，近代通俗小说中常见。

⑥ 后三字系补写。《敦煌俗字典》收有简体"笔"字。《集韵》质韵，将"筆、笔"一同列出，称"筆"或作"笔"，可知二形早已并存。"毫"（毫），上部作"高"。

Piquena cousa（np.细小的事物）	siau tu'ssi	小東西　細物
Pirulas（n.药丸）①	yo yuon	藥丸②
Pisar（vt./vi.踩踏、行走）	cium	重
Pisada, vestigio（n.脚印、踪迹，痕迹）	çie	跡　踪
Pitição（n.诉求、请愿）vide petição		
Pobre（a.穷苦的、贫寒的）	pin chium	貧窮　困乏
pouco siso（np.缺心眼、没见识）	tien sie	顛些　狂
Poço（n.水井）	cin	井
Podar（vt.剪枝、修枝）	za' sciu	斬樹　砍樹
Podadeira（n.修枝剪、钩刀）	cheu tau	鈎刀
Podam（n.钩刀）	idem（同上）	
Poder（vt./vi.能够、可以）	te	得　獲
Poderosa cousa（np.强有力、有权势）	tu zo te	都做得　皆通
Podre（a.腐烂的）	lan	爛　餕　敗
Poeta（n.诗人）	sci um	詩翁　詩家　詩客
Poera（n.尘土）③	sa tum	沙筒
Pois que（conj.既然、由于）	in zi chie'	因此間
Poo（n.尘埃、尘土）④	cin, sa – ni	塵　泥 - 沙⑤
Pole, curla（n.滑车，车）⑥	lien cien	輦錢⑦
Polir（vt.磨光、擦亮）	mo quam	磨光
Polo do ceo（np.天之极）⑧		天之樞

---

① 今拼 pilula(s)（药丸、药片）。
② "丸"字的读音记为 yuon，系本于闽粤方言。闽南话、广东话、潮州话、客家话里，"丸、圆"均同音。
③ 今拼 poeira（尘土、灰尘）。
④ 今拼 pó（尘埃、灰尘）。
⑤ 注音的字序为"塵（尘）、沙、泥"；字音 sa 的后面插写有葡语词 area（=areia, 沙子）。
⑥ curla，可比较：意大利古语 curro（车），拉丁语 currus（马车）。
⑦ "輦"是人拉的车，"輦钱"指车费。葡文词目并无费用一义。又，"輦"字的声母作 l，闽粤方言以及南京话均如是。
⑧ 此条写在左侧页缘；ceo，今拼 ceu（天、天空、天主）。

Polloqual – ou poloque（conj.因为）①	*in zi*	因此　因為
Pollo contrario（np.对立的两极）		
Poluere de spingarda（np.步枪的火药）②	*guo yo*	火藥
Pomar（n.果园）	*cuo lin*	菓子林③
		瓜园

（131b）

Pomba（n.雌鸽）	*co zi*	鴿子
Pombal（n.鸽舍）	*co tiau – liau*	鴿寮④
Pompa de mandarim（np.官府奢华的排场）	*cie ssi*	執事
Pompade de defunto（np.送别死者的仪式）	*sum za'*	送塟⑤
Ponte（n.桥）	*chiau*	橋
Pontada（n.[胸、腹等]刺痛）	*yau tum*	腰痛
Poda de ferro（np.铁剪）	*tie zui*	鐵錐
Ponta de faca（np.刀尾、刀尖）	*tau ui*	刀尾
Poppa（n.船尾）	*ciuo' ui*	舡尾
Por（vt.摆放、存放）⑥, posar（vt./vi.放置、放在某处）⑦	*fan*	放
Por a parte（vp.放在一边）	*scieu zai pien, lin scieu*	收在一边⑧ - 另收
Porque（ad.为什么）	*çen mo jam*	怎麼樣
Porque [……]（n.理由 conj.因为）	*in guei*	因为⑨
Por muytas maneiras（pp.以多种方式）	*to ya'*	多樣

---

① 今拼 porqual、porque（因为）。
② poluere，今拼 polvora（火药）。
③ "子"字未写注音。
④ 注音为"鸽吊、寮"，前者是简易的吊笼，后者为考究的鸽房。
⑤ "塟"，古"葬"字。
⑥ 作动词的 por，今拼 pôr，以别于介词 por。
⑦ 今拼 pousar（放置、摆放）；posar 另有其词，指"摆姿势"。
⑧ 注音无"一"字。
⑨ 此例"为"字系简笔。

Por em sua mão（vp.交到他手中）	chiau fu	交付
Por em lugar d'outro（vp.代替某人）	taj ta	代他
Por em paz（vp.和平相处）	sia' ho – ci ho	相和 - 處和
Por a o pescoço（vp.挂在脖子上）	cua zoi chin scia'	掛在頸上
Portanto（conj.因此、所以）	in zi	因此
Porquanto（conj.因为、鉴于）	in guei	因爲
Por enteiro（pp.全部）①	ye zum	一總
Por o dia（pp.一天内）	han chi	限期②
Por diligencia（pp.勤奋）	chie' sin	虔心
Por de mais（pp.过多）	gua' cuei	枉費

（132a）

Por detras（pp.从后面）	heu teu	後頭
Por aguora（pp.现在、此时）	giu chin	如今　即時
Por medo（vp.带来恐惧）	chin ta	驚他　謊他③
Por a galinha（vp.母鸡生蛋）	sen tan	生旦④
Por culpa（vp.归罪于）	loi	賴
Por diante（pp.从前面）	fa' lie' cien	放臉前
Por amor（pp.因为、由于）	in guei	因为⑤　緣是
Por amor de mi（pp.看在我的面子上）	in guei ngo	因爲我
Por ventura（pp.偶然、或许）	cum pa – y tin	恐怕 - 以定⑥
Por mercè de deos（pp.感谢上帝、蒙上帝恩赐）	in guei dius	因爲嘮啑⑦
Porem（conj.可是、然而）	cua'	還

---

① enteiro，即 inteiro（110a）。
② "限"字的注音仅有此例，所据为闽粤方言。
③ "謊"为"慌"之误。
④ "旦"为"蛋"的俗写。
⑤ 此例"为"字也简写，不同于下一例。
⑥ 犹一定、必定，是"恐怕"的反义词。
⑦ "嘮啑"（唠唏），deus（天主、神）的音译。可比较《漳州话语法》（Anonymous 1620），例句中多次出现"僚氏"一名（注音作 dīošy，见 Klöter 2014: 188, 192, 210, 216, 234, 248），音译自西班牙语 dios（天主、神）。

Por entrementes（pp.片刻、一时）	zan sci	暫時　一時　須臾
Por onde（pp.在那里）	na li, na pie'	那裏 - 那边
Por en saluo（vp.置于安全之地、安然无恙）	lau cu	牢固　堅固
Por em boa ordem（vp.按次序）	pai ci si	排次序
Porco（n.猪）	ciu	猪
Porco de mato（np.野生的猪）	sam ciu	山猪
Porco spinho（np.刺猬）①	ho ciu	河猪②
Porselana（n.瓷、瓷器）	guoa'	碗
cousa de porselana（各种瓷器）	ci chi	磁器
Posseueio（n.臭虫）③	ceu ciu'	臭虫
Porfia（n.争吵）	sia' ma	相罵　詈
Porro（n.韭葱）	cheu zai	韭菜
Porros da mão（n.手癣）	pa	疤
Portador（n.信使、门人）	sin zai	承差④　外郎⑤　知印⑥

（132b）

Porta（n.门）	mue'	門　p.柴扉　户扃
Porta fora da casa（np.外面的宅门）	guai mue'	外門
Porta da cidade（np.城门）	cin mue'	城門
Portal（n.大门、正门）	muon leu	門樓
Porteiro（n.看门人）	pa mue' ti	把門的
Porteiro que cita（np.传讯跑腿的小吏）	zau li	皂隸　手下

---

① 今连写为 porco-espinho（刺猬）。
② "河"为"豪"之误，参看词条 Oriço（刺猬，125b）。
③ 今拼 percevejo（臭虫）。
④ 官府的书手，也称"经承"。
⑤ 尚无正式职位的吏员。
⑥ 掌印的吏员。

Porto（n.港口、码头）	guoa' ciuo' so zai	弯舡所在 稍舡處①
Possuir（vt.占有、拥有） Poderoso deus（np.全能的上帝）	yeu	有
Pospor（vt.后置、弃置、推迟）	fan	放
Postigo（n.小门）	heu mue'	後門
Posta（n.块、片）	ye quai	一塊
Posto（a.安置好的、准备停当的）	hau ciu – hau su zai②	
Posto que（conj.尽管、虽然）	qua' liau	還要③
Posturas de rosto de molher（np.女人搽脸的化妆品）	ye' ci fue'	胭脂粉
Pote（n.瓦罐、坛子），boyoes（n.大肚双耳罐）	cin	埕④ 罐子⑤
Potra, culha（n.小母马）		
Potro, polledro（n.小公马，马驹）	ma zi	馬子 駒
Poqueçino（a.很少的）	scjau sie – sie sie	少些 - 些些
poquo（a.少、少量的 ad.很少、不多 n.少量、一点）⑥	scjau	少
Poquo siso（ap.傻乎乎的）	tien sie	顛些
Poquo a poquo（adp.一点一点）	man ma', cuo' sie	慢慢 - 寬些
Poquo ha（adp.刚刚、不一会儿）	zoi – pu cin chi chieu	才 纔⑦ - 不曾 幾久
Poqas vezes（np.几次）	mo yeu to pien	没有多遍
Poquo depois（adp.随后）	lien heu	連後
Poquo antes（adp.刚刚）vide poquo ha		
Poquo mais ou menos（adp.约略、大概）	lio lio sie	畧畧些

---

① 参见"湾船所在"（50b）。
② 此条未见汉字，注音似为"好处、好所在"，即安置处理妥当。
③ "要"，注音为"了"。
④ 写为埕，酒坛的俗名。见于《中华大字典》土部，注为俗字。
⑤ "罐"（鑵），"罐"的异体字。
⑥ 今拼 pouco（少、少量）。
⑦ 原写有简体"才"字，删涂后写的"纔"（讒），当即"纔"（才）。

Pouoar（vt.定居、移民）	chi to fan zi	起多房子
		（133a）
Pouo（n.人民、民众）	pa sin	百姓 民
		黎 庶
		億兆蒼生
Pouo baixo（np.下层百姓）	schia ten gin	下等人
Popar（vt./vi.节省、俭用）①	siau jum – chie'	少用②- 儉
Poparse（vr.节约）		
Pousar（vi.居住、停留、歇脚）	ciu	住 居 處
		歇
Pousada（n.住处、客栈）	ciu	處
Pubricamente（ad.当众、公开）	ciu' gin ci, ta' ciu' lien cie'	衆人知 當 衆臉前③
Pubricar（vt.公布、宣扬）		顯著 揚 耀④
Pucaro（n.陶制水罐）	ni cuo' zi	泥罅子
Pular（vi.跳跃、激增、猛长）	pie' cua	变化 变通
Pulga de cão（np.狗身上的跳蚤）⑤	cheu sie	
Pulpito（n.布道坛、讲台）	chia' toi	講臺
Punho（n.拳头、柄）	chiuo'	拳
Pulso（n.脉搏）	mue	脉
Punho de spada（np.剑柄）	chie' teu	釰頭
Punhal, crisi（n.匕首，短剑）⑥	tuo' tau	短刀
Puro（a.干净的、纯洁的）	ca' cin	乾净 潔清
Purga（n.泻药）	sie yo	瀉藥 服藥 進藥 嘗藥

---

① 今拼 poupar（俭省、积攒）。
② "少"，注音脱字母，当拼为 sciau。
③ 这两个短语被粗笔删除，但与注音完全对应，与葡文词条的意思也相合。
④ 这三个词原写于上上条"處"的后面。
⑤ 后两个葡文词（狗[身上]的）被删，但能与汉语注音对应，即"狗虱"。
⑥ crisi, 今拼 cris（马来短剑）。

Purgaminho（n.洗净的皮子）	jam pi	羊皮
Purgarse（vr.服泻药）	fo yo, ci yo	服藥 - 食藥
Puta（n.娼妓）	yn fu, po fu, cie' fu	婬婦 - 泼婦① - 賎婦 怨婦
Putaria（n.妓院）	piau yen	嫖院
Puxar pola orelha（vp.拽耳朵）	cie gi to	扯耳腺②
Puxar（vt.拽、拉扯）	cie	扯
Praxa（n.市场、集市）③	sci tau	市頭
Praxa chão（np.平坦的场地、广场）	cia'	場
Prado（n.草原、牧场）	cia'	場
Praguexar（vt./vi.咒骂、诅咒）	chia' ta po hau – cuei pa'	講他不好 - 譭謗
Praguento home（n.诅咒者）	cuei pan ti	譭謗的

（133b）

Prayno, plano（a.平、平坦的 n.平面、平原）④	pin	平　均匀
Pranetas sette（np.七大行星）	cie cin	七政⑤
Pranta（n.植物）⑥	chin – sciu	莖⑦- 樹 - 苗
prantar（vt.种植）	zai	栽　種
prantear（vt./vi.啼泣、哀哭）	ti co	啼哭　泣
Pranto grande（np.恸哭）	ti co po scin	啼哭不勝
Prato, bacio（n.盘子，盆）	puo'	盤
Prata（n.银子）	yin	銀
Prata fina（np.上等银子）	si yin	絲銀　紋銀子

---

① "泼"（泼），草写的简笔字，不作"潑"。
② "腺"（朵），即"朵"（朵）。参看词条 Orelha（耳朵）。
③ 今拼 praça（广场、市场）。
④ prayno，今拼 plaino，与 plano 同义。
⑤ 盖指日、月及金、木、水、火、土五星，亦称"七曜""七纬"。
⑥ 今拼 planta（植物）。
⑦ 原写为莖，与敦煌写本中所见"莖"字的形体相近。参看于淑健（2012：349），黄征、张崇依（2012：57，注5）。

Pratear（vt.镀银）	tu yin	鍍銀
Praxer（n.快乐、欣喜 vt.使快乐）①	cuo' schi	歡喜　欣笑
Pratica（n.谈话）	chia'	講
Praticar（vt.讲解 vi.交谈）	chia' cua	講話
Preamare, mareache（n.高潮）	scioj cia'	水漲　水滿　水溢　水濫
Preciosa cousa（np.珍贵物品）	pau poi	寶貝　珍琜②
Preceder（vt./vi.在……之前、居先）	chian cuo	強過　勝過
Precinta（n.腰带、肚带）	tai	帶
Precintar（vt.系带子、捆扎）	pan tai	綁帶③
Preço（n.价格、价值）	chia	價
Prefacir（vt.作序）		
Prego（n.钉子）	tin	釘
Pregar（vt.敲钉子）	ta tin	打釘
Pregado（a.钉牢的）	tin chin	釘緊
Pregar（vt./vi.说教、布道）	chia' cu	講古
Pregador（n.讲经者、布道者）	chia' cu ti	講古的
Pregão（n.布告、吆喝）	cau sci – chiau chiai	告示 - 叫街
Pregoeiro（n.吆喝者、叫卖者）	chiau chiai ti	叫街的

（134a）

Preguntar（vt.问，打探）	uuen	問　訪　謁　請
Premio（n.奖赏）	scia'	賞
Prender（vt.捆扎、抓住）		勒　縛　擒
Presa de guerra（np.战利品、猎获物）		
Preso（a.捆住的、被囚禁的）	scie chia'	收監④　囚獄
Presente tempo（np.此时、现在）	giu chin	如今　即時

---

① 今拼 prazer（愉快、娱乐），名、动两用。
② "琜"，"珍" 的异体字。
③ "帶"，同 "带" "帯"。
④ "收"，注音脱字母，当拼为 scieu。可对照另一例 "收監"（89a）。

Presente（n.礼品、赠礼）	schia cin	下程　節礼①
Presidir（vt./vi.掌管、主持、行使职权）	cia' cuo'	撐管
Presepio（n.马槽、马厩、牛棚）	ma zau	馬槽　馬欄
Presumir arrogo（vp.自恃勇敢、自以为强盛）	ci sia' chia' co ciu' gin	自想強過衆人②　敢
Presunto（n.火腿）	cuo tui	火腿
Presteza（n.快速、迅捷）	quai	快　快捷　疾速
Pressa（n.迅速、紧急）	idem（同上）	快　纔③
Preto（a./n.黑、黑色）	he	黑　烏青
Preto fazerse（vp.[把自己]染成黑色）	gen he	染黑
Prezar（vt.敬爱）	ngai	愛
Preguiça（n.懒散、怠惰）	lan	懶　惰　怠
Primo, coirmão（np.堂兄弟、表兄弟）	ciu' schiu' ti	從兄弟
Prima, coirmãa（np.堂姐妹、表姐妹）	ciu' ci moy	從姊妹
Primo, consobrini（np.堂表兄弟）④	lia' y schiu' ti	兩姨兄弟
Primas（n.堂表姐妹）	lia' y ci moy	兩姨姊妹
Primauera（n.春天）⑤		春風　春色　青帝　東
Primogenito（n.长子）	cia' zi	長子⑥　嫡子　庶子
Primeiro（a.第一的、最好的）	ti ye	第一
Primeiramente（ad.起初）	sien	先　始
Principe（n.王储、王子）	tai zi	太子

---

① "節"（节）写为𥫗；"礼"字简写，不作"禮"。
② 这六个字被画线删除，补写的"敢"字无注音。
③ "纔"（才）写为縡，指刚才、刚刚。
④ consobrini（堂兄弟、表兄弟），拉丁语名词，复数。
⑤ 此条补写于左侧页缘，从上到下直书，无注音。
⑥ "長"（長），左上角记有调符，表示读为上声。

(134b)

Principal（a.首要的、主要的）[1]	chia' co	強過　好過[2]
Principio（n.开始、起初）	tam zu	當初　初時 始先
Principiar（vt./vi.开始）	zai zo	讒自[3]
Prisão（n.监狱）	chia'	監牢
Priuado（a.私人的、私密的 n.心腹、亲信）	ti ciu'	得寵
Priuar officio（vp.褫职、弃官）	chi cuo'	棄官　退官 休官
Priuada, latrina（n.厕所）	çi chin	厠坑
Proa（n.船头）	ciuo' teu	船頭
Processo（n.诉讼程序）	lo	律
Procurator（n.诉讼代理、调停人）	pau cau	抱告[4]　跪告 拜告　再告
Prodigo（a.奢侈的、浪费的 n.挥霍者）	ta yu', la' tan	大用 - 浪蕩 花費
Prologo（n.序幕、引子）	sciuo schi uue'	說戲文　講 天話　胡說
Prometer（vt./vi.许诺、允准）	schiu	許　準允 應承
Promester（vt./vi.许诺、允准）[5], fazer voto（vp.祈神）	schiu yuo'	許愿
Pronunciar（vt.发音；宣布）	sciuo te mi' puo	說得明白 講得清
Pronostico（n.预测、预知）	lie ssi	曆書　曆本 曆日　新書[6]

---

① 此词字迹不清，尾字母尤其可疑。
② "过"字一繁一简，非一人所写。
③ 注音为"纔做"，即刚开始。
④ 参见"抱告的"（48b）。
⑤ 与上一条 prometer 是同一词。
⑥ 注音为"曆书"。"曆日"，即日历，也称历头。"新書"，盖指新历书。

Proposito（n.谨慎、决心）	cie chi	切记　谨记
Prosa（n.散文）	po sci sci	不是詩 賦① 詞 歌 文 讚
Prospero（n.兴旺、繁荣）	hau min	好命
Prouar（vt.尝试、证明）	sci, scia'	試 嘗 試看
Prouer（vt./vi.准备、预防）	cu	顧 望 盼②
Proueito（n.利益、好处）	ye	益
Proueitoso（a.有好处的、有补益的）	yeu ye	有益

（135a）③

Prudente（a.谨慎的、小心的）	zai ca	□□

（135b）

Q

Qua（ad.①这里、在这里、往这里 ②现在）④	cie li	這裏　此處
Quadrada（n.四方形 a.方形的）	ssi fa'	四方　四角
Quadrilha（n.一队、一组）	ye cin	一陣　一隊 一群
Qual（pron.哪个、谁）	scie mo	什麼　何物 甚麼子
Qualidade di gente（np.人的品质、才德、身份等）	tai	態
d'outras cousas（指其他东西）	jam	樣　模　格 式⑤

---

① "賦"（賦），右旁多写一撇。
② "盼"写为 𥉙。
③ 此页仅写有一条，且影件文字残缺。
④ 今拼cá（这里）。
⑤ "式"（㦯），多写一撇。

葡文	拼音	汉字
Quando（pron.什么时候、何时）	chi sci	幾時　何時　甚日　那一時
Quanto（pron.多少）	chi to	幾夥①　多少
Qualquer（pron.无论哪个、任何一个）	pin ta – moi tin	憑他-未定②　随他③　由他
Quantas vezes（np.多少次）	chi pien – chi zau	幾遍-幾遭　幾轉　几回④
Quam manho（np.多大、多广）⑤	chi ta	幾大　幾寬
Quantitade（n.数量、大量）		
Quanto tempo（np.多少时间、多久）	chi chieu	幾久　幾長
Quartaãs（n.三日疟）⑥	sa' ge ye zau lin	三日一遭冷熱⑦
Quarenta（num.四十）	ssi scie	四十
Quasi（ad.将近、几乎）⑧	chie' sie – çia'	簡些-將
Quasi todos（adp.几乎全都、差不多）	çia' cin	將盡　將完　將了　將盡⑨
Quatro noites（np.四个夜晚）	si ye	四夜
Quebrar com mão（vp.用手击打）	cie, au	拆-毆
com pancadas（用棍棒）	ta po	打破　打壞
Quebrar palaura（vp.食言、失信）	sciuo qua', scie sin	說謊-失信　失約

---

① "夥"（夥），即"多"；"幾"（几）写为"鴪"，以下五例类此。
② "未"，他处拼作 ui 或 vi，读为 moi 系本于粤语。
③ "随"字简写，不作"随"。
④ 此例"几"字简写，不作"幾"；"回"，他处多写为"囬"。
⑤ 古词，今连拼为 quamanho（多么大），用作形容词。
⑥ 每当到第四天就会发作的间歇热。
⑦ "熱"字为后笔补写，未见注音。
⑧ 今拼 quase（将近、差一点）。
⑨ 与第一个词重复，但"盡"字似有删画之痕。

Quebrado（a.打破的、砸碎的、破产的）	po liau, tuo' liau	破了-断了 壞了 不好了

（136a）①

Quebrar（vt.违背、废弃）	scie sin	失信
Queda（n.摔倒、跌落）	ye tie tau	一跌倒 跌落
Queimar（vt./vi.烧、燃烧、焚毁）	sciau	燒
Queimado（a.烧焦的、焚毁的）	sciau liau	燒了 焚了 燒燬 焚燒
Queiso（n.奶酪）②	yeu giuj	牛乳③
Queixarse（vr.抱怨、埋怨）	chi cie	氣恻
Queixoso（a.不满的、发牢骚的）		
Quentar（vt.热、加热）	ge	热 熱
Quentarse, de home（vr.热起来，指人）	ci chi ge④	自己热
Querer（vt.想要、渴盼）	yau	要
Querer bem（vp.喜爱）	ngai	愛⑤ 欲 好
Querer mal（vp.讨厌）	ngai po hau	愛不好⑥ 惡嫌憎
Querelarse（vr.控告）	teu cau	投告 告訴
Questão（n.问题、事务）		
Quinhão（n.份额）	feu'	分⑦
Quieto（a.平静的、安宁的）	çin – scien	寧 静-善⑧
Quinta（n.庄园、田园）	qua' chin	光景 景致
Quintal（n.后院、菜园）	cuo zi yuo'	菓子園

---

① 此页反面为空白。
② 今拼 queijo（奶酪、干酪）。
③ 注音为"油乳"。
④ 后面还有注音 cie，可能想写"炙"。
⑤ 此例为繁体，写为 愛，下一例同此。
⑥ 这一短语不像是日常的话，而更像是对葡文的死译。
⑦ 右上角有调符（分），读去声，即"份"。
⑧ 注音为"静、善"，"寧"（宁）是后手插入的字。

Quitar（vt.免除[债务、义务等]、放弃）	*giau*	饶　赦　宽 饶　减饶 饶恕
Quitação（n.免债证明、清讫凭证）	*piau teu, sciau piau*	票頭 - 收票

（137a）

R

Rauão（n.萝卜）①	*lo po*	蘿葡②
Rauo de vestidura（np.衣服的下摆）③		
Rauo de cauallo（np.马尾巴）	*ma ui*	马尾
Raboçento（a.哭哭闹闹的）④	*nau zau*	鬧噪　囉唪 誼嚷
Rachar, findo（vt.切断、劈开 vi.裂开、破裂）⑤	*lie*	裂　開
Ração（n.份额、定量）	*feu', cie*	分 - 拆
Rainha（n.王后、女王）	*gua' heu*	皇后　王妃
Rais（n.根、根茎）	*chin*	根
Peixe raya（np.魟鱼）⑥	*po yu*	鯆魚⑦
Rayo（n.霹雳、雷霆）⑧	*tien – lui*	電 - 雷
Raiba（n.暴怒）⑨	*nu*	怒　嗔
Raro（a.稀奇的、罕见的 ad.偶而、很少）	*so*	踈⑩希　罕

---

① 今拼 rábano（萝卜）。
② "葡"为"蔔"（卜）之误。
③ rauo，今拼 rabo（尾巴、尾部）。
④ 疑即 rabugento（爱哭闹、任性）。
⑤ findo（劈裂），拉丁语动词。
⑥ raya（魟鱼），今拼 raia，属软骨鱼纲鳐目。
⑦ "鯆"，今解有两读，一音 pū（鯆鰱），即江豚，属哺乳纲鲸目；一音 bū（鯆鮍），即海鳐鱼，与魟鱼同纲。本条"鯆"字的注音 *po*，指向 bū 的可能性更大。
⑧ 今拼 raio（光线、霹雳）。
⑨ 今拼 raiva（暴怒、狂犬病）。
⑩ "踈"通"疎""疏"，指稀疏。

Ramo（n.枝杈）	sciu ci	樹枝
Rancor（n.怨恨）	si' li nau	心裏怒① 心下悩 發性
Rã（n.蛙、青蛙）	tien chi	田雞 - 水鷄 水蛙
Rapar（vt.剃、刮）	ti	剃
Rapar（vt.偷盗）	tau	鈄光②
Rapaz（n.男孩、小伙子）	gua zai	伢子③ 童
Rapousa（n.狐狸、雌狐）	chou li	狐狸④ 野貓
Rasgar（vt.扯破、撕裂）	cie cai	拆開
Raspar, limar（vt.刮平、锉光）	to cua	鈄刮
Raspadura, limatura（n.碎屑、铁屑）	sui tie	碎鐵
Rasto（n.痕迹、踪迹）	cie	跡 踪

（137b）

Rastejar（vt.跟踪 vi.爬行）	chin cie	跟迹
Rato（n.鼠）	lau sciu	老鼠
Ratoeira（n.捕鼠器）	lau sciu lu'	老鼠籠
Real castra（np.王室的军营）	zai	寨 陣營
Rebanho（n.牧群）	jam liau	羊寮
Reboccar（vt.抹灰、粉墙）	za cuei	搭灰
Recado（n.口信、便条）	to – chi ssin	託⑤ - 寄信 付音 付書

Recámera（n.①套间 ②偏僻角落）

---

① 注音为"心裏悩"（心里悩）。
② "鈄"字古有二读：一为 dòu，指一种酒具；一作 tōu，通"鍮"，指某种有光泽的金属。此处疑是白字，注音同"盗"（tau），而非"偷"（teu）。"光"字缺注音。
③ "伢"写为 伢。
④ 注音为"狗狸"。狗狸，一名貉子，与狐狸同属狐亚科。
⑤ 《六书辨正通俗文》24 页："託本用言词。"古以言语托付为"託"，以手承物为"托"。后世多不区分。本词典中，他处多写为"托"，如"寄托""托付"。参看词条 Depositar（寄存、委托，76b）。

葡汉词典　289

Recair（vi.复发、再犯）	yeu pin	又病　復疾　重病
Recouar（vi.倒退、反悔、改主意）	chie' tau	揀倒　選得①
Recolher, agasalher（vt.收留，留宿）	liu	畱②
Recolherse（vr.隐退）	tui	退
Recompensar（vt.犒赏、赔偿）		
Reconheçer（vt.承认、感激）	cin cu'	進貢
Recordar（vt.想起、忆起），reuer（vt.重新看、细览）	zoi can	再看
Recontar（vt.讲述）	chian	講
Recrear（vt.排遣、玩乐）	gua' scia	頑耍　嬉戲
Recoar（vt./vi.后撤、倒退）③	toi	退
Receuer（vt.接获、收到）④	scieu	收
Rede（n.网、渔网）	gua'	網　絟　網⑤
Redea（n.缰绳）	ma pi teu	馬轡頭
Redondo（a.圆形的、胖乎乎的）	yuon – tuon	圓 - 團
Refalsado（a.虚假的、靠不住的 n.骗子、不可信赖的人）	cua' cuon	光棍　白訐⑥
Refeitorio（n.饭厅）	tin	廳
Refião（n.疯狗）⑦	cua' pa, u cuei	忘八 - 烏龜
Refrear（vt.勒马）	cie pi teu	扯轡頭

（138a）

Refens（n.抵押物）⑧	ta' teu	當頭　攔⑨

---

① 两个词都不明所指。
② 写为畱，"留"的异体字。
③ 今拼 recuar（退后、撤退、退让）。
④ 今拼 receber（接到、收受、获得）。
⑤ 后二字为后手补写。"絟"，似为"罾"之误，参见另一例"絟"（91b）。宋人孙应时《沌中即事》诗，有句"罾纲高悬钓竿掷"。
⑥ "訐"，诡诈、无赖，可能是方言词。
⑦ 今拼 refilão（会咬人的狗）。
⑧ 此为复数，单数是 refem，今又指"人质"。
⑨ 攔，似为自造，即"押"。

Refrescar（vt./vi.使冷却、凉爽）	zu liao'	吹凉① 放凉
Refinar（vt.提炼、精制）	cie' chin	熨金 溶金
Reformar（vt.重整、改革）	seu cin	修整
Reformador（n.修整者）	seu cin ti	脩整的
Refusar（vt.拒绝）	schien	嫌
Regaliz（n.甘草）	can zau	甘草
Regar, aguoar（vt.浇灌，浇水）	cuo' scioi	灌水 浸水
Regattar, reuender（vt.议价，倒卖）	fan	贩
Regatão（n.摊贩、商贩）	fan zi	贩子
Regato（n.小河、溪）	sciau ho②	
Regueiro（n.水渠、沟渠）	tien co	田溝 水道 溝洫
Reger（vt.统治、管理）	cia' cuon	撑管
Regente（n.摄政者、理事者）	cia' cuo' ti	撑管的
Regelo（n.冻冰）	pin	氷
Regelar（vt.使冻冰、冻结）	tum	凍
Região（n.地带、区域）	cuo	國 天下
Regoa（n.尺）③	chio cie	曲尺
Regra de liuro（np.纸上的格子）	ha'	行 聮④
Regrado（a.审慎的、有节制的）	sciau yu'	少用 缺用 儉 欠用
Regrar liuro（vp.在本子上画线或格子）	jn han	印行
Regrão（n.画格纸）	yn pan	印板
Rei（n.国王、君王）	gua' ti	聖上 皇帝⑤ 朝廷 陛下 君主
Reinar（vi.在位、当政）	sen gua'	生王 殿下 太子 東宫

---

① "吹"字两拼，多作 ciui，时而作 zui。此处疑脱字母，当为 zui。
② 未见汉字，当写为"小河"。
③ 今拼 regua（直尺）。
④ "聮"，古"联"字。
⑤ 先笔写的"皇帝"，有注音，余均为后手添加。

(138b)

Reino（n.王国）	cuo	国① 邦
Releuar（vt.突出、强调 vi.事关紧要）	co' ta ssi	幹大事
Relampago（n.闪电、闪光）	tien	電
Relampagar（vi.闪电、闪亮）	tien gua'	電光
Relatar（vt.讲述）	chian	講
Relogio do sol（np.日晷）	ge chin	日經 日晷 定時辰牌
Relogio di jero（np.机械钟）②	sci scin ciu'	時辰鐘
Reluz（n.光亮）	qua' – lia'	光 - 亮
Remaneçer（vi.剩余）	liu	留
Remar liu liu（vp.划船、划桨）③	yau lu	搖櫓 打檸④ 打槳
Remeiro（n.划船者）	scieu cu' – yau lu ti	艄工 - 搖櫓的
Remo（n.桨）	ciuo' cia'	船檸⑤
Remar com remo（vp.用桨划船）	yau cia'	搖檸
Remediar（vt.治疗、补救）		
Remeloso（n.眼眵多）, olho sucio（np.眼疾）⑥	jan tum, pin ye'	眼痛 - 病眼 目疾 患目
Remendar（vt.修补）	pu	補
Remendão（n.修补匠）		
Remendo（n.补丁、补缀）	pu su zai	補所在
Remir com dinheiro（vp.用钱赎回）	scio fi	贖囬⑦

---

① "国"，"國"的俗字，不作"国"。
② relogio 即"钟、钟表"。上一条 Relogio do sol 的直译是"太阳钟"，本条若取直译，则是"陀螺钟"或"旋转钟"。jero，今拼 giro（旋转、陀螺）。
③ liu liu，似为汉语象声词，摇橹划桨的响声，或水流淌动之声。
④ "檸"（檸），疑为自造字。见下文的两例"檸"字，所记之音同"槳"（桨）。紧随的"打槳"二字则为另手所书。
⑤ 写为 檸，即"桨"，下一例同此。
⑥ sucio，今拼 suco（液、汁）。
⑦ "囬"读为 fi（同"肥"），可比较客家话，"囬、肥"同音，都读作 [fui²]（见《发音字典》）。

Remir, xpim（vt.救赎、解救）①	chieu	救捄② 拯
Remorder（vt.折磨）	sin tum	心痛 心疼
Remolhar（vt.浸泡、浸透）	cin	浸 潤 濕
Renda（n.岁入、年金）	lia'	粮 禄
Rende（a.有收益的）	yeu lia'	有粮

（139a）

Renderse（vr.投降）	han ho	降伏
Rendido（a.投降的、顺从的）	han liau	降了 服了 尊了 依了
Renouar（vt./vi.更新、重来、复现）	ciu' zo cuo	重做过③ 另作 改作
Renunciar officio（vp.弃官、辞职）	ci si – pu zo cuo'	致事-不做官
Renunciar（vt.放弃、拒绝）	pu zo	不做
Reparar（vt.修理、修缮）	seu cin	修整 整理 脩治
Repartir（vt.分开、分割、分配）	fue' cai	分開 拆開 打開
Repartido em tres partes（vp.分成三份）	fue' zo sa' fue'	分做三分④
Repetir（vt.重申、复述、重做）	zai chia' co	再講过 另講 溫重講⑤
Repetidor（a.复述的、重温的 n.补课教师）		
Represar（vt.克制、阻止）	zo ta'	做當⑥
Representar comedia（vp.演戏、表演）	zo schi uue'	做戲文 扮戲 演戲

---

① xpim，今拼 expiar（赎罪、补偿）。
② "捄"，"救"的异体字。
③ "重"字的左下角有调符，为平声。
④ 后一"分"（㧒）的右上角有调符，即"份"。
⑤ 缺注音。
⑥ "當"（噹）, 标为去声。其他几处"做當"多指典押，此例与葡语词义的关系不明。

Representado（a.演戏的）	cuei zo schi	會做戲
Representar［……］（？）		
Representação（n.表演、演出）	schi	戲
Reprender（vt.责备、训斥）	schie'	嫌 疾 諫 勸 諍 誨
Repricar（vt./vi.抗辩、辩驳）①	pie'	辯
Repiccar（vt./vi.敲钟）	nau ciu'	鬧鐘
Repousar（vt.使休息 vi.躺倒、休息）②	tau, schie	倒 - 歇
Reprourar（vt.拒绝、反对、斥责）	schien	嫌 疾 嫉 妬 嫌 棄
Repunhar（vt.拒绝）③	pu chen	不肯 不允
Requerer（vt.请求、要求）	ciu' tau – zai tau	重討④-再討 再求
Rescatar（vt.救赎）⑤ vide remir		
Resfriar（vt./vi.使寒冷、冷却、变冷）	len, tum	冷 - 凍 寒

（139b）

Residir（vi.居住、驻留）	zoi, ciu	在 住 居 處
Resistir ao entrar（vp.制止进入）	po pa çin laj	不把進來
Resfollegar（vt.冒出、喷出 vi.喘气、呼吸）	yeu chij, tau chj	有氣 - 吐氣⑥
Resfollego（n.喘气、呼吸）	chi	氣
Resplendeçente（a.闪闪发光的、光芒四射的）	qua' lia'	光亮 明 光輝 光朗
Resplendeçer（vi.闪光、闪亮）	qua' lia'	
Respeitar（vt.尊敬、敬重）	chin ta	敬他 羡
Responder（vt.答复、回应）	yn	應 答

---

① 今拼 replicar（抗辩、反驳）。
② 今拼 repoisar，及物、不及物均可。
③ 疑即 repugnar（拒绝、反对）。
④ "重"字的左下角标有调符，表示读为平声。
⑤ 今拼 resgatar（救赎、赎身、赎买）。
⑥ "吐"，他处拼作 tu。

Responder por carta（vp.用书信作答、回信）	cuei sciu	回書 答书[①] 回音 回信
Restituir（vt.归还、复原）	qua'	還 完
Reste（n.[甲胄上的]矛托、托架）		
Resurgir（vi.重生、复活）	cuei sen	回生
Resuscitar（vt.救活、使复苏 vi.复活、复苏）	chiu cuei sen	救回生
Restia d'alhos（np.一串蒜）	suo' pa	蒜把
Retablo（n.木雕）[②]	sian	像形 儀像 容像
Retalho de pãno（np.零头布、碎块）	lin sui pu	零碎布
Retardar（vt.推迟 vi.迟到、行动缓慢）	ci – man	遲-慢 緩鈍
Retinhir（vt./vi.鸣响）, ecco（n.回声）[③]	yn	音
Reter（vt.拘留、保存）	liu	畱 存
Retirarse（vr.退走、撤离）	toi	退
Retumbar（vi.回荡、轰响）vide retinhir		
Retorno（n.返回、回赠）	cuei	回
Reuerentiar（vt.尊敬、敬仰）	çiuo' chin	尊敬 羨
Reuel（a.倔强的、叛逆的）	poi cuo, po fu cuo'	背国-不伏管

（140a）

Reuogar（vt.废除、撤销）		
Reuolta（n.叛乱） reuoltoso（a.反叛的、暴乱的）	luo'	亂
Reuoluer（vt.翻搅、查找）	seu	搜 尋 揀
Reuer（vt.重看、细查）	zoi ca'	再看

---

① 简写的草字"书"（𠀎），本词典上仅此一例。可比较《宋元以来俗字典》日部所录诸形：𠀎、𠀎、𠀎。

② 今拼 retabulo（尤指教堂里木雕的像或画）。

③ retinhir，今拼 retinir（发叮当声、鸣响）；ecco，今拼 eco（回声、回音）。

Reuelar（vt.揭发、披露）	chia' min	講明 說明 話明
Reuirar（vt./vi.翻转、调头、转向）	fan zuon	翻轉 旋 展轉 旋轉
Reuez（n.侧击）①	zan	斬 砍 割 切 刊
Reuerdeçer（vt.使变绿、赋予生机 vi.变绿、复生）	cuei scin	囬生 復蘇
Rezar（vt./vi.祷告、念经）	nien chin	念經 誦經
Riuera do mar（np.海滩、海边）②	hoi pien	海边 海傍 海濱
Riuersar vide arreuersar（vt.呕吐）		
Riuero, flumen（n.小河、溪流，河、江）③	ho	河 江 海 湖
Riquo（a.富有的）④	fu quei	富貴 荣華
Rifão（n.谚语、格言）	chien⑤	
Rijo（a.硬实的、强壮的）	ciu'–ye chi lie	重-有氣力⑥
Rim, reves（n.腰背，背面、逆反）	poi sin	背心 虧心⑦ 逆心
Rinchar（vi.嘶鸣 n.嘶鸣声）	ma chiau	馬叫 嘶吼
Rimir（vt.救、赎）vide remir		
Rima de madeira（np.木头堆）⑧	zai tui	柴堆
Rio（n.河、江）	ho	河
de salgado（咸水的）	chia'	江

---

① 今拼 reves（侧击、用手背击打）。
② riuera, 今拼 ribeira（河滩、河边）。
③ flumen（江、川、河流），拉丁语名词。
④ 今拼 rico（富有、丰富）。
⑤ 未写汉字，似为"諫"或"雋"。
⑥ "有"，注音脱字母，当为 yeu。
⑦ "虧"（亏）写为 虧。
⑧ rima, 今拼 ruma（堆、垛）。

Rio abaixo（n.下游）	ho下①	河下
Rio pera ariua（np.上游）	ho上	河上
Ripas（n.木材、板条）	co	货贳
Riqueças（n.财富、富裕）	ta fu quei, ie	大富貴 - 業
Rir（vi.笑 n.笑声）	siau	笑②

（140b）

Rir alto（vp.大声笑）	ta siau	大笑 冷笑 微笑
Risco de mão（np.手纹）	cia' fun	掌痕③
Risco（n.危险）vide perigo		
Riscar（vt.涂划、抹去）	tu	搵④ 抹
Risco de jogo, pedras pero contar（np.游戏、赌博的筹码，计数用的石子）	ma	馬⑤
com bambu（竹制的）	ceu	筹
Rispido（a.粗硬的、粗鲁的）	zu – pu pin	麤 - 不平
Rossio（n.露水）⑥	lu scioj	露水
Rozin（n.劣马）⑦	yai ma	矮馬
Roccha（n.岩石、礁石）	hoi scie	海石
Roda（n.圆圈、轮盘）	guei	圍
Rodear（vt.围住、环绕）	guei ciuo'	圍轉
Rodella（n.圆盾）	pai	牌
Roer（vt.咬、啃）	yau	咬 嚙 齿 決
Rogar（vt.请求、祈求）	cin	請 邀

---

① 此条及下一条原缺注音，"下、上"二字为西士后笔补写。
② "笑"写为 关。类似的字形见 "笑他"（44a）。
③ "痕"读为 fun，参见 "痕傷"（116a）。
④ "搵"（搵），即 "涂"。
⑤ 当写为 "碼"。
⑥ 今拼 rocio（露水、露珠）。
⑦ 今拼 rocim（瘦小的马、劣马）。

Rogar bem（vp.美言相求）	pau cia'	褒獎 譽 褒獎 獎譽
	)(①	
Rogar pragas（vp.诅咒）	ma	罵 譭罵 詈罵
Roxio（n.印迹）②	ce	跡 踪
Roxinhol（n.夜莺）③	fa ui	鸜鵲④
Roldar os muros（vp.巡视城墙）⑤	scieu	守 照看
Rolda（n.巡逻者、守夜者）	scieu ti	守的 照應之人
Romã（n.石榴）	sciu liu⑥	石榴
Romeira（n.石榴树）	liu sciu	榴樹
Romançe（n.传奇、故事）	chia' cua	講話 談話 敘話
		（141a）⑦
Romaria（n.朝圣、进香）	cin schia'	進香
Romeiro（n.朝圣者、香客）	cin schia' ti	進香的
Roncar, dormiendo（vi.睡眠中发出呼噜声）	ciuo'	喘 哮 喧
Roncar（vi.打鼾）		鼻雷⑧
Ronzeiro（a.懒散的）	lan schin⑨	
Romper（vt.打破、砸碎）vide queibrar		
Rosa（n.蔷薇花、玫瑰花）	cia' ui cua	薔薇花
Roseira（n.蔷薇、玫瑰）	cia' ui sciu	薔薇樹

---

① 与下一条成反义。
② 今拼 roço（凿痕、印迹）。
③ 今拼 rouxinol 或 roussinol（夜莺）。
④ "鸜"（鷤），通作"畫"（画）。"画"音 fa，可比较"造化 zau fa"（115b）。
⑤ roldar，今拼 rondar（巡逻、巡夜）。
⑥ sciu 系笔误，当拼为 scie。
⑦ 此页背面空白无字。
⑧ 后手补写，无注音。
⑨ 未见汉字，可能是"懒身"。

Rosairo（n.念珠、玫瑰经）①	nie' chin ciu	念經珠　數株　念株②
Rosado（a.玫瑰色的、粉红的）	tau cua se	桃花色
Rosto（n.脸、面部）	lien	脸　面　顏色　顏容
Rotto（a.破碎的、损坏的）	po – lan	破-爛　敞損壞
Rouco（a.嘶哑的）	mo yeu scin	没有声　喝声③
Roubar（vt.偷盗、抢劫）	teu – ta chie	偷-打劫　盗
Roupão（n.长袍）	cia' pau	長袍
Rua（n.街道、马路）	chiai lu	街路　街衢　街道
Rubio（n.红宝石）	ma lo	瑪瑙
Rude（a.粗野的、无知的 n.粗人、没教养的人）	ci ja', ngai	痴僕④-呆⑤　呆子　愚人　蠢人
Ruga（n.皱纹、褶纹）	zou	皺
Rugir a orelha（vp.耳鸣）	gi schia'	耳響
Ruin（a.糟糕的、低劣的）⑥	po hau	不好　不可
Ruiuo（a.橘红的、金黄色的 n.红发、金发的男人）	hu' mau	黃毛
Ruibarbaro（n.大黄）⑦		
Ruiuo peixe（np.金鱼）	chin iu	金魚
Rustico（a.乡土的、粗野的）	ciuo' fu	村夫　鄉人

---

① 日语借入此词，音译为ロザリオ（玫瑰经）。
② 两例"珠"都误写成"木"旁。
③ "喝"（yè），嘶哑。
④ "僕"（汉），注音有疑。
⑤ 此例"呆"字写为 㾺，与接下来的一例不同。
⑥ 今拼 ruim（糟糕、低劣、有害）。
⑦ 今拼 ruibarbo（大黄），一种药用植物。

(142a)

S

Sabão（n.肥皂）	*chien*	瀳①
Saber（vt.知道、懂得、会、能）	*ci tau, schiau te, cuei*	知道-曉得 會
Sabe muyto（vp.样样懂、万事通）	*tu schiau te*	都曉得 俱知 齊聞
Saber tanger（vp.会弹奏）	*cuei tan*	會弹
Sabe bem（vp.味道好）	*yeu ui*	有味
Sabor（n.味道、滋味）	*ui*	味
Saboroso（a.可口的）	*yeu cçi ui*	有嗞味
Sacco（n.包、囊、袋）	*pau – tai*	包-袋
Sacco dar（vp.抢劫）	*luo' cia'*	亂搶
Sacchar, cauar（vt.锄地、锄草，翻地）	*zo*	鋤
Saccho（n.锄头）	*zo teu*	鋤頭
Sacrificar（vt./vi.祭献、牺牲）		
Saccodir（vt.拍打、敲打）②	*tuon, ta*	頓-打
Sadia cousa（np.健康卫生）	*hau*	好
Sair（vi.出去、出来）	*cio chi*	出去
Sair do seu siso（vp.失去理智）	*yau tien*	要顛
Sair com o pai（vp.像父亲），assimilar（vt.与……相似）	*sia' si fu cin*	相似父親
Sair de caminho（vp.离开大路、走偏道）	*schin pie' lu*	行邊路
Sair nadando（vp.会游泳）	*fu*③	
Sair de dentro（vp.从里面出来）	*cio lai*	出来 过
Sair fora（vp.出外）	*cio lai*	
Saimento（n.葬礼、送葬）	*zo cu' te*	做功德 作福

---

① "瀳"（瀳），当写为"碱"。参见"放瀳"（91b）。

② 今拼 sacudir（拍、敲打、抖动）。

③ 未见汉字，当写为"凫"。

Sal（n.盐）	yen	塩
Salgar（vt.盐渍、腌）	yen tan	塩①

（142b）

Salgado（a.咸）	schiem	鹹②
Sala（n.厅、厅堂）	tin	廳③ 堂
Salario（n.薪水、工资）	cu' cie'	工錢　工貲
Saleiro（n.盐瓶）	yen ho	塩盒
Salitro（n.硝）	siau	硝
Saloa, villão（n.农妇、村姑、乡下人）	ciu' po	村婆　村婦 乡間之婦 村洛婦人④
Saltar（vi.跳、蹦）	tiau	跳
Saltar pera baixo（vp.朝下跳）	tiau schia	跳下来⑤　抱
Saltar pera cima（vp.往上跳）	tiau schia' chi	跳上去
Saltear（vt.抢劫、掠夺）		
Salua proua（np.圆满的试验）	scia'	嘗
Saluar（vt.拯救、解救）	chieu	救　拯救 救援
Saluador（a.拯救的、救世的 n.救星、救世主、耶稣基督）	chieu ta	救他
Saluar（vi.鸣礼炮、致敬）	ho schi	賀喜　恭喜 恭諗⑥

---

① "塩"（盐）用作动词，即"腌"或"醃"，如"盐肉"（=腌肉）。《闽南方言大词典》503页"盐"字条，引《广韵》："盐，以盐醃也。"字音 tan 未见写出，似即"蛋"，腌蛋或盐蛋，即咸鸭蛋。

② "鹹"（咸）写为 ▨。

③ "廳"，繁体"厅"字，原写为"厂"字头。《集韵》青韵："廳，古者治官处谓之'聼事'（听事），后语省，直曰'聼'，故加'广'。"《洪武正韵》庚韵："廳，治官处通作'聼'。汉晋皆作'聼事'，六朝以来乃始加'广'。""聼事"，或写为"廳事"（厅事）。

④ "洛"为"落"之误。

⑤ 注音为"跳下"。

⑥ 犹敬奉。

Saluaje（n.无主之物）①	ye tu' si	野東西
Salua cousa（np.平安、安全）	chieu ti	救的
Saluo condutto（np.通行证）	cie ciau	执照② 給 憑據 付照
Saluz（n.呃逆、打嗝）③	ye chi	逆氣 倒
Santo（a.圣洁的 n.圣人）	sien	仙
Sandeu – doido（a.愚蠢的 – 疯疯癫癫的）	tien	癲 狂
Sandalo（n.檀香）	tan ya	檀香④
Sangrar（vt.放血、流血）	fan schio	放血
Sangue（n.血）	schio	血

（143a）

Sanha（n.愤怒）	nu	怒 恚
São e saluo（ap.完好无损、安然无恙）	pin ngon	平安
Sadia cousa（np.清洁卫生、有益健康）	yeu ye	有益
Sappo（n.蟾蜍）		
Saquear（vt.洗劫）	lon ciam	乱搶
Sarar（vt.治愈 vi.痊愈、康复）	y te hau	醫得好 痊 愈 瘥
Saraiua, pedra（n.冰雹，雹子）	pau	雹
Sardinha（n.沙丁鱼）	gua' iu	黃魚
Sarna（n.疥疮）	chiai zan	疥瘡
Sarnoso（a.长疥疮的）	scin chiai ti	生疥的
Sarten, sartago（n.煎锅、平底锅）⑤		
Satisfazer（vt.满足、使满意 vi.足够、满意）	qua' – cuo' schi	還-歡喜 喜 悦 歡欣
Saudar（vt./n.问候、致意）	cu' scieu	拱手

---

① 今拼 salvagem（海难物品，因无人认领而归拾得者所有）。
② "执"字简写，不作"執"。
③ 今葡语有 soluçar（抽泣；呃逆），动、名兼形。
④ "香"字注音有疑。
⑤ sartago（煎锅、平底锅），拉丁语名词；sarten，可比较西班牙语 sartén（平底煎锅、油锅）。同义的葡语词为 frigideira（105a）、panella（126b）。

Saudade（n.乡愁、怀念）	zai zau①	憔懆　煩腦②
Saude（n.健康、状况良好）	pin ngon	平安
Sasão（冷热病）③	fa ge	發熱　冷
Sebe（n.栅栏、围子）	guei	圍　圈
Seccar（vt.弄干、晒干 vi.变干燥）	sai con	晒乾
do mar（离海）④	cu	枯　曝乾
Secco（a.干、干燥的）	con⑤	
Segredo（n.秘密、私密）	teu chia' – si schia chia', teu can⑥	偷講 - 私下講　背說　私話
Seda（n.丝、丝绸、鬃）	gu ssi	胡絲⑦
Cousa de seda（np.丝织物）	ceu to' y fo	綢緞衣服　色服　色衣
Seda de porco（np.猪鬃）	ci zum	猪鬃⑧

（143b）

Sede（n.渴）	cheu co	口渴
Sedento（a.①口渴的 ②渴望的）	idem（同上）	
Segar（vt.收割）	co	刈⑨
Segador, mesedor（n.收割者，收获者）	co muo ti	割麥的
Se（conj.假如、如果）	chia gio – gio sci	假若 - 若是
Seguir（vt./vi.跟随、陪伴、接续）	chin sui	跟隨　隨從　從者
Segundo（a.第二的）	ti gi	第二

---

① "憔"，他处拼为 ciau。
② "脑"（脑），当写为 "悩"（恼）。
③ 今拼 sezão（间歇热）。
④ 似指把船只拖离海水，即 "枯" 水。
⑤ "乾"（干），字见上条。
⑥ 当写为 "偷看"。
⑦ gu，可比较今苏州话，"胡" 读为 [ghou²²³]；闽南话二读：[o²]、[ho²]（见《发音字典》）。
⑧ "猪"，他处多例均作 ciu。
⑨ 注音为 "割"。

葡文	罗马字	汉字
Seguro（a.安全可靠的）	pin ngo'	平安　安楽 康寧　安寧 平寧
Segurar（vt.保证、担保）	pau	保
Seis（num.六）	lu	六
Seis vezes（np.六次）	lu pie', lu za'	六遍 - 六殮①
Seita（n.教派、宗派）		教門
Sellar（vt.盖印）	yn	印
Sello（n.印章）	in zi	印子
Sello falso（np.假印章）	chia yn	假印
Sella（n.鞍子）	ma nga'	馬鞍
Sellar（vt.备鞍）	pi ma	轡馬
Semear（vt.播种）	ciu'	種
Semeado（a.已播种的）	yeu ciu'	有種
Semente（n.谷种、种子）	ciu'	種　播
Semeador（n.播种者）	nun fu, chin tie' tj	農夫 - 耕田的
Semelhante（a.相似的、相像的）	sia' ssi	相似　相他② 有些似　相類
Sen（prep.不、无、没有）③	po sci	不是　非是 （144a）
Sen olhos（pp.没有眼睛）	mo yeu jan	没有眼　無目　瞽者
Sen medida（pp.无度、大量）	lia' po te	量不得
Sen vergonha（pp.没羞、不知廉耻）	po pa siu	不怕羞　無羞愧　無慚
Senão（conj.否则、不然）	chia gio po, gio sci po	假若不 - 若是不

---

① "殮"为"餐"之误。

② "相、像"同拼，此例"相"当写为"像"。

③ 今拼 sem（不、没有）。

Sen causa（pp.无缘无故）	mo yeu tau li	没有道理 無故
Sen duuida（pp.确凿无疑）	tan cin	當真 是实 是的
Sempre（ad.经常）	ciam	常时 平素 素来
Sem graça（pp.冷酷无情）	mo yeu hoi	没有孩状①
Senõr（n.主人、老爷）②	ciu gin	主人 主翁
Senõra（n.女主人、太太）③	ciu gin nia'	主人娘 主母
Sentença（n.格言、警句）		
Sentir（vt./vi.感觉、体会）	ci tau	知道 晓得
Sentir（vt./vi.难过、遗憾），tomar paixão（vp.感到悲痛）	sin tum	心痛 焦
Sepultar（vt.安葬、掩埋）	mai	殯塟 埋藏④
Sepultura（n.坟墓、墓地）	fue' mu	墳墓 墳塋
Serea（n.美人鱼）	fu gin yu	婦人魚
Sereno（a.晴朗的、安宁的）	hau tien	晴天⑤ 開 晴爽
Serenidade（n.晴朗、安宁）		
Sermão（n.讲经、布道）	chia' cu	講古
Séruo（n.奴隶、佣人）	scieu schia	手下 小介⑥
Sérua（n.女奴、女佣人）	ya teu	丫頭 婢者 婢女
Seruir（vt./vi.服侍、服务）	ho ssi – co su'	伏事⑦-过 送 供役

---

① "孩"似为"骸"之误；"状"字缺注音。
② 今拼 senhor（主人、先生）。
③ 今拼 senhora（女主人、夫人）。
④ 先笔写的"埋"，有注音，余为后手所补。行末还写有"掩"，被圈涂。
⑤ 注音为"好天"。
⑥ 犹"小价"，递送讯息物品的仆人。
⑦ 犹"服侍"。"伏"读为 ho，可比较"蝠 ho"（120b）。

Seruirse（vr.使用、利用）	*yum*	用　使
Serra（n.锯子）	*chiu*	鋸

（144b）

Serralheiro（n.锁匠、铁匠）	*tie cia'*	铁匠
Serrar（vt./vi.锯、锯木、锯断）	*chiu tuo'*	鋸斷
Serra（n.山、山脉）	*sam*	山
Serpe（n.蛇）	*lun*	龍
Sessudo（a.明智的、谨慎的）①	*zu' min – schie' cuei*	聰明-賢會② 乖巧　俊秀
Sexta ora（n.正午）③	*cium u*	中午
Setta（n.箭）	*cien*	箭　矢
Sette（num.七）	*çie co*	七箇　七
Sette vezes（np.七次）	*çie pie'*	七遍　七次 七遭
Settembre（n.九月）	*chieu yuo – schia' ceu*	九月-香秋 季秋
Seuo（n.油脂）④	*yeu*	油
Siua（n.墨鱼），secce（晾干的）⑤	*yen yu*	炮魚⑥ 熰 魚　薰魚
Si（conj.当然，可不是）	是）(非⑦	是　非
Silenia（n.石竹）⑧		
Simplice（n.单纯、简单）	*cie gin*	直人　鯁直 之人　公直 之人
Sinal（n.记号、标志）	*hau teu*	號頭

---

① 今拼 sisudo（明智、谨慎的）。
② "賢會"（贤会），犹"贤惠"。
③ 字面义为"第六个小时"。依古罗马计时法，日出之时为零点，至第六个钟头便是正午。
④ 今拼 sebo（油脂、动物脂肪）。
⑤ siua，今拼（墨鱼、乌贼）。
⑥ 此词似有歧义，一为墨鱼的别名（遇敌会喷黑烟），一解烟熏的墨鱼干，与后二词同义。
⑦ 此处原无注音，写的也是汉字，为西士手迹。
⑧ 此词原写于上一词 Si 左侧的空白处，字迹不甚清晰，也可能是 silencio（沉默）。

Sino（n.钟）	cium	鐘
Sineiro que faz sinos（np.造钟的人）	ta ciu' ti	鑄鐘的①
Sineiro que tange sinos（np.敲钟的人）	ta ciu' ti	打鐘的
Sincelo（a.真诚的、直率的）②	tan ciu'	單重③
Sirgo（n.蚕），biço de seda（np.丝虫）	zan④	
	zum⑤	蠢 愚 俙⑥ 呆
Siso, Juiço（n.理智、道理，智力、明智）		神⑦
Sitio de lugar（np.所在之地）	su zai	所在　處
Soã（n.沙拉拿风），oriente vento（np.东风）⑧	tum fun	東風
Soar（vt./vi.发出响声）	scin yn	声音
soar suaue（vp.声音柔和）		声细细⑨
Sobacco（n.腋窝）⑩	schie schia	胺下

（145a）

Sobretudo（ad.特别、尤其）	scin, chia'	勝 - 強
Sobrado（n.地板）	ie ciu' lo	一重楼⑪　層座
Sobrado fazer（vp.铺地板）	chi ciu' lo	起重楼
Sobejo（a.剩余的、过多的）	scin	剩

---

① "鑄"（铸）原作"打"，系删后补写，而注音未及更改。
② 今拼 sincero（真诚、直率）。
③ 犹单一、单纯。"重"（重），左下角标有调符，表示读为平声。
④ 此条未见汉字，显然是"蠶"（蚕）。
⑤ 此条缺葡文对应词，注音当写为"蠢"。
⑥ "俙"为"笨"之误。
⑦ 神智、精神的"神"，缺注音。
⑧ soã，今拼 são，指一种干热的东风。
⑨ 西士添加的文学表达。苏轼《春宵》有句"歌管楼台声细细"。
⑩ 今拼 sovaco（腋窝、咯吱窝）。
⑪ 此例"重"（重），以及下一例"重"字，左下角都带平声符；两例"楼"都简写，不作"樓"。

Sobejo da mesa（np.剩饭、残羹）	cie scin ti	食剩的 食餘的
Sobejar（vi.多余、过剩）	scin	剩
Soberba（n.高傲、自大）	chiau ngau	驕傲 自滿
Sobrecelho（n.眉毛）	mi mau	眉毛
Sobreceo（n.帐顶、华盖）	mue' tien	幔天
Sobrepujar（vt./vi.超过、胜过、占优）	ta co – chia' co	大過 - 強過 勝過
Sobrenome（n.别名、诨号）	sin	姓
Sobornar（vt.行贿）① vide peitar		
Sobresalto（n.突然、猛然）	cuo gen, u ge'	忽然 倏然② 須臾 頃刻
Sobrestar（vt./vi.①停止、中止 ②凌驾、出众）	cie cci③	撐管 攝
Sobreuir（vi.突然发生、忽然来到）		忽然到 偶耳至④
Sobrinho（n.侄子、外甥）	suon zi	姪子⑤ 姪兒
Sobrinha de irmãa（n.侄女、外甥女）	guai scin	姪女⑥ 姪媛
Soccorro（n.救援、支助）	fu cçi	扶持 維持 輔助
Soccorrer（vt.救援、支助）	idem（同上）	
Succeder（vi.接替、继任、继之而来）	ti	替代 屢代
Successor（n.继承人、后继者）	toi	代
Successores（n.后代、后辈）	fu toi⑦ – zi suo'	後代 子孫 後裔 後人
Secrestar（vt.交保）⑧	pau	保

---

① 今拼 subornar（行贿、收买）。
② u ge'，似为"兀然"。
③ 注音似为"节制"。
④ 原无注音。
⑤ 注音为"孙子"。"姪"，即"侄"。
⑥ 注音为"外甥"。
⑦ fu 显系错标，可能是把"後"字当成了"復"。
⑧ 法律用语，今拼 sequestrar（将有争议的物产交第三方保管）。

Succolor（a.骗人的）	*chia y*	假意 非真心
Sofrer（vt./vi.遭受、忍受、受苦）	*ti*	抵 禁①
Sogro（n.岳父）	*guai fu*	外父

（145b）

Sen medida（pp.无度、大量）	*lia' po te*	量不得
Sen sabor（pp.无味）	*mo yeu ui*	没有味 淡
Sogra（n.岳母）	*guai mu*	外母
Suggeto（a.受辖制的、顺从的）②	*pi cuon*	被管 服降 投降 尊服
Suggettar（vt.征服、管束）	*cuon*	管 治 属
Suido（n.声音）③	*scin yn*	声音
Sol（n.太阳）	*ge teu*	日頭 太陽
Sola（n.鞋底）	*schiai ti*	鞋底
Solar（vt.绱鞋、上鞋底）	*pu ti*	補底
Soldo（n.军饷、津贴）	*cien lia'*	錢粮 門戶 差役 粮差
Soldada, paga（n.工钱，报酬）	*cum cien*	工氽④ 工價
Soldado（n.士兵）	*pin*	兵
Soldar（vt./vi.连接、接合）	*cie*	接 迎 相迎⑤ 相接
Solitario（a.孤单的、偏远的）		野人 lugar（地方）獨鄰⑥
Solhado, chão（n.地板，地面）	*ti*	地

---

① 盖指禁欲，即自苦。
② 今拼 sujeito（被征服、隶属于、顺从）。
③ 今拼 sonido（声音、声响）。
④ "氽"（兦），即"钱"。
⑤ soldar 今又指"焊接"，并无迎接之义。
⑥ 即"獨鄰"（独邻），指偏远之地。此词另见于 Lugar（地点）条下。

Soo（a.独自的、唯一的）①	*ie co – ci chi – ta'*	一箇 - 自己 - 單　孤身　獨自
Solta de cauallo（np.马绊索）	*pa' ta ma chio*	綁他馬脚
Solto（a.松开的、自由的）	*chiaj, to*	解 - 脱了②　放　釋放　放脱
Solteiro（n.未婚男子、单身汉）	*mo yeu chia chie'*	没有家眷　鰥無妻室
Solteira（n.未婚女子）	*mo yeu chia' chie'*	没有丈夫③　寡　無夫之婦
Solcrisi（n.日食）	*ge scie*	日餻④　日晦
Sommar（vt./vi.汇总、总计）	*zu' suo'*	總筭
Sumeter *vide* sugetar（？）⑤		
Somente（ad.仅仅、仅只）	*tan tan*	單單　但
Sombra（n.影子、阴影）	*yn*	影
Sombria cousa（np.有影子、阴暗处）	*yeu yn*	有影
		（146a）
Sen medida（pp.无度、大量）	*lia' po te*	量不得
Sen sabor（pp.无味）	*mo yeu ui – ta'*	没有味　無味⑥
Sombreiro（n.遮阳物、伞）	*san*	傘　雨傘　凉傘　打傘

---

① 今拼 só（独自一人、单独）。
② 注音无"了"。
③ "夫"字注音有疑。
④ "餻"，即"蚀"。
⑤ sugetar，未见立条，似即 suggettar（145b）。
⑥ 注音为"淡"。重复的条目，见 Sen sabor（无味，145b）。

Sombreiro（n.有檐帽）, chappeu（n.帽子、帽罩）①	mau – teu po'	帽 - 頭蓬② 大帽
Sorrirse（vr.微笑）	lin siau	冷笑
Sonno ter（vp.有睡意）	yau scioj, ta ton	要睡 - 打盹 欲睡
Sonnolento homen（np.半睡半醒者）	yau scioi	要睡 欲眠 貪睡
Sonho（n.梦）	mu'	夢
Sopro（n.吹出的气、气息）	ciuj chi	吹氣 呵氣
Sopportar（vt.承受、忍受）③	ti, gin naj	抵 - 忍耐
Soo por soo（ap.一对一的）	tan tui tan	单对单④ 獨
Soruer（vt.吮、啜、呷）	cio	啜 飲
Sorte（n.命运、运道）	min – zau cua	命 - 造化 八字
Sortes deitar（vp.[抓阄、掷骰子等]算命）	chi poi	掎柸⑤
Sospeitar（vt./vi.猜疑、揣测）⑥	siao'	想 思量
Sospeitoso（a.疑心重的、担心过多的）	to sin cia'	多心肠
Soster（vt.支撑、供养）	yeu lie	有力
Sostentar（vt.支撑、维护、抚养）	jam	養育
Sotterar（vt.掩埋、埋藏）	may	埋 掩 藏 匿 隱
Sottil（a.细微的、纤小的）⑦	si – po	細 - 薄 輕 淡 微
Souella（n.[尤指鞋匠用的]锥子）	ciui zi	錐子
Souerter（vt.颠覆、破坏）⑧	ta quai	打壞 損壞
Suar（vt./vi.流汗、出汗）	han	汗

---

① chappeu，今拼 chapéu（帽子、罩子、帽状物）。
② 似即"斗篷"。"头、斗"同拼，都作 teu。
③ 今拼 suportar（承受、负担、忍受、遭受）。
④ 三字均为简写。
⑤ 写为掎柸，词义不明。
⑥ 今拼 suspeitar（猜疑、怀疑、揣想）。
⑦ 今拼 subtil（微细、稀薄）。
⑧ 今拼 subverter（颠覆、破坏、使沉没）。

Suaue（a.柔美的、甜蜜的）	scien – hau	善 - 好
Subir（vt./vi.登上、爬上）	scia', scin	上 - 升① 登

（146b）

Sudito（n.臣民、下属）②	min – po sin	民 - 百姓
		庶民　蒼生
		子民　黎民
Sufrer（vt./vi.遭受、忍受）③	ti	忍耐④
Sul（a.南方的、南部的 n.南、南方、南风）	nan fun	南風　南薰
Sumariamte（ad.总共）	ye zu'	一總
Suor（n.汗、汗水）	han	浡　涝⑤
Supito（a.突然的、意外的 ad.突然、乎意料）⑥	cuo gen	忽然　偶然
		陡然　驟然
		驀然
Superfluo（a.多余的 n.多余物）	scin – to cuo	勝 - 多過⑦
		好過　愈胜
Surdo（a.耳聋的 n.聋人）	lun	聾　耳背
Surgir（vt.抛锚、停泊）	pau tin	抛椗　下停⑧
Sustantia（n.物质、实体）		
Suspirar（vt.抒发、感叹 vi.叹息、哀叹）	tan chi	歎氣　息
		嗟嘆　嘘氣
		長嘆

Sutil（a.细微、纤小的）vide sotil⑨

---

① "升"（升）简写，不作"陛"。
② 今拼 subdito（臣民、部下）。
③ 即 sofrer，见 145a 该条。
④ 注音为"抵"，可对照类似的两例（126a、146a）。
⑤ "浡"为"汗"之误；"涝"字简写，不作"潦"。
⑥ 今拼 súbito，形、副兼用。
⑦ 此例"过"字简写，不同于下一例。
⑧ "停"（停），似无其字，当为"锚"。
⑨ sotil，上页有此条，拼为 sottil。

T

Tabellião（n.公证人）	*sciu chi*	書記
Tacha（n.过失、污点）	*cuo*	過度
Tacho（n.锅）	*co teu*	鍋頭
Taxar（vt.定价、划价）	*tin chia*	定價
Taipa（n.土坯墙）	*ni cia'*	泥墙
Taful（n.纨绔子弟）	*la' tu cie' ti*	爛賭錢的賭博之人
Tal（a.这样的 ad.如此、这般），por tal（pp.以这样的方式）		
Talo d'alfaças（np.莴菜的茎干）	*ho zai sin*	萵菜心
Talha（n.水坛、水缸）	*tan*	塘 甄①
Talhar（vt.切、凿、刻、雕）*vide* cortar		
Talhadouro（n.砧板）	*cin pan*	槙板② 砧板
Talhada（n.[切下的]块、片、条）	*ye quai*	一塊 片 方
Talhador（n.切肉者；雕刻匠）		
Tamanho（a.这样大小的）	*cie tin ta*	這等樣大③
Tambem（ad.也、同样）	*ye*	亦 也 猶
Tamburil（n.小鼓）	*siau cu*	小鼓
Taminino（a.极小的）	*sie*	些
Tanax（n.钳子）④	*tie chie'*	鉄撗⑤ 鉗
Tanger（vt.演奏、弹拨、敲打）	*ta – tan*	打-弹

---

① 《广韵》线韵收有此字："甄，器縁"，时战切，字又作"甋"；《集韵》线韵："甄、甋，瓦器縁也，或作甋。"按：此处所写的"甄"（甄）恐为白字，想写的是"甋"或"罎"（坛）。"塘"字似也有误，用为借音而已。

② "槙"即"楨"，古指硬木。

③ "樣"（样）字缺注音。

④ 今拼 tenaz（钳子、夹子）。

⑤ "撗"（撗），另一处写为"鋶"（152a），即"钳"。《玉篇》手部有"撗"字，居偃切，释为"屋上撗也"，指在屋上覆建。此处的"撗"与此义无关，似即"鉗"。后一"鉗"字为西士补写，墨色极淡。

Tangedor, com dedos（n.演奏者，用指弹）	cuei ta' ti	會彈的
Tangedor, com manos（n.演奏者，用手敲）	cuei ta cu ti	會打鼓的
Tanger animaes（vp.赶牲口）	ta ma	打馬
Tanger – flauta（vt.演奏 – 笛子）	ciui	吹
Tangedor de flautas（np.吹笛手）	cuei ciui ti	會吹的

（147b）

Tange（n.池塘）①	tan	塘 池 沚 沼
Tanto（a.这么多、若干）	to	多 繁 屢
Tantas vezes（np.多次）	to pie'	多遍 偏
Tanto tempo（np.这么久、这么长时间）	chieu	久
Tan çedo（adp.大清早）	zau	早 曉 曙② 朝 晨
Tapar（vt.盖、塞、堵）	yen chin – sie tau	掩緊 - 塞倒
Tapador（n.盖子、塞子、罩子）	coi	盖 遮 覆
Tapedo（n.地毯、毛毯）	cien tiau	氊條
Tardar（vt./vi.延迟、耽搁）	ci ma'	遲 - 慢
Tarde（n.下午、傍晚 ad.晚、迟）	uan	晚 暮 夜 夕 黃昏
Tarde, post meridiem（n.下午，午后）③	schia pa' ge	下半日
Tarde fazer（vp.天黑、入暮）	van	晚
Tarefa, stalho（n.活计，事务）		
Tartaranepto（n.曾孙、曾外孙）	cin suo'	曾孫
Tartaranepta（n.曾孙女、曾外孙女）	cin suo' nu	曾孫女
Tartamuda（a.口吃的 n.结巴）	tuo' scie④	
Tartaro（n.鞑靼人）	ta ta – cu gin⑤	胡人 墶坦 韃靼 胡虜

---

① 今拼 tanque（水池、池塘）。
② "曙"为"曙"之误。
③ post meridiem（下午），拉丁语复合名词。
④ 此条未见汉字，注音为"短舌"。可比较 Gago（105b）。
⑤ 注音为"韃靼、胡人"。

Tauerna（n.酒馆）	ciu tien	酒店
Tauerneiro（n.酒馆老板）	mai ciu ti	賣酒的
Tauoa（n.木板）①	pan	板
Tauoado（n.板材、木料堆）	pa' leu	板料
Tauoada de liuro（np.书册的目录）	teu su	頭序
Tauoleiro（n.托盘、棋盘）	chi puon	棋盤②

（148a）

Tea（n.布料）③	pu	布
Tea d'aranha（np.蜘蛛网）	ci ciu ua'	蜘蛛網
Texer（vt.织、纺织）④	cie pu	織布
Texedor（n.织布工）	cuei cie pu ti	會織布的
Telha（n.瓦）	gua	瓦
Telhar（vt.铺盖瓦片）	coi gua	蓋瓦
Telhado（a.铺了瓦的 n.屋顶）	coi gua liau	蓋瓦了
Telheiro（n.制瓦工）	ciu gua ti	做瓦的⑤
		窰匠
Temer（vt./vi.害怕、畏惧、担心）	chin, pa	驚-怕
		怯畏　驚恐
Temão de carro（np.马车的辕杆）	cie can	車槓⑥
Tempo（n.时间、时节）	sci cie	時節
Tempo de sol（np.出太阳的日子）	cin tien	晴天　開
Tempo de chiuua（np.下雨的日子）	schia iu	下雨
Tempo que a de uir（np.后来的日子）	heu lai, heu sci	後来-後時
Tempestade（n.暴风雨）	ta lan	大浪　波

---

① 今拼 tabua（木板）。
② "棋"，他处写为"碁""棊"。《宋元以来俗字谱》木部录有"棋"字。参见 Jogo de en xadres（玩棋，108b）。
③ 今拼 teia（纺织物、布料）。
④ 今拼 tecer（织、编），又有编辑、撰写、安装等引申义。
⑤ 注音首字有可能为"锯"，锯瓦的，即锯瓦匠，修补瓦盆的匠人。
⑥ "槓"，繁体"杠"字。

葡汉词典　315

Temperar（vt.①调和、调解 ②调配、拌和、放调料）	tiau li	調理　調停　調治
Temperar（vt.调整、调音、校准）	cin	整脩　整理節
Temperado homen（np.懂得节制的人）		
Temporão（a.提早的、早熟的、早产的）	sen te quaj	生得快
Tentar（vt.试图、尝试）	sci	試考
Tentar o demónio（vp.招惹恶魔、冒险）		
vide atentar（vi.图谋）		
Tenta de fisico（np.医生用的探针）	pan①	
Tentação（n.试探、诱惑）		

（148b）

Tenda（n.帐篷、小店）	tien	店鋪
Tenda d'arraial（np.驻军的帐篷）	cia' chiu' cia'	將軍帳　中軍帳
Tenro（a.嫩、软）	giuo'	軟②　嫩
Tenção（n.心态、心境）	sin, i	心-意
Ter（vt.有、拥有、具有）	yeu	有
Ter por bem（vp.觉得好、看得上）		
Ter pera si（vp.认为、觉得）	sia'－can	想-看　思量　想情③
Ter por certo（vp.确信某事）	sin	信
Ter em pouco（vp.不当回事、不以为然）	po tan su	不當數④　不在數　不在意
Ter en conta（vp.重视）	tan su	當數⑤
Ter rispeito（vp.尊敬、敬重）	chin ta	敬他　羡伊
Ter ração（vp.有理）	yeu tau li	有道理

---

① 未见汉字，可能是"板"。
② "軟"为"軟"之误，参见 Molle（120a）。
③ "情"，疑为"清"之误。
④ 此处及下一例"當"字，右上角均标有去声符。
⑤ 此例"數"字简写，与上面两例不同。

Ter necesidade（vp.为生活必需、很有用）	yeu yum	有用　堪當 用　可用
Ter febre（vp.发烧）	fa ge	發熱　冷 惡寒　發熱
Ter fome（vp.饿、忍饥挨饿）	tu chi	肚飢　餓 飢餒
Terçoã（n.间日热）	sa' ge zau	三日一遭①
Termo（n.地界、边界）	che chiaj	隔界　分疆② 置界　界限
Terra（n.地、土）	ti – ni	地　泥
Terra firme（n.陆地）	ta ti	大地
Terreiro（n.空旷之地）	tin	廳
Terremoto（n.地震）	ti cin	地震
Terror（n.恐惧）	chin te chin	驚得緊　怕 甚　駭然
Tesa – corda（a.绷紧的 – 绳子）	chin)(su'	緊-鬆　寬
Testemunhar（vt.作证、证明）	cin chien	証見
Testemunha（n.证人）	cin chien ti	証見的③
		（149a）
Testar（vt./vi.遗赠、立遗嘱）	sie cio fu	寫嘱付
Testamento（n.遗嘱）	cio fu	嘱付　遺書 分付　叮嚀
Testa（n.额、前额）	nghe	額
Teta（n.乳房、乳头）	nai – giuj	肕④-乳
Tia irmãa de pai（np.父亲的姐姐或妹妹[姑]）	cu	姑
Tia irmãa da mai（np.母亲的姐姐或妹妹[姨]）	y	姨

---

① "一"字缺注音。
② "彊"（强）为"疆"之误。
③ 可比较"証見人"（40b）。
④ "肕"（肕），疑为自造字，即"奶"。可比较词条 Mamão（婴儿），其下也有一例"奶"字，写法同此（116b）。

Tia irmãa de auo（np.祖父的姐姐或妹妹[姑婆]）	zu cu	祖姑
Tia irmãa de auo molher（np.外婆的姐姐或妹妹[姨婆]）		
Tição（n.木炭）	guo pa	火把　火枝料火
Tigel（n.碗）	guoa'	碗
Tijolo（n.砖）	ciuo'	磚
Til de letra（np.字母的符号）	tien	點
Tinha（n.癣）	la' teu	爛頭
Tinhoso（a.长癣的）	la' teu ti	爛頭的
Tinea（n.绦虫）①	cium	虫
Tinaçinhas das molheres（np.女人用的饰带）②	ta zi	劄子③
Tinta（n.墨）	mue④	墨
Tinteiro（n.墨水瓶）	me gnie'	墨硯
Tintoreiro（n.染工）	gen cia'	染匠⑤
Tingir（vt./vi.染、着色）	gen	染　映⑥
Tio irmão grande de pai（np.父亲的哥哥[伯]）	po fu	伯父
de minor（父亲的弟弟[叔]）	scio fu	叔父
Tio irmão de auo, grande（np.祖父的哥哥[伯公]）	zu po fu	祖伯父
minor（祖父的弟弟[叔公]）	zu scio fu	祖叔父
Tio irmão de maj（np.母亲的兄弟[舅]）	mu chieu	母舅
Tio irmão（np.伯、叔、舅、姑父、姨夫）		

---

① 今拼 ténia（绦虫）。
② tinaçinhas，疑当拼 tiraçinhas；比较 tira（带子、佩带、束发的饰带）。
③ "劄"（剳），繁体"札"字。疑为"搭"，搭子，即衣服的搭扣。
④ 与下一例"墨"字拼法有异。
⑤ "染"写为 獒，下一例同此。
⑥ "映"（暎），即映染，犹指景色。

Tirar, aufero（vt.拿走、带走、移除）①   *na cai – ciu*   拿開 - 除 推開

Tirar aguoa（vp.抽水、汲水）   *cie scioj*   扯水　打水②

（149b）

Tirar da cabeza（vp.使人忘记）

Tirar fora（vp.拿出、取出）   *na cio laj*   拿出來　取出來

Tirar a que morre（vp.离世，指人死亡）   *tuon chi*   斷氣　絕氣

Tirar por forza（vp.用暴力夺取）   *cia'*   搶

Tirar deuaça（vp.审理、查询）   *sie si cin*   寫事情　寫來因　寫因由

Tirar os olhos（vp.剜眼睛）   *gua ye' cin*   剜眼睛③

Tirar a casca（vp.剥皮、去壳）   *po pi*   剝皮　去皮

Tirado（a.去皮的、剥掉的）   *ciu*   除　脫

Tirar o barete（vp.脱去帽子）   *to mau*   脫帽

Tiriscia（n.黄疸病），corpo amarello（np.身体发黄）④

Tiro de pedra（np.掷石[器]）   *zu*   擿⑤

Tiro de besta（np.弩、投石器）

Tiro de bombarda（np.火器、铳）   *ciu'*   銃

Texoura（n.剪刀）⑥   *cie' tau*   剪刀

Texoureiro（n.司库）   *cu cuon*   庫官

Texouro（n.国库、宝库）   *yin cu*   銀庫

Tisico（n.痨病）   *lui scia'*   內傷⑦

---

① aufero（拿走、带走、夺去），基本同义的拉丁语动词。

② 可比较 Dar a bomba（72a），意思更具体，而对译相同。

③ "剜"（剜），注音为"挖"。

④ tiriscia, 今拼 icterícia（黄疸）。

⑤ "擿"（擿），可能想写"擲"（掷）。

⑥ 今拼 tesoura（剪刀）。

⑦ "內"字的读音，可比较另一例"內傷"（128b）。

Titulo de liuro（np.书册的标题、书名）	teu sciu	頭序
Titella de gallinha（np.鸡胸脯、鸡肉）	pa gio chi	白肉雞
Titor（n.家教）	chia s'①	
Tinir（vi.叮当响、鸣响）	yn, schia'	音-響
Toccar（vt./vi.摸、触、碰）	mu	摸
Toccar a trombetas（vp.吹喇叭、吹号）	zui hau teu	吹號令②
Toaalha de meça（np.桌布）	zo pu	棹布
Tocha（n.火炬、火把）	ta la cio	大蠟燭
Todavia（ad.然而）		
Todo poderoso（a.什么都会的、万能的）	tu zo te	都做得 皆能為
Todos（a.全部的、所有的）③		咸 俱 衆
Tollo（n.呆子、蠢人）	ngai gin	呆人④ 村人⑤ 愚人

（150a）

Tolher（vt.阻碍、禁止）	po ciuo'	不準 禁 許
Tomar（vt.拿、取）	na	拿 以
Tomar cidade（vp.攻占城市）	cen	占
Tomar paixão（vp.难过、悲伤）	sin ciau	心憔
Tomar sobre si（vp.作保）, fiar（vt./vi.托付、信任、担保）	pau	保
Tomar emprestado（vp.租借）	cie	借
Tomar conselho（vp.商议、咨询）	scia' lia'	商量 相議⑥ 相謀
Toninha（n.①一种海豚 ②小金枪鱼）	po sa yu	白沙魚
Toppar（vt./vi.找到、碰上、遇见）	cia' cio	撞着 遇見

---

① 未见汉字，注音也未写全，对应的汉语词可能是"家师"。
② "令"，注音为"頭"。号头，一种长号，广东民间尤常见。
③ 插入的条目，无注音。
④ "呆"写成 㝵，疑为自造。
⑤ "村"，疑为白字，即"蠢"；但也可能不误，视村野乡民为愚蠢。
⑥ "议"字半繁半简（䛨）。

Toque（n.①击打、敲击[声] ②鉴定法、试验手段）	*si chin scie*	試金石
Torcer（vt./vi.拧、绞、弄弯、变方向）	*siu çiuo', nau çiuo'*	摳轉① - 捞轉②
Tordo（n.鸫）		
Tormenta（n.暴雨、暴风雨）	*ta la'*	大浪　猛浪
Tormento（n.上刑、拷打）	*schin cua*	刑法
Tornar（vt./vi.归还、返回）	*cuei lai*	回来　歸
Tornar a dar（vp.重新进行）	*fan*	還③　旋
Tornar em si（vp.苏醒、恢复知觉）		
Tornar atrax（vp.退后）	*toi heu*	退後
Tornar a pedir（vp.再度讨要）	*zai tau*	再討　再取
Tornar a vender（vp.再度出售）	*mai cuei lai*	買回来
Tornarse vermelho（vp.脸红）	*pien hum*	变紅臉④
Torna sol（np.向日葵）⑤	*cuei cua*	葵花
Torno de pipas（vp.酒桶的旋子）	*ciuo'*	鑽
Torno de mestre（np.镟车）⑥	*cie*	車
Torneiro（n.车工）⑦	*cie cia'*	車匠

（150b）

Torpe（a.丑陋的、卑鄙的）	*ceu*	醜　形⑧
Torre（n.塔、楼）	*leu fa'*	楼房
Torrão, gleba（n.土坷垃，泥块）	*ye tuo' ni*	一圓泥⑨
Tornozelo（n.踝、脚踝）	*chio yen*	脚眼
Torrar（vt.烘烤）	*sciau*	燒　焚

---

① "摳"为"樞"（枢）之误。
② "捞"，似应写为"扭"。"扭"，围头话读作 [näu²]，广州话读作 [nau²]（见《发音词典》）。
③ "还"，客家话有三读，其中之一为 [fan²]（见《发音字典》），与此处所记最接近。
④ "臉"字未写注音。
⑤ 今连写为 tornassol（向日葵）。
⑥ 盖指加工物件用的器械，功能略同于今天的旋床。
⑦ 可比较《汉法词典》上的 *Ch'ē ciám*（车匠）、*Sivén ciam*（镟匠）两条。
⑧ 原写为 形，可能想写"吊死"。
⑨ "圓"，注音为"團"（团）。参见"圓 - 團"（137b）。

Torresmo de tossinho（np.猪油渣），lardo（n.板油）①	*foi ciu gio*	肥猪肉
Torto（a.斜眼的）	*to yen*	独眼②
Torta cousa（np.弯曲或倾斜的东西）	*chiuo, guoa'*	屈曲　弯曲 弯環③
Tosquenejar（vi.打盹）④	*ta tuon*	打盹
Tosar（vt.剪毛）	*cien*	剪
Tosador（n.剪毛工）	*tai ciau*	待詔⑤
Tossir（vt.咳出、吐出 vi.咳嗽）	*cheu scio*	喀咳⑥
Tosse（n.咳嗽）	idem（同上）	
Tostar（vt.烘烤）	*sciau ca'*	燒乾
Totalmente（ad.全都）		
Topeira（n.鼹鼠）⑦	*tu sciu*	塗鼠⑧
Tossinho（n.肥猪[肉]）	*foi*	肥猪⑨
Toro（n.公牛）⑩	*gnieu cu*	牛牯
Totiço（n.头顶）⑪	*tin scin)(heu fu*	頂心 - 頭後⑫
Tumba（n.棺架、墓）	*cuo' chia*	棺架
Turuar（vt.扰乱、搅混）	*chiau luo'*	攪乱⑬
Tutano（n.骨髓）	*cuo sui*	骨䯒⑭

---

① tossinho，今拼 toucinho（肥肉）。
② 此例"独"字为简写，他处多写作繁体"獨"。见《宋元以来俗字谱》，犭部录有"独"字。
③ 注音为"曲、弯"。
④ 今拼 toscanejar（打盹、小睡）。
⑤ 见另一例"待詔"（50b），指理发师。
⑥ 注音似为"口啾"。
⑦ 今拼 toupeira（鼹鼠）。
⑧ 即"土鼠"，参见"玊𪕱"（94b）。
⑨ "猪"字漏写注音。
⑩ 今拼 touro（公牛、斗牛）。
⑪ 今拼 toutiço（头顶、头）。
⑫ 注音为"后跗"，即脚背。
⑬ "擾"（扰），注音为"搅"。
⑭ "䯒"，俗字，即"髓"。

Traualhar（vt.制作、加工 vi.干活、劳动）①	zu cum	做工
Traualho（n.劳动、活计）	cum	工夫②
Traualhoso（a.艰难的）	nan	難-艱計
Traualhador（n.劳动者）	zum cu' ti	做工的③

（151a）

Traçar（vt.描画、勾勒）	cua ja'	畫樣
Traças（n.计谋）	chi mu	計謨④ 較
Trado, tereba（n.钻头，钻孔器）	ciuo'	鑽
Trayção（n.背叛、不忠）	pie' hai	騙害
Trago（n.一口[吞咽的量]）	ye cheu	一口
Tragar（vt.吞、咽）	tuon	吞
Traydor（n.叛徒）	poi cuo	背囯
Tranca（n.门闩）	meue' cuo'	門閂⑤
Trapassa（n.转让）⑥	tui cuon ta	退還他
Traque pedita（？）		
Traquinada（n.嘈杂声、喧嚣）	zau gia'	噪嚷 喧嘩
Trampa（n.粪）		
Trantano（？）⑦		鞦韆
Transuto（n.誊抄、抄本）⑧	zau	抄
Trastornar（vt.弄乱、改变），virar（vt./vi.变向、反转）⑨		

---

① 今拼 trabalhar，及物与不及物兼用。
② "夫"字缺注音。
③ "做"，注音衍字母 m。
④ "謨"，义同"谋"；注音可比较"模"（103b），也作 mu。
⑤ "閂"，注音为"関"。参见前文同一词"門閂"（39a）。
⑥ 今拼 traspasse（转让）。
⑦ 插入的词条，拼法有疑。"鞦韆"（秋千），葡语称 balanço 或 balouço，本义为平衡、天平。其词旧拼作 buranko，为日语借入，音译作ブランコ（秋千，音布朗科）。
⑧ 今拼 transunto（抄件、副本）。
⑨ trastornar，当拼作 transtornar（打乱顺序、使变样）。

Portuguese	Romanization	Chinese
Trastar（vt./vi.操作、经营）, negociar（vt./vi.经商、做买卖、谈判）①	can si	幹事
Trastarse bem（vp.保养得好；相待款洽）	si cin	齊整
Traue（n.梁、檩）	lea'	樑
Traueseiro（n.长枕头）	cin teu	枕頭
Traxer（vt.带来、带领）②	tai	帶
Traxer a memoria（vp.想起、记得）	chi cio	記着 懸念 卦念
Traxer no leno（vp.捡取树枝、抱柴禾）, nunius（？）④	pau	抱-帕③ 懷
outra cousa（其他东西）	pa	
Traxer guerra（vp.征战、讨伐）	cen	戰 討 誅 征 伐 剿
Treidor（n.背叛者）vide traidor		
Treiguas（n.间歇、停战）		
Trejestador（n.扮鬼脸者、装神弄鬼者）	yau fa, sie su	妖法-邪術

（151b）

Trajestar（vi.装神弄鬼、施法）⑤	lu' fa	弄法
Trelado（n.抄本）⑥ vide transuto		
Treladar（vt.抄写）	zau	抄 描
Trespassar fazo（vp.使迁移、搬）	puo' cuo	搬过
Tremer（vt./vi.晃动、震动、颤抖）	çie'⑦	手戰 震 兢⑧
Trempe（n.三脚炉架）	sa' chieu zau	三脚竈⑨

---

① trastar，今拼 tratar（从事、经营、谈话、打交道、做生意）。
② 今拼 trazer（带来、拿来、带领、引导）。
③ 用为动词，指包裹、缠绕。
④ leno，今拼 lenho（干树枝、木柴）。
⑤ 今拼 trejeitar 或 trejeitear（扮鬼脸、装神弄鬼）。
⑥ 今拼 traslado（抄件、副本）。
⑦ 此音所记之字，"戰"（战）或"震"都有可能。
⑧ "兢"，即战战兢兢之"兢"。
⑨ "脚"字注音有疑，他处都作 chio。

葡文词条	拼音	汉字
Trepar, subir（vt./vi.攀登、爬上）	scia' so	上索 升① 登
Treuas（n.黑暗、黑夜、愚昧）	he, ngon	黑 暗 昏
Trespassar（vt.穿过、穿越）	ciuo' cuo	串过 貫过
Tresdobres（num.三重、三倍）	sa' ah, cen	三合② 对③ 重層
Tres（num.三）	sam cuo	三箇 件
Tres vezes（np.三次）	sa' pien	三遍
Tresualiar（vi.神志不清、说胡话）④	mu' tu'	朦胧 昏迷
Tributo（n.税赋）	na lia'	纳粮 税 租 禄
Tributario（n.纳贡者）	na lia' ti	纳粮的
Turribulo（n.香炉）	schia' lu, scieu lu	香炉-手爐⑤
Trigo（n.小麦）	mo	麥
Trilhar（vt.脱粒）	ta mo	打麥
Trindade（n.三位一体）		
Trinchar（vt.切割[肉食等]）	cie-co	切-割 砍 剖
Trippa（n.内脏、肚肠）	cia' tu	腸肚
Tripeça（n.三脚凳）vide trepez		
Triste estar（vp.忧愁、悲伤）	sin ciau	心憔 苦 愁 憂 患 懼 悢 惆 悩⑥
Troccar（vt./vi.交换、更换）	cuo'	换
Trombeta（n.喇叭、小号）	ta tu'	大筒
Trombeteiro（n.号手）	cia' hau ti	掌號的

---

① "升"字简写，不作"陞"。
② ah，拼法异常，h疑为入声尾。
③ "对"字简写，不作"對"。
④ 今拼 tresvariar（发狂、说胡话）。
⑤ 两例"炉"字，一简一繁。
⑥ 这一长串同义词，均为同一位中士所书。

（152a）①

Tromba d'alifante（np.大象的鼻子）	çia' pi	象鼻
Tronquo（n.根源、先祖）②	cau zu	高祖
Tronquo d'aruore（np.树木的主干）	mu teu	木頭
Tronquo（n.监狱）	chia'	監
Tronquerro（n.监禁）	scieu chia'	收監
Trosquiar（vt.剪毛、剪发）③	cen teu fa	剪頭髮
Tropico, idropico（n.热带病，水肿、积水）	cu cia'	疕④ 湶
Troques（n.钳子）⑤	tie chie'	鉄鉞⑥
Trouar（vt./vi.作歌谣、唱民歌、吟诗）	zo sci	做詩 吟哦 咏唱
Trouador（n.行吟诗人）	sci um	詩翁 家⑦
Trouarse, impedirse（vr.紊乱，阻塞）⑧	si' luo' – va' chi	心亂 - 忘記
Troua（n.民谣、歌曲）	sci	詩
Trouão（n.雷鸣）	lui	雷
Trouejar（vi.打雷 n.雷声）	lui	雷

（153a）

V

Vacca（n.母牛）	*gnieu*	牛
Vagar（vi./vt.空缺、空出 n.闲暇）	schie'	閑

---

① 此页背面为空白。
② 今拼 tronco（树干、躯干、根源、监狱）。
③ 即 tosquiar（剪羊毛、剪头发）。
④ 疕，《说文》病部有此字，释为"久病也，从疒、古声"。字通"痼"，《玉篇》："痼，古護切，久病也"；"疕，同上，又小兒口瘡"。《龙龛手镜》入声卷疒部也收有此字，只释为"小兒口瘡也"。按：此处似为借音字，当写作"臌"。
⑤ 即 turgues（钳子）。
⑥ "鉞"（戉），即"钳"。
⑦ 指"诗家"。
⑧ trouarse, 疑即 turvarse（模糊、昏乱）。

Vagamundo（a.无业的、流浪的 n.流浪者）	siu tau, yeu fan	修道 - 遊方
Vagaroso（a.缓慢的）	man – cuo'	慢 - 寬 緩
Vagado（n.眩晕）	teu cuo'	頭困
Vão（a.空的 n.虚空、洞孔）	schiu cu'	虛空
Vão gloria（np.虚荣）		
Valle（n.山谷）	pin ti – chin, sa' po	平地 - 坑 - 山坡
Valer（vi.值、值得）	ti – ci	值 - 低①
Valente（a.健壮的、有力的）	cum chie', pin ngo', za'	康健②-平安 壯 寧
Valia（n.价值）	chia cien	價錢
Valiosa cousa（np.值钱的东西）	yum	用 使 費
Vallado（a.围有墙篱的 n.围墙、栅栏）	guei cin	圍城
Vao（n.浅滩），rio passo com pee（np.可以赤脚趟过的小河）③	cien fo	浅河
Vaqueiro（n.牧牛人）	ca' gnieu ti, mo tu'	看牛的 - 牧童
Vapor（n.蒸汽、烟雾）	yen	煙
Vara（n.细枝条）	tiau	條 枝 根
Vara de medir（np.量尺）	cie	尺
Varanda（n.阳台、露台）	lan schia	廊下
Varão（a.男的 n.男人、成年男子）	gin	人 僕 倅
Varejar（vt.用杆子打果子、抽打），dar com vara（vp.用杆子打落果子）	ta schia cuo zi	打下菓子 摘取 栽種 折 攀 採
Vaso d'ouro（np.金制的花瓶）	chin pin	金瓶 樽
Vaso de varro（n.陶罐）④	ni cuo'	泥礶
Vasallo（n.臣属、臣民）	po sin – min	百姓-民 臣

---

① 注音"低"在前、"值"在后，"低"为"抵"之误。
② "健"影本写为 ⿰亻建。
③ vao，今拼 vau（浅滩）。
④ varro，今拼 barro（陶土）。

Vasar（vt.倾倒、倒空）①	tau ca'	倒乾
		（153b）
Vasio（a.空的、空洞的 n.空处）	cu'	空 虚
Vasante（n.退潮）	scioi tui	水退
Veo（n.纱巾）②	sa	纱
Veado（n.鹿）	lu	鹿
Veador（n.侍从）③	cuo' chia	管家
Vela（n.帆）	ciuo' po'	船蓬 帆悝④
Vela, vigia（n.守夜，哨兵）	scieu chin ti	守更的⑤
		知更的
Velar（vt./vi.守护、放哨）	scieu	守
Veo（n.纱巾）⑥	sa	纱
Velho（a.年老的、古老的 n.老汉）	lau	老
Velha（n.老妇、老妪）	lau po	老婆
Velhaco（n.奸猾的家伙、无赖）	cua' cuo'	光棍
Velha cousa（np.古老、陈旧的东西）	chieu	舊古
Velludo（n.丝绒）	cie' giu'	剪絨
Vencer（vt./vi.战胜、赢）	yn	贏⑦ 勝
Vencedor（n.胜利者）	yn ti	
Vender（vt.卖、售）	mai	賣 換 易 貿
Vendedor（n.卖家）	scia' chia, mai cuo ti	商家 - 賣貨的
Vendiuel, facilis（a.销路好的，易脱手	mai te hau	買得好⑧

---

① 今拼 vazar（倾倒、掏空）。
② 今拼 veu（纱巾、面纱）。
③ 今拼 viador（王后的侍从）。
④ 写为 帆悝。"悝"，粤语用字，指帆、船。
⑤ 打更的"更"，旧读 jīng。
⑥ 重复的条目，见上文。
⑦ "贏"为"贏"之误。
⑧ 此例及下一例"買"当为"賣"之误。

的）①

Venda（n.酒馆）	ciu tien	酒店
Vendeiro（n.酒馆老板）	mai ciu tie'	買酒店
Vento（n.风）	fun	風　輕風
		狂風
Vento a poppa（np.顺风）②	sciu' fun	順風　逆風
		橫風
Ventinho（n.微风）	siau fun	小風
Ventar（vi.刮风）	fun lai	風来
Ventas, nasus（n.鼻孔）③	pi cum	鼻孔
Ventosas（n.[动物的]吸盘、拔火罐）	co	角

（154a）

Ventura（n.命运、运气）	min, zau cua	命 - 造化
Venturoso（a.幸运的、有福气的）	hau zau cua ti	好造化的
		好命
Ventre（n.肚子、腹腔）	tu	肚　腸　肝
Ver（vt.看见、观看）	can chie'	看見　觀視
		顧眸　睹
Verão（n.夏天、夏季）	schia tien	夏天　暑
		炎
Versa, coxes（n.一种叶菜）④	cai la' zai	隔籃菜⑤
Verdade（n.真实、真诚、确实）	cin	實⑥　實　誠
		愨⑦
Verde（a./n.绿、青、青绿）	lan – cin – lo	藍　青 - 綠
		翠

―――――――

① facilis（容易、顺利），拉丁语形容词。

② poppa，今拼 popa（船尾）。这个短语的字面意思是"从船尾吹来的风"。

③ nasus（鼻），拉丁语名词。

④ versa，今拼 verça（一种卷心菜）。

⑤ 今或写为"格籃（菜）"，即芥蓝。可对照另一例"隔籃菜"（63a），"隔"字注音有别。

⑥ 人名用字，音同"真"。

⑦ "愨"（慤），音"确"，朴实。

Verde nero（ap./np.深绿）①	cin	青
Vermelho（a./n.红、赤红）	hum	红 紫 丹
Verga da nao（np.船桅的横桁）	gua' ca'	横桅杆②
Verga de ferro（np.铁条）	tie tiau	铁條
Vergão（n.①粗枝条 ②伤痕），sinal preiso na carne（np.留在身上的印痕）	schin	痕③
Vergonha（n.羞愧）	siu	羞 惶 恐 惭
Vergonhoso（a.羞愧的、羞怯的）	ti po te siu	抵不得羞 怕羞耻 愧
Verrume（n.手钻）	ciuo'	鑽 鎚
Virtude（n.美德、善行）		德澤 恩惠④
Virtuoso（a.善良的、高尚的）	scie' gin	善人 君子 賢人 仁者
Verso（n.诗行、诗）	chiu sci	一句詩⑤
Verter（vt.倒、泼、洒）	tau	倒 瀉 丟 置 捨 淲
Vestir（vt./vi.穿衣、着装）	ciuo' cio	穿着 寬⑥
Vestidura（n.衣服）	y fo, ye tau	衣服 一套 領⑦
Vestido de doo（np.丧服）⑧	schiau cuo	孝服 喪衣 喪服
Vestido de pelle（np.皮衣）	pi chieu	皮裘 羊裘
Vesgo（a.斜眼的 n.斜眼）	jam yen	羊眼
Vez（n.次、遍）	pien	遍

---

① 今连写为 verde-negro，为名、形兼用，意思相同。
② "桅"字缺注音。
③ 注音有疑，似为"刑"。
④ 缺注音。
⑤ "一"字缺注音。
⑥ "寬"当理解为动词，即宽衣，是"穿"的反义词。
⑦ "領"与"套"一样，也是量词。
⑧ doo，今拼 dó（悲痛、哀悼）。

(154b)

Via, maneira（n.途径，方式）	jam	樣
Vianda（n.肉食）	vi	味
Viagem（n.旅行）		
Viuora（n.蝰蛇）①	to scie	毒蛇
Viço（n.过失、恶习）②	zui	罪
Viçoso（a.沾染恶习的、堕落的）	yeu zui	有罪
Vida（n.生命、寿命、生存）	min	命
vida comprida（np.长命）		壽
Vide（n.葡萄树）	pu tau sciu	葡萄樹
Vidro（n.玻璃）③	liu li	琉璃
Vigiar（vt./vi.警戒、守护）	scieu	守
Vigiar toda anoite（vp.彻夜看守）	scieu ye	守夜
Vigia（n.看守、哨兵）	scieu ti, ca'	守的 - 看
Vicairo（n.代理主教）④		
Villa（n.村镇）	çiuo'	村
Villão（n.农夫、乡下人）	ciuo'	村夫
Villãa（n.农妇、乡下女人）	ciuo' po	村婆
Vil（a.低微的、下贱的 n.小人、无耻之徒）	cie'	賤
Vinagre（n.醋）	zu	醋
Vincilho（n.草绳；藤条）	pan	綁
Vindouros（n.后代、后来人）	heu toi	後代
Vindoura cousa（np.将来的事情）	vi lai	未来
Vingar（vt.报复、复仇）	pau ye'	報寃⑤ 復仇
Vingatiuo（a.报复性的）	cia' yau pau ye' ti	常要報寃的
Vinho（n.葡萄酒、甜酒）	ciu	酒

---

① 今拼 vibora（蝰蛇）。
② 今拼 vicio（差忒、恶习、堕落）。
③ 此词为日语借入，遂有音译ビードロ（玻璃）。
④ 今拼 vigairo 或 vigario（代理主教、教区牧师）。
⑤ "寃"写为冤。

Vinho aguado（np.兑了水的葡萄酒）	*ciu zan scioj*	酒渗水①
Vinho uelho（np.陈年葡萄酒）	*lau çiu*	老酒
Amigo de vinho（np.嗜酒者、酒徒）	*yau cie ciu*	要食酒
Viola（n.提琴）	*chin*	琴

（155a）

Violeiro（n.提琴手）	*tan chin ti*	弹琴的
Virar（vt./vi.转动、转向）	*ciuo'*	轉
Viração（n.和风）	*liao' fun*	凉風
Virote（n.短箭）	*nu cie'*	弩箭
Virilha（n.腹股沟、鼠蹊）	*tui scia'*	腿上
Virgem（a.纯洁的、贞洁的 n.贞女、处女）	*lie nu*	烈女
Virgem homem（np.贞洁的男人）	*cin fu*	貞夫　義夫
Vir（vi.来、来到）	*lai*	來
Visão（n.幻想、显灵）	*mum*	夢
Visitar（vt.探望、拜访 vi.参观、游览）	*sia' ua' – pai*	相望 - 拜訪
Visitar igrejas（vp.上教堂）	*schin schia'*	行香
Vista（n.①视力、视觉 ②视野、景致 ③观点、看法）	*can*	看
Vista curta（np.近视、短视）	*yen po te cuoa'*	眼不大光②
Visco（n.黏鸟胶）	*ti*	黐③
Vituperar（vt.责骂、诽谤）	*ma, chia' te po hau*	罵 - 講得不好
Vitualha（n.口粮）	*cen lia'*	錢糧④
Vitoria（n.胜利）	*yn – te scin*	贏⑤ - 得勝
Vitela（n.牛犊）	*siau gnieu*	小牛

---

① "渗"为"掺"之误。
② 注音的第三个字为"得"。
③ 注音有疑，可参看关联词目 Engodo, visco（91a）。
④ "钱"字有 *çien* 与 *cien* 两读，即分尖音和团音，这里的 *cen* 当为 *cien* 之误。
⑤ "贏"为"赢"之误。

Viçinho（a.邻近的 n.邻居） lin scie 隣舎①
Viuer（vt./vi.生存、生活、过日子 n.生活） zoi–se'fa 在 - 生活②
Viuero de peixo（np.养鱼池） iu tan 魚塘　魚池
Viuua（n.寡妇） cua fu 寡婦
Viuuo（n.鳏夫） cuo' fu 鰥夫
Voar（vi.飞、飞翔） foi 飛
Vocabulo（n.词） ye chiu 一句
Vocabulario（n.词汇、词典） 多話　多言③

（155b）
Voda（n.婚礼、宴席）④ zo cin 做親　請人客　邀朋訪友　醼客
Voluntariamente（ad.随意、随心所欲地） pin ta 憑他　由　隨
Volteador（n.环绕者、表演走绳索者） schin scio ti 行索的
Voltear（vt./vi.环绕、旋转、盘旋） schin so 行索⑤
Vontade（n.意志、愿望） y, pin ta, sin 意　憑⑥　心　志力
Vontade fazer（vp.顺从、任由） zum 從　隨　比由　任憑
Voto parecer（vp.使相信誓言）
Voto fazer（vp.许愿、起誓） schiu yuo' 許愿　誓盟　発呪
Voz（n.声音、响声） scin 声　音　嚮⑦

---

① 即"邻舍"，后一字写为 舍。
② 见另一例"生活"（93a），"活"字读音同此。
③ 未作注音，理解也不确当。
④ 今拼 boda（婚礼、宴会）。
⑤ 盖指使用绞盘收放帆索。
⑥ 注音为"憑他"。
⑦ 注音为"声"。"嚮"（向）为"響"（响）之误。这里的"響"是名词，与"声""音"同义。

Vua（n.葡萄）①	pu tau	葡萄
Vua secca（np.葡萄干）	pu tau ca'	葡萄乾
Viuar（vi.丧偶），chorar（vt./vi.伤心、哭泣）②	ti co	啼 哭 泣 哀 悲 泪 淚
Umido（a.湿、潮湿的）③	scie	湿 沾 染 潤
Umildade（n.谦卑、卑微）		
Umilharse（vr.谦卑、屈服）		
Unha（n.指甲、趾甲、蹄、爪）	scieu chia	指甲④
Unha de besta（np.牲畜的蹄子）	ma ti	馬蹄
Ungir（vt.涂油、抹油）	za yeu	搽油 抹 鋪 帖
Un dia antes（np.前一天）	cie' ie ge	前一日
Un dia depois（np.后一天）	heu ie ge	後一日
Unir（vt.合拢、团结）	lun mai	挷埋⑤ 合
Urso（n.熊）	schium	熊
Untar（vt.用油涂抹） vide ungir		
Usar（vt./vi.使用、用惯）	yu'	用 使
Uso, costume（n.习俗，风俗）	cuo'	慣 風俗

（156a）

Hua vez（np.一次）	ie pien	一遍 一回
Hum（num.一、一个）⑥	ie	一
Hum, so（a.单一的，单独的）	tan, ie co	單 一個 獨 專 孤 隻 無双

---

① 今拼 uva（葡萄）。
② viuar，今拼 viuvar（丧偶、守寡、鳏居）。
③ 今拼 humido（湿）；比较意大利语的同源词 umido（湿）。
④ 注音为"手甲"。
⑤ 见另一例"挷埋"（34a），有聚拢义。"挷"读为 lun，即"拢"字。
⑥ 即 um（一）。

Uniocornio（n.独角兽、犀牛）	*ssi gnieu*	獅牛 一角牛①
Uniuersal（a.普遍的、全部的）	*cum ciu'*	公衆 俱

X

Xergão（n.鞍垫），colçiao de palha（np.草垫）②

Z

Zenolho（a.斜眼的）③	*ya' ye'*	羊眼
Zagan（？），fucos（n.岩藻）④	*fe' nu*	粉女⑤
Zarabatana（n.吹管、吹箭筒）	*ciui tu'*	吹筒
Zombar（vi.嘲弄、开玩笑）	*schi lu'*	戲弄
Zumbar（vi.嗡嗡响），grito d'abelhas（np.蜜蜂的叫声）	*fun chiau*	蜂⑥ 叫
Zurrar d'asno（vp.驴叫）	*lo chiau*⑦	
Zunir a orelha（vp.耳鸣）	*gi to schia'*⑧	

按：全稿至此结束。此外还有若干张纸页，为另一西士手笔，也按字头排列葡文词目，其中第一张（157a）未译，第二张（157b）为空页。从第三张（158a）起，始见中文对译，但未及注音；汉字由另一位华人直排书写，字迹工整而优美。这批散页可视为补遗，也逐条整理于此。

---

① 插入的补释，写为蜂。或无"一"字，即"觓"。
② xergão，今拼 xerga（鞍垫）；colçiao，今拼 colchão（垫子、褥子）。
③ 今拼 zarolho（斜眼的、独眼的）。
④ 指一种可用于化妆的颜料。
⑤ 犹"女粉"，即粉妆。
⑥ "蜂"（䗬），即"蜂"。
⑦ 未写汉字，当为"骡叫"。
⑧ 未写汉字，当为"耳朵响"。

（157a）

补遗

Parir（vt.分娩）

Parida（n.产妇）

Pareçer（vi.像、好像 n.①长相 ②看法）

Pareçer bem（vp.看上去不错）

Pareçer mal（vp.看上去不好）

Pareçerçe co' outro（vp.像另一个人）

Pareçerçe o paj（vp.像父亲）

Pareçerçe a maj（vp.像母亲）

Pareçerçe ao irmão（vp.像兄弟）

Pareçerçe a irmãa（vp.像姐妹）

Pareçer sentença（vp.发表判决）

Parçero entrado（vp.像老人、像醉鬼）

Parede（n.墙壁）

Pardo（a.棕褐色的；黑白混血的 n.黑白混血儿）

Pardejro esterquiliniúm（np.垃圾场、粪坑）

Pardal（n.麻雀）

Parente de natureza（np.血亲）①

Parente vja casamento（np.姻亲）②

Parias de budaz（np.印度教的贱民）

Parejra（n.①攀缘植物 ②渔网）

Parte（n.部分、方面）

（158a）

Arequa（n.槟榔）③　　　　　　　　　　　槟榔

Arequejra（n.槟榔树）　　　　　　　　　槟榔樹

Aquele（pron.那人）　　　　　　　　　　他

---

① 字面义：生来就有的亲戚。

② 字面义：联姻形成的亲戚。

③ 今拼 areca（槟榔）。

Aquila（n.沉香）① 沉香
Aboborejra（n.南瓜） 鲍藤②
Achar（n.腌菜）③ 酸菜
Ajdao（n.海道[音译]）④ 海道
Aramcaja（？） 妾
Am cha si（n.按察司[音译]） 按察司
Am sam（n.香山[音译]） 香山

（158b）⑤

Abada（n.①雄犀牛 ②成抱的东西、大量）
Abalizado（a.带标记的、卓越的）
Acaulo ir（vp.骑马前去）

（160a）

Bedere（n.茖叶）⑥ 茖葉
Bamcão（n.帆船） 兵船⑦
Bichara（？）⑧ 相議
Bragua（n.脚镣）⑨ 脚鐐
Bambu（n.竹子） 竹
Bada（n.犀牛） 獅牛⑩
Basar（n.集市）⑪ 市頭
Bambu de asodar（np.鞭笞用的竹条）⑫ 竹板

―――――――

① 今拼 aquilaria（沉香）。
② 许是方言词，所自未详；"藤"疑为"藤"之误。
③ 今多用复数形式 achares（腌菜、酱菜、泡菜）。
④ 可能是间接的音译，来自日语"海道"（かいどう）。
⑤ 此页仅三条，均无汉译。之后 159a、159b，以及 161b、162b 等，也都是空页。
⑥ 一种植物，今有 betel、betele、betere 等各种拼法，中文又称"蒌叶"。
⑦ "兵船"已两现于前文，对应于不同的葡语词（44b、105a）。
⑧ 形近而义通的词有 bichanar（耳语、交头接耳）。
⑨ 今拼 braga（脚镣、绞盘）。此词已见于前：Bragua dos peis（53b）。
⑩ 可比较 156a，"獅牛"指犀牛、独角兽。
⑪ 今拼 bazar（集市、市场）。
⑫ asodar，动词 açotar（35a）的异写。

(161a)

Calamba（n.沉香）① 椅楠香②
Chauana（n.杯子）③ 盃　盞
Ciaqua（？）④ 相似照
China（n.中国） 大明國　唐人

Cantão（n.广东） 廣東
Chincheo（n.漳州） 漳州
Chapa（n.牌子、牌告） 告示　票　文書

Cha（n.茶[音译]）⑤ 茶
Canga（n.轭、枷、囚笼）⑥ 布
Chorão（n.①垂柳、吊兰②爱哭的人）⑦
Choruar（vt./vi.伤心、哭泣）⑧
Caja（n.漆树的果实） 漆
Cajxa（n.漆树） 漆
　 蚊帳
　 錢　厘

Condorim（n.分）⑨ 分
Cate（n.斤）⑩ 斤
Chun pim（n.总兵[音译]） 總兵
Chhien（n.县[音译]）⑪ 縣
Cheu（n.州[音译]） 州

---

① 即 calamita（沉香、安息香）。
② "椅楠香"，也写为"伽南香""奇南香"。
③ 今拼 chávena（杯子），尤指带把的小杯子。
④ 疑即 chicha（逐行对译、译注）。
⑤ 今拼 chá，读为 [ʃˈa]。
⑥ 葡文或为另一词，与所写汉字不能对应。
⑦ 此词已见于前，66a。
⑧ 疑即 chorar，见 66a。
⑨ 长度单位。
⑩ 重量单位。
⑪ 当写为 schien，与"现""嫌"同拼。

Cha ien（n.察院[音译]） 察院
Co lau（n.阁老[音译]） 國老
Corpo mordo（np.死尸） 屍首
Cajxão de mordos（np.装尸体的盒子、棺材）

（162a）
Da chem（戥秤[音译]）① 厘頂② 銀秤
Dar pressa（vp.催促、紧忙） 催 趕
Deter com xoguos（vp.用绳索阻挡）③ 纏

（163a）
Encosdo de penas da china（np.搁中国笔的架子）④ 筆架
Eu（pron.我） 我
Ele mesmo（pron.他自己、他亲自） 自家
Este（pron.这、这个） 這箇
Estar（vi.处在、正在；存在、有），para este（vp.就要、马上）⑥, para seruir（vp.效劳、用于）⑦ 伺 俟⑤
Escreuer trouas（vp.写诗歌） 題詩
Esto（pron.这些） 這起 這幾
Ele（pron.他） 他
Eles（pron.他们） 他們
Eclipse da luã（n.月食） 月蝕
Eclipse do sol（n.日食） 日蝕⑧

---

① "戥"，粤语音 [dang²] 或 [dang⁶]，此处记为 da，似为连读吞音所致。
② "厘頂"，厘頂秤，即戥子。"銀秤"已见前文，参看 Balamçinha（50a）。
③ xoguos，疑即 sogas（麻绳、粗绳子）。
④ Encosdo，今拼 encosto（支架、支柱）。
⑤ 二字的意思部分重叠，如"伺机"和"俟机"都表示等待机会，只是前一词多含贬义。
⑥ 此义略可对应于"一俟"。
⑦ 此义对应于"服伺、伺候"。
⑧ 正文有条，见 Solcrisi（145b）。

Esparar artecraria（？）
Estar presto（vp.准备好）

（164a）

Faxas（n.小木棍）①　　　　　　　　　　快子
Fazer cortesia（vp.致礼、问候）　　　　作揖　拜
Fu（n.府[音译]）　　　　　　　　　　　府
Faltar（vi.缺少）　　　　　　　　　　　少

（165a）

Giunco（n.中式帆船）　　　　　　　　　船
Gudão（？）　　　　　　　　　　　　　库房
Girobaha（n.转述、翻译）　　　　　　　通事②
Guei（n.卫[音译]）　　　　　　　　　　卫③

（166a）

Jaca（n.面包树果）　　　　　　　　　　桠榔蜜子
Jaqueira（n.面包树）　　　　　　　　　桠榔蜜樹
Jaspão（n.日本）④　　　　　　　　　　日本　東洋
Jagra（n.粗蔗糖）⑤

（167a）

Licja（n.荔枝[音译]）⑥　　　　　　　　荔枝
Licjejra（n.荔枝树）　　　　　　　　　枥枝樹⑦
Lancha（n.舢板、快船）　　　　　　　　八櫓⑧
Lanchejro（n.船主）　　　　　　　　　船家

---

① 即 faixa(s)，见 Faixas de comer（99b），也对译为"快子"。
② 此词已见前（113a），葡语表达有所不同。
③ 明代军事区划。
④ 今拼 Japão（日本）。
⑤ 一种产于印度、东非的棕色粗粒糖。
⑥ 比较英语 lychee（荔枝），又拼作 lichee、litchi、lichi，均辗转音译自粤语"荔枝"。
⑦ "枥"通"荔"。两例"荔"字出自一人手笔，而写法不一，盖欲展示异体。
⑧ "八櫓"船，明代的一种帆船，亦称"福船""大福船"。

Liu liu（n.溜溜）① 　　　　　　　　　　　　　櫓
Con liu liu remar（vp.用櫓摇船）　　　　　摇櫓
Letra（n.字母）　　　　　　　　　　　　　正字　草字
　　　　　　　　　　　　　　　　　　　　篆字　半斤
　　　　　　　　　　　　　　　　　　　　草②

　　　　　　　　　　　　　　　　　　　　　（169a）
Mandarim（n.官员、官府）　　　　　　　　官府　老爺
　　　　　　　　　　　　　　　　　　　　老爹
Mandarim d'armada（np.军事官员）　　　武官
Mandarim de letras（np.文职官员）　　　文官
Maquao（n.澳门）　　　　　　　　　　　　蠔鏡③　湾
Misso（n.味噌）④　　　　　　　　　　　　醬
Mas（n.钱）⑤　　　　　　　　　　　　　　錢
Meu, minha（pron.我的[阳性，阴性]）　　我的
Mangua（n.芒果）
Manguejra（n.芒果树）
Manga salgada（np.盐渍芒果）

---

① 疑为汉语象声词，参见 Remar liu liu（138b）。
② "斤"，疑为"今"之误。今草，草体的一种。
③ 明人对澳门的称呼，或写为"蚝鏡""濠鏡"，因其湾水澈如镜、盛产蠔（蚝）而得名。原写"蠔鏡"与"湾"之间留有空格，处理为两个词，民间则也连说"蠔鏡湾"。"湾"即湾，船只泊靠之地，后为澳门的省称。
④ 应是来自日语的词，指日式豆面酱。
⑤ 今拼 massa，钱的俗称。